当代世界与中国国际战略丛书编委会

主　编　陈　岳
副主编　时殷弘

编委会委员（按拼音排序）
陈新明　陈　岳　方长平　金灿荣
李宝俊　庞中英　宋新宁　时殷弘

本成果受到中国人民大学"统筹支持一流大学和一流学科建设专项"（原"985工程"）的支持

中国参与国际合作的制度设计：
一种比较制度分析

当代世界与中国国际战略

Institutional Design in China's International Cooperation:
A Comparative Institutional Analysis

田　野　著

社会科学文献出版社
SOCIAL SCIENCES ACADEMIC PRESS (CHINA)

本书为教育部"新世纪优秀人才支持计划"成果

总 序

进入新世纪以来，随着中国崛起进程加快，中国与世界的关系正发生历史性变化。中国通过自身的改革开放逐步"融入"现存的国际体系。中国的国家实力明显增强，国际地位显著提高。某种程度上，中国已经从国际体系的边缘走到中心，中国与世界关系高度相互依赖，中国对世界的全方位影响日益增强、世界对中国崛起的复杂认知和期许相伴而生。与此同时，中国在国际社会中的话语权、国际规则的制定权仍然缺失或不足；随着中国国家利益的全球拓展，中国遭遇外部世界的风险也愈加突出，中国与外部世界的碰撞和矛盾也有所增多。一个对外开放的中国如何认识和看待外部世界，特别是随着中国崛起的态势日益明朗，中国应该如何认识自己过去的发展，如何定位自己的未来角色，如何回应国际上的要求和期待，如何应对各种不同的国际挑战？种种新的问题不断出现，也使一个处在改革开放时期和崛起时代的中国对于国际问题研究的深入发展有更迫切的需要和更高的要求。

鉴于此，中国人民大学国际关系学院筹划、组织了"当代世界与中国国际战略"系列丛书，内容涉及国际关系理论、国际政治经济学、国际关系和外交史、当代国际关系和中国外交实践等领域，既有马克思主义的国际政治思想，也有西方当代国际关系理论，还包括对重大现实问题，如金融危机、能源安全、国际冲突等问题的关注。丛书作者大都是我院中青年学术骨干，这套丛书是他们在自己相关学科领域的最新研究成果，其中相当大一部分是在他们博士学位论文的基础上修改、加工而成。上述成果经过我院学术委员会的推选，将陆续列入出版计划。我们期望这套丛书的出版，能够增进国际关系学界的学术交流，拓展中国国际问题研究的新领域，推动中国国际问题研究的发展和繁荣。

这套丛书选题基本涵盖了理论、历史和问题研究等领域，这很大程度上反映了中国人民大学国际问题研究的特色。基于近 60 年的学术传统和历史经验，历经数代学者的持续努力和长期积淀，中国人民大学国际关系学院已经成为具有国内领先地位和较大国际影响的国际问题教学研究基地。

学科优势明显，学科特色突出。人大国际关系学院在国际关系基础理论、国际政治经济学、国际战略研究、欧洲问题研究、美国问题研究等领域确立了全国优势地位，马克思主义的国际关系研究也是我们的传统优势领域。近年来，人大国际关系学院在夯实国际关系基础理论的教学和研究的同时，特别重视对当代国际关系和中国外交的重大现实问题和战略问题的关注和研究。基础理论研究和重大现实问题的结合成为人大国际关系研究的鲜明特色。这既是改革开放和中国崛起时代的呼唤，也是国际关系学科发展和成熟的必然需求。

国际关系学科最早形成于一战后的英国，二战后随着美国崛起为世界超级大国，包括国际问题研究在内的社会科学研究重心移到美国。美国实证主义的哲学传统、20世纪60年代社会科学领域的行为主义革命，使得国际关系理论逐步摆脱了哲学、法学、历史学等学科的影响，越来越受经济学、社会学和心理学等社会科学的影响，使得国际关系理论研究越来越向科学化方向发展。国际关系理论的科学化必然要求我们的研究者保持价值中立，但国际问题研究学者的学术兴趣和视野，总是受到国际、国内政治形势的影响和局限。无论学者们怎样竭力保持研究的科学性和价值中立，这门学科的整体发展方向都与国家所面对的外部局势、所处的国际地位和对外交往的政治需求息息相关。因此，如何在理论的价值中立和现实服务之间保持平衡，推动知识生产和服务社会双重功能的实现，是中国国际关系学界面临的重大问题，也是我们推出这套丛书的初衷。

丛书的策划和出版得到社会科学文献出版社领导的大力支持。对此，我们表示衷心的感谢。本成果受到中国人民大学"统筹支持一流大学和一流学科建设专项"（原"985工程"）的支持，对此我们也深表谢意。

学无止境。由于国际问题研究在中国尚属年轻学科，丛书作者又多是中青年学者，作者们的观点难免有偏颇甚至不当之处，敬请专家、同行和广大读者批评指正。

"当代世界与中国国际战略"丛书编委会
2015年5月

目 录
Contents

第一章 导论 / 1

　　第一节　中国参与国际制度的历史进程 / 1

　　第二节　文献回顾 / 7

　　第三节　本书的基本思路与结构安排 / 13

第二章 国际合作中的制度设计：概念与理论 / 18

　　第一节　国际合作的概念 / 18

　　第二节　国际制度的概念 / 22

　　第三节　国家为什么要在国际合作中设计制度？/ 28

　　第四节　国际制度的理性设计模型 / 34

　　第五节　国际制度选择的交易成本模型 / 37

第三章 从"上海五国"到上海合作组织的制度设计 / 42

　　第一节　问题的提出 / 42

　　第二节　既有的文献及其不足 / 44

　　第三节　从"上海五国"机制到上海合作组织的演变 / 47

　　第四节　中国、俄罗斯与中亚国家间合作中的

　　　　　　交易成本与制度设计 / 53

第四章 APEC 和中国-东盟自由贸易区的制度设计 / 71

　　第一节　问题的提出 / 71

　　第二节　既有的文献及其不足 / 74

　　第三节　APEC 与 CAFTA 的制度化水平比较 / 77

　　第四节　中国参与 APEC 和 CAFTA 的交易成本与制度设计 / 81

— 1 —

第五章 "10+3"机制与东亚峰会的制度设计 / 99

第一节 问题的提出 / 99
第二节 既有的文献及其不足 / 102
第三节 "10+3"机制和东亚峰会在制度设计上的特点 / 106
第四节 区域合作中的问题与区域性制度设计的差异 / 111
第五节 "10+3"机制与东亚峰会的联系及中国的
地区战略 / 122

第六章 中美战略经济对话的制度设计 / 127

第一节 问题的提出 / 127
第二节 既有的文献及其不足 / 129
第三节 中美在经济沟通领域中的制度形式 / 132
第四节 中美经济合作中的问题与双边对话机制的设计 / 140

第七章 中国签订的双边投资协定中争端解决机制的设计 / 156

第一节 问题的提出 / 156
第二节 既有的文献及其不足 / 159
第三节 双边投资协定中的争端解决机制 / 162
第四节 交易成本分析框架下的预期行为模式 / 168
第五节 基于中国1982年至2013年双边投资协定的经验检验 / 171

第八章 结论 / 179

参考文献 / 185

后　记 / 204

第一章 导论

第一节 中国参与国际制度的历史进程

中华人民共和国成立初期，在"一边倒"的外交方针下，中国主要与苏联、东欧等社会主义国家开展合作。以美国为首的西方国家，在政治上"不承认"新中国，在经济上对中国采取"禁运"政策。因此，二战后由美国领导构建的国际制度体系把中国拒之门外。20世纪60年代，中苏关系破裂，中国开始与部分西方发达国家开展交往。进入70年代，中美关系解冻。随着1971年中国恢复在联合国的合法席位，中国开始参与国际制度。从1971年至今，中国参与国际制度的进程可以大致分为5个阶段。

一 初步参与国际制度：1971—1978

1971年26届联合国大会通过了第2758号决议，中华人民共和国正式恢复了在联合国的合法席位。1971年11月15日，中国代表团首次出席联合国大会；11月23日，中国代表出席了安理会会议，开始履行中国作为安理会常任理事国的职责。[1] 但是由于主客观方面的原因，中国仍对作为美苏两霸对抗舞台的联合国充满着疑虑和怀疑。一个重要的反映就是从1971年11月24日到1976年12月22日，中国在联合国安理会的表决中弃权或者不参与表决的次数在总表决次数中所占的比例高达39%。[2] 在这一时期，中国在联合国内仍扮演着某种"局外人"的角色。

在中国恢复了在联合国的合法席位后，中国也陆续参加了作为联合国下属机构或者专门组织的联合国开发计划署、联合国环境规划署、联合国贸易和发展会议、联合国人口活动基金会、联合国儿童基金会、联合国粮农组织、联合国教科文组织、世界卫生组织、国际民用航空组织、万国邮

---

[1] 韩念龙主编《当代中国外交》，中国社会科学出版社，1990，第323页。
[2] 牛军主编《后冷战时代的中国外交》，北京大学出版社，2009，第36—37页。

政联盟等。中国由此开始了与世界各国在各功能领域的合作。

不过，由于中国在这一时期并未走出闭关自守的经济发展模式，中国仍无意参与国际经济制度。比如关贸总协定（GATT）在1971年11月16日决定取消台湾的观察员地位。11月30日，中国外交部和外贸部起草了给周恩来总理的报告，认为GATT"实际上是帝国主义，特别是美帝国主义进行对外贸易扩张和争夺世界市场的工具"，而且参加GATT"不便于我国对各种类型的国家采取不同的国别政策"，因此建议"目前暂缓参加"。① 在中国国内仍实行计划经济体制、对外仍没有开放市场的情况下，中国当时的确不可能提出加入GATT的申请。

二 部分参与国际制度：1978—1990

1978年十一届三中全会召开后，全党工作重心转移到"以经济建设为中心"，中国真正开启了参与国际经济制度的进程。1980年4月17日，国际货币基金组织（IMF）执行董事会通过了由中华人民共和国政府代表中国的决议；同年5月15日，中国在世界银行及其所属的国际开发协会和国际金融公司中的合法席位得到恢复。此外，中国于1982年获得GATT观察员身份。1986年，中国成为亚洲开发银行和太平洋经济合作会议的成员。

同时，中国开始尝试参与军控、人权等领域的国际制度。1979年和1980年，中国先后参加了联合国裁军审议委员会和日内瓦裁军谈判委员会，1984年加入了国际原子能机构，之后又陆续参与了防止核战争、禁止外太空军备竞赛、禁止化学武器等议题的审议。中国政府在20世纪80年代相继批准了《消除对妇女一切形式歧视公约》、《关于难民地位的公约》、《禁止酷刑和其他残忍、不人道或有辱人格的待遇或处罚公约》等国际人权公约。

在加入这些国际制度的初期，中国将主要精力放在了解和适应国际制度的规则上。中国加入这些制度后，大都会遵守它们已有的规则，因为这些规则通常符合中国的利益。② 中国开始尝试运用这些国际规则来支持国内经济和社会的发展，享受作为成员国的权利。比如，1980年，IMF首次向中国提供了4.5亿特别提款权第一档信贷；1981年，中国又获得了3.05亿

---

① 石广生主编《中国加入世界贸易组织谈判历程》，人民出版社，2011，第19—21页。
② 〔美〕江忆恩：《中国对国际秩序的态度》，《国际政治科学》2005年第2期，第26—67页。

特别提款权的优惠信贷；1986年，IMF再次向中国提供了约6亿特别提款权的信贷。1981年，世界银行向中国提供了第一笔金额为2亿美元的贷款。到1989年，世界银行对中国的年贷款量已增至13.5亿美元，共支持了12个项目的建设，涉及基础设施的建设、文卫事业和扶贫事业的发展等多个方面。

尽管中国在这一时期参与了大量的国际制度并且初步运用了既有的制度规则，但从整体上讲在各类国际制度内仍是比较消极和被动的。由于对国际制度规则仍缺乏深刻的理解，中国很难提出建设性的倡议来影响国际规则的制定和国际制度的发展。此外，这一时期中国参与的国际制度在其规则上大都不要求国内政策的重大变革，因此这种对国际制度体系的参与无论是在范围上还是在程度上都是相当有限的。

三 全面参与国际制度：1991—2001

"1989年政治风波"之后，中国遭到以美国为首的西方国家的制裁，中国的国际环境极度恶化。中国希望通过参与国际制度的方式，缓解与西方的紧张关系。在这一阶段中，中国更加积极地寻求加入国际制度，并且主动地学习、运用国际规则来争取自己的利益。

由于中国还游离在全球性的贸易组织之外，无法以GATT成员国的身份与其他国家开展贸易合作、解决贸易争端。在此背景下，加入亚太经合组织（APEC）可以视作融入世界贸易体系的一种次优选择。同时，APEC成员包含了美国、加拿大、澳大利亚等西方发达国家，加入APEC可以缓和在"1989年政治风波"之后中国与西方国家间的紧张关系。特别是，APEC能够为中美之间的政治互动和对话提供重要场所，有利于为中国的改革和发展营造稳定的外部环境。1991年，在APEC第三届部长级会议上，中国作为主权国家、中国台北和中国香港以地区经济体身份同时加入。随后，中国积极参与了APEC贸易、投资自由化的进程，并取得了显著进展。中国曾在1996年、1997年和2001年三次大幅度削减关税，平均关税水平从1995年的35.9%降到了2001年的15.3%。[①] 2001年，APEC会议在中国上海举行，这是新中国成立以来中国主办的级别最高的多边外交活动。

面对骤然而至的亚洲金融危机，1997年东盟与中、日、韩（"10+3"）领导人峰会机制初步形成，并在1999年启动了"10+3"财经合作机制。

---

① 中国历年IAP，http://www.apec-iap.org/，最后访问时间：2014年11月19日。

此外，2001年2月，由25个亚洲国家和澳大利亚共同发起的博鳌亚洲论坛，在中国海南正式成立。

当然，随着中国经济的快速发展，区域层次的经济合作还是难以完全满足中国的利益，中国必须寻求加入全球性贸易体系。1995年世界贸易组织（WTO）成立后，中国争取"复关"的行动也随之转为争取入世的进程。在1999年11月，中美就中国加入WTO的问题达成双边协议，为中国加入WTO排除了最重要的障碍。次年5月，中国与欧盟间的协议达成。自1986年申请重返关贸总协定以来，中国为复关和入世进行了长达15年的努力。2001年12月11日，中国正式加入WTO，成为其第143个成员。

此外，中国还签署了一系列重要的国际公约和协定。比如，1993年签署了《关于禁止发展、生产、储存和使用化学武器及销毁此种武器的公约》，1996年签署了《全面禁止核试验条约》。中国还在1997年和1998年先后签署了《经济、社会和文化权利国际公约》和《公民权利和政治权利国际公约》。

在这一时期，中国加入了诸多具有重要分配涵义的国际制度，实现了对多边国际制度的全面参与，特别是加入WTO使中国成为"国际社会的完全一员"。为了获得参与国际制度带来的收益，中国不得不付出相应的成本，特别是需要进行国内政策的相应调整。在这一进程中，中国积累了丰富的经验来权衡参与国际制度的成本和收益。

四　建设性参与国际制度：2002—2008

在这一时期，中国的国家利益不断扩展，国家实力不断加强，也更加熟悉国际体系的运行规则和秩序。这使得中国更加深入地参与到国际制度体系中，并逐步在体系内发挥建设性的作用，承担应尽的国际责任。

加入WTO之后，中国认真行使各项权利，积极参与WTO的各项活动，不仅切实履行入世承诺，还发挥着建设者的作用。到2009年，中国在入世8年后已经全部履行了国内市场开放方面的所有承诺，建立起了符合规则要求的经济贸易体制，成为全球最开放的市场之一。在遵守国际规则方面，中国建立起了符合WTO要求的法律体系，对贸易体制和政策进行了全面的调整。[①] 并且，在贸易争端中，中国较好地执行了WTO的裁决，维护了

[①] 中华人民共和国商务部：《中国与世贸组织：回顾和展望》，http://www.mofcom.gov.cn/aarticle/ae/ai/201007/20100707037241.html，最后访问时间：2014年11月19日。

WTO 的权威性。同时，中国在 WTO 机制内推动贸易自由化，特别是在多哈回合谈判中发挥了一定的建设性作用。

在这一时期，中国积极地参与了区域层面的国际制度建构。2000 年 11 月，时任国务院总理朱镕基在第四次中国 - 东盟领导人会议上，首次提出建立中国 - 东盟自由贸易区的构想。2002 年 11 月，中国和东盟领导人共同签署了《中国与东盟全面经济合作框架协议》。随后，货物、服务贸易协议以及投资协议相继达成，2010 年中国 - 东盟自由贸易区正式成立。此外，中国还积极参与"10 + 3"机制下达成的"清迈倡议"。在 2008 年金融危机的背景下，东盟与中、日、韩三国建立了 800 亿美元的东亚共同外汇储备基金，标志着亚洲金融合作更加制度化、多边化。

2001 年 6 月 15 日，中国、俄罗斯、哈萨克斯坦、吉尔吉斯斯坦、塔吉克斯坦和乌兹别克斯坦六国元首签署了《上海合作组织成立宣言》，宣告上海合作组织正式成立。作为上海合作组织中的主导国，中国积极促进该组织内部的合作，并不断提高合作的制度化水平。2004 年 1 月，上海合作组织秘书处在北京成立。2005 年 11 月，上海合作组织银行间联合体在莫斯科正式成立。

中国 - 东盟自由贸易区和上海合作组织的成立、"10 + 3"机制下东亚金融合作的制度化等一系列区域合作的成就都是在中国的积极推动下实现的。这些成就表明，中国在国际事务中已经开始具备了设置议程和制定规则的能力，在国际制度体系中从规则的接受者向规则的制定者过渡。

五 重构国际制度：2009 年至今

2008 年国际金融危机爆发后，西方发达国家在国际体系中的传统地位遭到削弱。相比较而言，以中国为代表的新兴国家在金融危机中表现坚挺，为国际经济的复苏做出了突出贡献。2010 年中国超过日本成为世界第二大经济体，在国际体系中的地位也随之显著提高。在这种情况下，"转制"、"改制"和"建制"成为中国与国际制度关系的新特点。[①] 中国在参与和改造既有国际制度的基础上，开始尝试构建新的国际制度。

第一，转变既有国际制度。进入 21 世纪，特别是 2008 年金融危机爆发之后，既有的国际经济秩序不能完全适应国际经济形势的发展。在 2009 年的匹兹堡峰会上，二十国集团（G20）首脑峰会被正式制度化，新兴国家得

---

① 苏长和：《全球公共问题与国际合作：一种制度分析》，上海人民出版社，2009，第 238 页。

以共同参与国际经济治理的政策制定。这标志着国际经济治理机制实现了从"G8"向"G20"的转变。对中国而言，G20 是中国首次以创设者和核心成员的身份参与到全球经济的治理机制中。此后，中国在 G20 中发挥了重要作用：第一，提供资金支持，例如在 G20 伦敦峰会上，中国提出向 IMF 增资 500 亿美元；第二，推进国际金融体系的改革，提倡加强金融监管；第三，关注发展中国家的利益，推动 G20 反对贸易保护主义，加大对发展中国家的基础设施建设等。2016 年 9 月，中国作为主席国首次承办 G20 领导人峰会。在中国的倡议下，杭州峰会创造了 G20 历史上的多个"第一次"：第一次聚焦全球增长中长期动力，各方就《二十国集团创新增长蓝图》达成共识；第一次通过结构性改革提高世界经济增长潜力，强调综合运用好财政、货币政策和结构性改革；第一次制定全球投资指导原则，开启了 G20 制定多边投资规则框架的新里程；第一次把发展问题置于全球宏观政策框架的突出位置，就落实联合国 2030 年可持续发展议程制定行动计划。①

第二，改造既有国际制度。除了转变既有的国际制度外，改造不公平的国际制度，也是克服既有国际制度弊端的方式之一。在金融危机的背景下，主要经济体希望提升 IMF 在金融治理中的合法性和有效性。2010 年 11 月，IMF 执行董事会就份额和投票权改革一揽子方案达成一致。根据该方案，中国的份额占比将增加 2.398% 至 6.394%，投票权将升至 6.07%，排名从并列第六跃居至第三。另外，2010 年 4 月世界银行发展委员会通过了世行新一阶段的投票权改革方案，中国的投票权从 2.77% 提高到 4.42%，成为仅次于美国和日本的世界银行第三大股东国。

第三，建立新国际制度。尽管通过转变和改造的方式，中国在国际体系中的地位有所提高。但是作为后来者，中国对现有国际秩序的影响仍然是有限的，西方发达国家仍然掌握着这些机制的主导权。因此，中国需要建立新的国际制度，使国际秩序向有利于中国的方向转变。基于在应对金融危机中的共同利益，2009 年 6 月，金砖四国首脑在俄罗斯举行首次峰会，并发表共同声明，标志着金砖国家合作机制正式成立。作为该机制中的主导国，中国积极推动它在国际金融改革中的作用，并不断提升它的制度化水平。2011 年 4 月，金砖国家达成《三亚宣言》，在推动国际经济改革上达成广泛共识。2014 年 7 月 15 日，金砖国家峰会发表《福塔莱萨宣言》，宣布金砖国家开发银行成立，初始资本为 1000 亿美元，总部设在中国上海。

---

① 罗建波：《G20 杭州峰会给世界贡献了什么》，《光明日报》2016 年 9 月 15 日，第 04 版。

2013年10月2日，国家主席习近平提出筹建亚洲基础设施投资银行的倡议。2014年10月24日，21个首批意向创始成员国的财长和授权代表在北京共同签署《筹建亚投行备忘录》。2015年12月25日，亚洲基础设施投资银行正式成立，全球迎来首个由中国倡议设立的多边金融机构。此外，在中国的积极推动下，2014年11月举行的APEC北京峰会批准了APEC推动实现亚太自由贸易区路线图，标志着亚太自由贸易区进程的正式启动。

从整体上看，中国参与国际制度的进程体现了渐进式的特点：从利用规则寻求自身利益，到主动参与制度并在其中发挥建设性作用，再到转变、改造既有制度和建立新制度。这种渐进的参与方式与中国对国际制度和规则的熟悉程度相关，更与中国的综合实力提高紧密相连。中国通过融入国际制度，获得了巨大的"红利"，促进了中国实力的增长；而利益的拓展与实力的提高，又成为中国积极参与国际制度的基础和动力。正如国际制度理论的奠基人罗伯特·基欧汉（Robert Keohane）所注意到的："随着实力的增加，中国与现有多边主义制度的互动呈现出更为复杂的状态，一方面中国广泛加入多边主义制度，寻求在其中更大的发言权，另一方面中国也尝试创建新的多边制度来实现国家利益，比如创建亚洲基础设施投资银行、金砖国家银行等。"[1] 正是在这一渐进的历史进程中，如何设计国际制度成为中国日益重要的对外政策课题。

第二节　文献回顾

作为观察"中国与世界"关系的一个重要窗口，中国对国际制度的参与不仅使中国对外部世界产生了日益增加的影响，而且促进了中国自身的社会转型与制度变迁。鉴于其间潜藏的众多研究机会，"中国对国际制度的参与"近年来成为国际关系学界讨论的一个重要题域。

学术界的相关研究首先表现为对中国参与国际制度的历史描述。这类文献多从中国外交史和中国外交实践入手，为中国与国际制度之间的关系发展划分阶段，对每个阶段的特点进行描述，并总结相关经验。20世纪80年代末，张历历在文章中就尝试将中国与国际组织关系的发展分为3个阶

---

[1] 〔美〕罗伯特·基欧汉：《竞争的多边主义与中国崛起》，《外交评论》2015年第6期，第20页。

段。第一阶段从 1949 年到 1970 年，新中国为恢复在联合国的合法席位而努力。第二阶段从 1971 年到 1978 年，此阶段多以联合国为中心的国际政治类组织建立关系，和国际经济、贸易、文化组织的联系还比较少。第三阶段从 1979 年到 1987 年，这一阶段不仅和国际政治组织发展关系，更加强了和经济、金融、贸易、青年、文化和科学技术等类的国际组织建立合作关系。① 冷战结束后，原有的三阶段划分被更新为四阶段划分，对各阶段的特征总结也更加明确。② 例如门洪华将新中国参与国际制度的战略分为相对孤立（1949—1970 年）、消极参与（1971—1978 年）、部分参与（1979—1991 年）、全面参与（1992 年至今）四个阶段。③ 除此之外，中国参与国际制度的数字统计也是历史视角下的研究的组成部分。以江忆恩（Alastair Iain Johnston）为代表，一些学者特别是国外学者重视中国参与国际组织或者国际条约的数据统计情况，并将其与他国及世界平均水平进行比较，为讨论现实问题和对华战略提供经验支撑。④

历史的视角是对中国参与国际制度的相关问题进行专门性研究不可或缺的一环，在此基础上，关于中国参与国际制度的既有文献主要从两方面展开。

一方面是加入既有国际制度。现阶段，关于中国加入既有国际制度的研究成果最多。在西方，这类研究于 20 世纪 90 年代在资深一代中国问题研

---

① 张历历：《中国与国际组织关系的发展》，载渠梁、韩德主编《国际组织与集团研究》，中国社会科学出版社，1989，第 67—74 页。
② 王学东：《外交战略中的声誉因素研究——冷战后中国参与国际制度的解释》，天津人民出版社，2007，第 104—106 页；门洪华：《压力、认知与国际形象——关于中国参与国际制度战略的历史解释》，《世界经济与政治》2005 年第 4 期，第 17—22 页。
③ 门洪华：《压力、认知与国际形象——关于中国参与国际制度战略的历史解释》，《世界经济与政治》2005 年第 4 期，第 18—22 页。
④ 〔美〕江忆恩：《中国参与国际体制的若干思考》，《世界经济与政治》1999 年第 7 期，第 4—10 页；〔美〕江忆恩：《美国学者关于中国与国际组织关系研究概述》，《世界经济与政治》2001 年第 8 期，第 48—53 页；Alastair Iain Johnston, "Is China a Status Quo Power?" *International Security*, Vol. 27, No. 4, 2003, pp. 5–56. 其他相关研究可参考 Samuel S. Kim, "China and the United Nations," in Elizabeth Economy and Michel Oksenberg, eds., *China Joins the World*, New York: Council on Foreign Relations, 1999, p. 47. Xinyuan Dai and Duu Renn, "China and International Order: The Limits of Integration," *Journal of Chinese Political Science*, Vol. 21, No. 2, 2016, pp. 177–197；门洪华：《构建中国大战略的框架：国家实力、战略观念与国际制度》，北京大学出版社，2005，第 252—261 页；王学东：《外交战略中的声誉因素研究——冷战后中国参与国际制度的解释》，第 107—114 页。

究者中大量出现。① 他们几乎都采用"个案分析"的方法,对中国参与联合国、军备控制、人权、贸易、金融、环保等多个领域做了介绍和分析,具有很大的信息量。但作为西方学者,他们的研究仍偏重于为其政府提供应对中国的政策建议,而且对中国的感受仍不免存在隔膜。② 中国学者,无论是国际法还是国际政治学界,几乎同步开展了相关研究,其中最具代表性的是王逸舟在 2003 年主编出版的《磨合中的建构:中国与国际组织关系的多视角透视》。③

在讨论中国加入既有国际制度时,不可回避的问题是加入既有制度的原因,或者说动力。无疑,其中的原因是复合的,有时甚至是复杂的,如迈克·斯万(Michael D. Swaine)和江忆恩在分析中国参与军控机制时给出了"外部压力"、"国际形象"、"实用主义"等多个解释因素;④ 焦世新认为中国融入国际机制的动力既包括主权确认、推动改革的内部动力,又包括全球化、国际体系压力等外部动力。⑤ 但江忆恩也承认,在特定问题上或某个时期什么动机在起作用,学者可能无法完全明白或区分清楚。⑥ 尽管如此,在理论上参与国际制度的动力可以大致分为"预期结果逻辑"(logic of expected consequences)和"适当性逻辑"(logic of appropriateness)⑦。从已有的文献上看,这两种逻辑都对中国加入既有国际制度提供了一定的解释。

---

① Harold K. Jacobson and Michel Oksenberg, *China's Participation in the IMF, the World Bank, and GATT: Toward a Global Economic Order*, Ann Arbor, MI: The University of Michigan Press, 1990; Thomas W. Robinson and David Shambaugh eds., *Chinese Foreign Policy: Theory and Practice*, Oxford: Clarendon Press, 1994; Alastair Iain Johnston and Robert S. Ross, eds., *Engaging China: The Management of an Emerging Power*, London and New York: Routledge, 1999; Elizabeth Economy and Michel Oksenberg, eds., *China Joins the World*, New York: Council on Foreign Relations, 1999; Ann Kent, *Beyond Compliance: China, International Organizations, and Global Security*, Stanford: Stanford University Press, 2007.
② 王逸舟:《中国与国际组织关系研究的若干问题》,《社会科学论坛》2002 年第 8 期,第 5 页。
③ 王逸舟主编《磨合中建构:中国与国际组织关系的多视角透视》,中国发展出版社,2003。
④ Michael D. Swaine and Alastair Iain Johnston, "China and Arms Control Institutions," in Elizabeth Economy and Michel Oksenberg, eds., *China Joins the World*, pp. 90 – 135.
⑤ 焦世新:《利益的权衡——美国在中国加入国际机制中的作用》,世界知识出版社,2009,第 101—116 页。
⑥ 〔美〕江忆恩:《美国学者关于中国与国际组织关系研究概述》,《世界经济与政治》2001 年第 8 期,第 52 页。
⑦ 关于国际制度的研究主要是从这两种逻辑展开的。参见 James G. March and Johan P. Olsen, "The Institutional Dynamics of International Orders," *International Organization*, Vol. 52, No. 4, 1998, pp. 943 – 969。

关于中国参与国际制度的多数研究在"预期结果逻辑"下持一种"利益合作论"的观点,即参与既有国际制度能有助于中国在特定时期实现特定的利益目标。正如苏长和言简意赅地指出的:"中国认为,有选择地加入多边公约、国际机制和国际组织,而不是试图打破或者修正它们,对于正在崛起的中国的国家利益是有益的,对这些制度的参与,可以为扩展中国的国际活动空间提供制度性的资源,同时也有助于改善和提高中国的国际形象。"[1] 在利益合作论的分析路径下,王学东从"声誉理论"解释了中国对国际制度的参与。结构压力决定崛起国对声誉的关注程度,即国际体系结构对崛起国的压力越大,崛起国对声誉的关注度越高,反之亦然。在单极体系下,结构压力较大,崛起国因而更加重视声誉因素,故通过加入现有制度来传递信号以避免遭到他国制衡。[2] 中国积极参与国际制度正是在结构压力下根据声誉机制传递信号以避免制衡之举。[3] 与这种在国际体系层次上的解释不同,笔者从国内体系的层次来解释中国参与国际制度的利益动机。比如,只有政府作出可信的承诺,国有企业的预算约束才会硬化。如果政府通过授权来捆住自己的手,那么其承诺将具有更大的可信性。中国加入 WTO 对国有企业改革的推动,便反映了可信承诺的逻辑。[4] 不管是为了降低何种成本,还是获得何种收益,这类研究的出发点都符合"预期结果逻辑"。

不同于"预期结果逻辑"中对利益和偏好的强调,"适当性逻辑"更加注重对身份、学习、规范内化等社会化因素的讨论。随着中国加入国际社会,中国的国家身份也在整体上从革命性国家转化为现状性国家,[5] 身份的转变带来了行为的转变。基于国际体系对其成员的社会化,中国对待既有

---

[1] 苏长和:《中国与国际制度——一项研究议程》,《世界经济与政治》2002 年第 10 期,第 6 页。

[2] 王学东:《外交战略中的声誉因素研究——冷战后中国参与国际制度的解释》,第 76—87 页。

[3] 陈寒溪对王学东的"声誉"概念作了进一步的阐述,指出声誉机制具体应该指"道德 - 法律声誉",而非"政治 - 权力"声誉,或者说威望。参见陈寒溪《中国如何在国际制度中谋求声誉——与王学东商榷》,《当代亚太》2008 年第 4 期,第 153 页;王学东:《中国参与国际制度的声誉考量——对陈寒溪之学术批评的回应》,《当代亚太》2009 年第 2 期,第 147—160 页。

[4] 田野:《国际制度、预算软约束与承诺可信性——中国加入 WTO 与国有企业改革的政治逻辑》,《教学与研究》2011 年第 11 期,第 6—13 页。

[5] 秦亚青:《国家身份、战略文化和安全利益——关于中国与国际社会关系的三个假设》,《世界经济与政治》2003 年第 1 期,第 10—15 页。

国际制度的态度和行为方式在互动实践中发生了转变。江忆恩就以中国参与裁军、核禁试条约、东盟地区论坛的案例来说明中国在国际制度中的"社会化"。[1] 丁韶彬发现，中国与世界银行关系的日益密切，正是由于世行对中国官员的培训在新观念的形成和市场经济制度规范的内化中扮演了重要角色。[2] 中国参与联合国禁止酷刑规范也体现出强烈的社会化特征。对于这一案例，刘贞晔强调制度参与者对制度内涵的"意义架构"的适应，进而产生认同而表现出同构性特征。同时，制度也为参与者提供了社会合法性，从而加强了参与者的"社会适应性"。正是出于这些原因，而不是简单的出于策略、压力或利益的考量，中国会选择主动成为某些既有国际制度的贯彻者和推行者。[3] 正是国际体系与中国各种实践的互动，使中国实现了国际规范的内化，并推动了中国新身份的形成。[4] 在这一新身份下，中国选择更加积极地加入既有的国际制度。

另一方面是重塑既有国际制度和建立新国际制度。安·肯特（Ann Kent）在讨论中国在国际组织中的目标时，除了谈到促进国家利益外，还强调了中国希望通过国际组织来促进全球改革的这一目标。[5] 朱立群也强调中国与国际体系是一个双向社会化的过程，在参与国际体系的同时中国也能发挥自己的能动性。[6] 不过，较之加入既有国际制度的文献而言，无论是基于对中国与国际制度关系的整体讨论还是基于对特定制度的研究，关于中国重塑既有制度和建立新制度的文献都相对较少。

关于中国重塑既有国际制度的文献大多从应然性出发，探讨中国在某类制度中发挥作用的策略。如讨论中国应在联合国安理会改革中采取何种

---

[1] Alastair Iain Johnston, *Social States: China in International Institutions, 1980 - 2000*, Princeton: PrincetonUniversity Press, 2007.

[2] 丁韶彬：《社会化视角下世界银行与中国的关系》，《教学与研究》2008 年第 9 期，第 66—72 页。

[3] 刘贞晔：《中国参与联合国禁止酷刑规范的制度分析》，《教学与研究》2008 年第 9 期，第 52—58 页。

[4] 朱立群：《中国参与国际体系的实践解释模式》，《外交评论》2011 年第 1 期，第 19—33 页；林民旺、朱立群：《国际规范的国内化：国内结构的影响及传播机制》，《当代亚太》2011 年第 1 期，第 136—160 页。

[5] Ann Kent, "China's International Socialization: The Role of International Organizations," *Global Governance*, Vol. 8, No. 3, 2002, pp. 348 - 349.

[6] 朱立群：《中国与国际体系：双向社会化的实践逻辑》，《外交评论》2012 年第 1 期，第 13—29 页；朱立群、聂文娟：《从结构 - 施动者角度看实践施动》，《世界经济与政治》2013 年第 2 期，第 4—19 页。

立场;① 中国如何运用多边国际制度来进行外交新思维,提升软权力;② 中国在气候变化国际制度议价中应采取的角色;③ 2008 年金融危机后中国应如何推动 IMF 改革;④ 中国应如何在二十国集团(G20)框架下与欧盟合作,或促进国际体系转型等。⑤ 尽管随着综合国力的增长,中国在既有国际制度内的发言权有所提升,但现有文献对中国如何有意识地塑造国际制度中的议程设置和治理结构的研究仍处于起步阶段,过程追踪式的经验研究更是缺乏。

  关于中国建立新国际制度的文献多为对新制度本身的功能和特点的介绍,这在中国主导或参与建立的多边国际制度的讨论中尤其如此,不过也有一些学理性的探讨,例如对金砖国家开发银行、亚洲基础设施投资银行、丝路基金的比较。⑥ 基欧汉基于"竞争的多边主义"概念分析了这些新制度出现的动力:"在全球均势变动的条件下,中国崛起对美国的挑战不仅是力量上的,而且从方式上来看,中国也会运用新的或者替代的多边主义来挑战或者改变既有的主导的多边制度。"⑦ 李巍基于其提出的现实制度主义理论将中国积极参与和主导建立的国际金融新制度置于中美两国竞争的视野下,认为中美之间正在兴起的国际金融制度竞争是两国金融权力地位、金融公共物品供给能力以及金融制度合法性的竞争。⑧ 此外,中国创设的双边制度也受到了相关学者的重视,比如中国与其他国家和地区签订的双边互

---

① 李东燕:《中国与安理会改革》,《世界经济与政治》2002 年第 4 期,第 15—20 页。
② 苏长和:《发现中国新外交——多边国际制度与中国外交新思维》,《世界经济与政治》2005 年第 4 期,第 11—16 页;苏长和:《中国的软权力——以国际制度与中国的关系为例》,《国际观察》2007 年第 2 期,第 27—35 页。
③ 于宏源、王健:《气候变化国际制度议价和中国》,《教学与研究》2008 年第 9 期,第 73—79 页;于宏源:《中国和气候变化国际制度:认知和塑造》,《国际论坛》2009 年第 4 期,第 18—25 页。
④ 鲁传颖:《后金融危机时期中国参与国际金融体系改革的目标和路径——以中国参与 IMF 改革为例》,《东南亚纵横》2011 年第 8 期,第 87—91 页。
⑤ 江时学:《中国与欧盟在二十国集团内的合作》,《世界经济与政治论坛》2014 年第 4 期,第 58—71 页。刘宗义:《"二十国集团"转型与中国的作用》,《现代国际关系》2015 年第 7 期,第 10—17 页。
⑥ 庞珣:《新金融开发机构展望》,《中国投资》2015 年第 3 期,第 26—29 页。
⑦ 〔美〕罗伯特·基欧汉:《竞争的多边主义与中国崛起》,《外交评论》2015 年第 6 期,第 20 页。
⑧ 李巍:《国际秩序转型与现实制度主义理论的生成》,《外交评论》2016 年第 1 期;李巍:《中美金融外交中的国际制度竞争》,《世界经济与政治》2016 年第 4 期,第 112—138 页。

换协议①、双边投资协定②、自由贸易区③等。由于目前这类制度多集中在经济领域,对这些制度进行研究的学者多为国际政治经济学研究者。相对于重塑既有制度的研究而言,这类研究有着较好的经验分析基础,往往基于经验数据进行定性或定量分析。但可能由于聚焦于分析中国创设这些新制度的动机问题,这些研究很少把制度创设的动机和制度采取的形式联系起来加以考察。

总体来看,近年来对中国加入既有制度、重塑既有制度和建立新制度的研究在理论和经验上都取得了一些成果。然而,相比于中国加入既有制度的研究,重要性日益彰显的重塑既有制度和创设新制度的深入讨论显得尤为不足,对其中具体的制度形式和治理结构的细化研究更是相当缺乏。实际上,随着中国对国际制度的建设性参与,特别是随着中国对国际制度的重构,中国在国际体系中所面对的核心问题之一便是如何通过一定形式的国际制度来实现自己的对外政策目标。在更一般的意义上,这一问题恰是制度设计理论所要解决的经验问题。因此,对制度设计的进一步探讨会为我们理解中国如何重塑既有制度和创设新制度提供相应的理论和经验知识,从而促进相关领域的知识增长。

第三节 本书的基本思路与结构安排

作为协调或者约束行为的正式或非正式规则,制度不是生成的就是建构的。"虽然大多数的社会制度似乎都是逐渐演变的结果,而非某个突然的发明创造,但政治和经济制度常常出于有目的的设计。"④ 因此,政治学家和经济学家往往更为关注那些出于有目的的设计而形成的制度。随着新制

---

① 李巍、朱艺泓:《货币盟友与人民币的国际化——解释央行的货币互换外交》,《世界经济与政治》2014 年第 2 期,第 128—154 页。
② Ka Zeng, "Understanding the Institutional Variation in China's Bilateral Investment Treaties (BITs): The Complex Interplay of Domestic and International Influences," *Journal of Contemporary China*, Vol. 25, No. 97, 2016, pp. 112 – 129.
③ 熊芳、刘德学:《中国自由贸易区建设的战略——基于面板数据的实证分析》,《国际经贸探索》2012 年第 1 期,第 4—11 页;Kong Qingjiang, "China's Uncharted FTA Strategy," *Journal of World Trade*, Vol. 46, No. 5, 2012, pp. 1191 – 1206; Ka Zeng, "Multilateral versus Bilateral and Regional Trade Liberalization: Explaining China's Pursuit of Free Trade Agreements (FTAs)," *Journal of Contemporary China*, Vol. 19, No. 66, 2010, pp. 636 – 638.
④ 〔美〕戴维·韦默主编《制度设计》,费方域、朱宝钦译,上海财经大学出版社,2004,第 2 页。

度主义的兴起，制度设计成为政治学家和经济学家在研究制度时最感兴趣的问题之一。

制度设计的逻辑起点是不同形式的制度对个人行为和集体决策具有不同的影响，因此受到影响的个人和集体会根据这种预期的影响来选择制度的形式。制度设计就是行为体对制度形式的选择。新制度经济学家张五常言简意赅地指出："合约就是制度，合约的选择就是制度的选择。经济科学不问观察到的合约或制度是好还是不好。实际的看法是：合约或制度是人类选择的结果。我们因而问为什么会有这种那种不同合约或不同制度的安排。"① 作为新制度经济学在政治学中的变体，理性选择制度主义同样关注制度形式的选择问题。正如这一流派的旗手巴里·温格斯特（Barry Weingast）所言："制度研究最有前途和最为深远的方面，涉及为何制度采用这种形式而不是那种形式的问题。"② 因此，制度设计研究一方面需要展示制度形式之间的差异，另一方面需要说明个体的选择与制度形式之间的关系。

比较方法是研究者认识经验世界的基本方法。学者对制度的研究同样依赖于比较方法。青木昌彦甚至认为："制度分析在本质上是比较性的，因而被称为比较制度分析。"③ 无论是经济学还是政治学中，有关制度设计的模型都是在比较分析的基础上发展起来的。比如新制度经济学的代表人物，2009年诺贝尔经济学奖得主奥利弗·威廉姆森（Oliver Williamson）的核心思想正是比较"各种治理结构下的不同交易成本"，而不是"一个个治理结构的成本"。威廉姆森认为："无论在什么情况下，交易成本经济学的应用都是比较制度分析。"④ 他在《资本主义经济制度》一书的绪论中明确指出："交易成本分析方法……考察在另一种治理结构下，为完成任务需要花费多少计划成本、调整成本和监督成本，再比较这两种成本之高低。"⑤ 作为政治学中最主要的一种制度分析路径，理性选择制度主义也具有明显的比较性，基于比较方法提供了以下两类对制度形式的解释和预测。第一，理性

---

① 张五常：《制度的选择》（经济解释卷四），中信出版社，2014，第13页。
② 〔美〕巴里·R.温格斯特：《政治制度：理性选择的视角》，载罗伯特·古丁、汉斯-迪特尔·克林格曼主编《政治科学新手册》（上册），钟开斌等译，生活·读书·新知三联书店，2006，第255页。
③ 〔日〕青木昌彦：《比较制度分析》，上海远东出版社，2001，第4页。
④ Oliver Williamson, "Hierarchies, Markets and Power in the Economy: An Economic Perspective," in Claude Menard, eds., *Transaction Cost Economics: Recent Developments*, Cheltenham: Edward Elgar Publishing Limited, 1997, p. 5.
⑤ 〔美〕奥利弗·威廉姆森：《资本主义经济制度》，段毅才、王伟译，商务印书馆，2002，第9页。

选择制度主义的模型通常比较两种相互联系的但又相互区别的制度约束，预测其行为和结果的不同。第二，依赖均衡分析，理性选择制度主义经常产生当潜在条件发生变化时行为和结果将怎样变化的比较经济静态分析结果。① 因此，对制度设计的研究需要在比较制度分析的基础上展开。

作为对国家行为的制度约束，国际制度也往往是有关国家有意设计的产物。从中国参与国际制度的历史进程中可以看到，20世纪90年代以来特别是进入21世纪以来，中国逐渐从消极的规则接受者向主动的规则制定者转变。全球和地区治理的"中国方案"、"中国倡议"、"中国元素"等在全球和地区合作中开始变得突出起来。正如苏长和观察到的："中国与国际组织的关系正在从简单的参与者向承担更多责任的管理者角色转变。中国除了积极参与既有国际组织的机构改革外，同时还单独或者同他国一起共同成立了一些新兴国际组织，扮演着管理者、运营者的角色。国际组织愈来愈成为全球治理的行政支持体系，大国可以借助它推动观念的扩散、规则的制定、信息的汇集等。如何学会与他国一起共同有效地管理更多的新老多边组织，可谓中国外交和公共行政的新课题。"② 作为国际制度为实现一定功能而采纳的形式，国际制度设计逐渐成为中国在参与国际合作时所面临的重要课题。

基于国际制度设计的有关理论模型，本书将通过比较制度分析的方法来揭示或发现中国以及相关国家在参与国际合作中所面临的问题与这些国际合作中所确立的制度形式之间的逻辑关系，从而说明影响相关的国际制度设计的因素以及中国的作用。全书共分为八章。除了导论和结论外，其余六章的主要内容如下。

第二章在探讨国际合作与国际制度概念的基础上介绍和评析了国际制度设计的理论模型。既有的国际合作理论已经证明，国际交往中产生的相互依赖和外部性效应产生了对国际合作的需求，但相互依赖本身并不自动导致国际合作的达成。没有一定的国际制度，国家间将难以实现相互合作。而国际制度概念的发展嬗变则表明，国际制度这一术语包含了从非正式协议到国际组织等各种类型的制度形式。由于国际制度的首先功能在于促进国际合作，国家就需要针对国际合作中所面临的问题来设计国际制度的形式。近些年来，政治学家已经在比较制度分析的基础上建立了几种国际制

---

① 〔美〕巴里·R. 温格斯特：《政治制度：理性选择的视角》，罗伯特·古丁、汉斯-迪特尔·克林格曼主编《政治科学新手册》（上册），第247页。

② 苏长和：《全球治理体系转型中的国际制度》，《当代世界》2015年第11期，第37页。

度设计的理论模型。这一章着重介绍了其中较为成熟的"国际制度的理性设计模型"和"国际制度选择的交易成本模型",并对其各自的优缺点进行了评析。

第三章解释了从"上海五国"机制到上海合作组织的制度演进。从旨在削减边界武装力量和加强军事互信的非正式国际组织,到发展成为一个以安全和经济合作并重的正式国际组织,上海合作组织的制度化水平比"上海五国"元首会晤机制有了明显的提高。对于这一变化,国际制度选择的交易成本模型可以提供一种有力的解释。相关国家的制度选择包括中国、俄罗斯以及中亚国家的制度选择,其中中国以及俄罗斯发挥着最重要的作用。这些成员国对待上海合作组织的态度与其自身的交易成本大小紧密相关,所以其交易成本的大小可以说明其态度与行为的变化。这一章通过定序度量问题领域敏感性、国家同质性、透明度、资产专用性、交易频率与不确定性六个影响交易成本大小的变量,说明了与20世纪90年代中期相比,21世纪初有关国家更可能在区域安全关系中采取制度化水平较高的国际制度。

第四章对APEC和中国-东盟自由贸易区(CAFTA)进行了比较制度分析。随着经济相互依赖的加深,中国相继参与了APEC、CAFTA等区域经济合作机制。与中国对区域经济合作的政策偏好相一致的是,CAFTA的制度化水平明显高于APEC。作为一种正式的国际制度,CAFTA对各成员形成了有力的约束,这明显不同于自主自愿、灵活松散、协商一致的"APEC方式"。那么,为什么中国关于区域经济合作的制度形式偏好会发生上述的变化?同样基于国际制度选择的交易成本模型,这一章定序测度了问题领域敏感性、国家同质性、透明度、资产专用性、交易频率与不确定性六个变量,从而为中国参与区域经济合作的制度设计提供了一种理论解释。

第五章对"10+3"机制与东亚峰会进行了比较制度分析。作为中国参与的东亚地区两个重要的制度安排,"10+3"机制与东亚峰会之间在制度设计上存在着相当的差异,这些差异主要体现在成员范围、集中程度与灵活性三个维度上。有意思的是,东亚峰会最初原本设想成为"10+3"机制的升级版,但事实上却向东亚域外扩大,并降低了合作机制的集中性和对参与国家的约束性。这一章在既有解释的基础上运用国际制度的理性设计模型,从不确定性和分配问题这两个自变量出发为两种制度之间的差异形成的原因提供了解释。

第六章探讨了中美战略对话的制度设计。在2006年之前,中美在经济沟通领域已经建立了中美经济联委会和中美商贸联委会，但在 2006 年又启动了中美战略经济对话。中美战略经济对话以其较为成熟的制度形式和较好的制度效用得到了中美两国政府的青睐，并在后来和中美战略对话合并后一直延续至今。这一章运用国际制度的理性设计模型探究了中美两国在经济合作领域面临着哪些问题，既有的沟通机制为什么没能有效地解决这些问题，中美战略经济对话的制度形式为什么能更好地解决这些问题。

第七章分析了中国签订的双边投资协定中争端解决机制的设计。作为缔结双边投资协定最多的国家之一，中国已与至少 123 个国家签订过相关的双边投资协定，且正在积极寻求同美国、欧盟在投资领域取得相应进展。作为协定中承诺将如何被实现的程序性保障，争端解决机制的形式选择对保护投资至关重要。在国际制度选择的交易成本模型下，这一章运用定量方法分析了中国在双边投资协定中分别作为东道国和母国时对争端解决机制的稳定但有差异的偏好，以及影响该偏好稳定性的政治经济因素。

第二章　国际合作中的制度设计：概念与理论

第一节　国际合作的概念

冲突与合作是社会互动的两种最基本形式，国际关系领域当然也不例外。但是国际冲突研究与国际合作研究在国际关系学中并不是均衡发展的。在战后主流的现实主义国际关系理论中，国际冲突被看作国际关系的常态，而国际合作即使出现，也是偶然的、暂时的、不稳定的。这种对国际合作的忽视一直持续到20世纪80年代，以至于罗伯特·基欧汉在写《霸权之后：世界政治经济中的合作与纷争》时坦言："在政治学研究中，也许没有什么比像写国际合作这样主题更让人感到沉闷的了。"[1] 幸运的是，基欧汉等学者卓越的学术努力使国际合作的研究不再令人"沉闷"。他们不仅从概念上界定了国际合作的内涵与外延，也探讨了国际制度对国际合作的重要意义。

什么是国际合作？普遍接受的定义是基欧汉在《霸权之后》中所提出的："通过政策协调过程，当行为者将它们的行为调整到适应其他行为者现行的或可预料的偏好上时，合作就会出现……作为政策协调过程的结果，当一国政府遵从的政策被另外国家的政府视为能够促进它们自己目标的相互认识时，政府间的合作就会发生。"[2] 这里的政策协调指的是国家间相互调整政策以降低本国政策选择对他国的负面影响或是提高本国政策选择对他国的正面影响。政策协调具有不同的类型和程度，包括国家交换信息、针对具体的政策进行谈判、制定进行政策选择的规则，以及为组成更大的政策共同体而在一定程度上放弃国家政策工具等。

---

[1] 〔美〕罗伯特·基欧汉：《霸权之后：世界政治经济中的合作与纷争》，苏长和、信强、何曜译，上海人民出版社，2012，第3页。

[2] 罗伯特·基欧汉：《霸权之后：世界政治经济中的合作与纷争》，第51—52页。

第二章 国际合作中的制度设计：概念与理论

在基欧汉上述定义的基础上，海伦·米尔纳（Helen Milner）认为国家间合作是一种特定类型的交换。它涉及一国根据别国政策的调整而相应地调整政策或预期，从而使双方都获益。这里的交换是指相互适应对方的政策，而不是经济学家所关注的商品和服务。① 值得注意的是，如果一国的单边行为或政策并没有试图降低他国的利益，但同时也没有减少对他们的负面影响，这种方式也是非合作性的。换句话说，国际合作有两个条件：既要是有目的导向的行为，也要是通过政策调整来创造共同获益或减少共同受损的行为。

为了更充分地揭示国际合作的内涵，基欧汉进一步辨析了合作与和谐、冲突等概念的区别和联系。

首先，合作不同于和谐。在和谐这种状态中，行为者的政策（追求自身利益而不考虑其他人）能够自动地促进其他行为者目标的实现。② 例如古典经济学世界中所假设的竞争性市场就是和谐情境，在其中"看不见的手"使个体追求自身利益的行为自动有利于增加整体的利益。在该情势下合作是不必要的，甚至一些以剥削他者获得私利的合作是有害的，例如保护主义的贸易集团对自由贸易体系的破坏，二战时期德日意法西斯国家组成的轴心国联盟对全球和平的破坏。总之，和谐意味着在国际关系中不需要各方刻意调整自身的政策，顺应自然就能促进对方实现自身利益。因此，"和谐是非政治的，在这种情况下，沟通是没有必要的，也不要施加影响能力。相反，合作是高度政治的，不管怎样，行为模式必须要做出改变，这种改变可能通过积极性的诱因和消极性的诱因而完成。"③ 在这个意义上，合作在没有和谐的状态下才有价值。由于世界政治经济中的和谐状态十分罕见，合作就成为国家追求互利共赢的主要手段。

其次，合作并不等于是没有冲突的状态，而应该视为对冲突或潜在冲突的反应。合作当然不同于冲突，后者是以一种对抗性或敌对性为特征的。但合作是在一种纷争或者潜在纷争的模式中出现的，④ 需要积极的努力去调整政策，以满足其他行为体的需要。当利益不一致甚至冲突时，合作者需要寻求利益的共同点或增加利益的一致性；而当存在共同利益时，合作者

---

① 〔美〕海伦·米尔纳：《利益、制度与信息：国内政治与国际关系》，曲博译，上海人民出版社，2010，第6页。
② 罗伯特·基欧汉：《霸权之后：世界政治经济中的合作与纷争》，第51页。
③ 罗伯特·基欧汉：《霸权之后：世界政治经济中的合作与纷争》，第53页。
④ 罗伯特·基欧汉：《霸权之后：世界政治经济中的合作与纷争》，第11页。

也需要通过协调行动以减少落实过程中的障碍和可能发生的冲突。总之，如果不存在冲突的倾向也就没有合作的必要，合作的目的就是通过谈判、协调来降低冲突发生的可能性以达成共同利益的实现。政策协调成功即达成合作，政策协调失败则容易从纷争演变成冲突。因此，合作和冲突是混合在一起的。

应该说，自国家形成以来，国家间就会形成一定程度上的国际合作。比如中国春秋战国时期的合纵与连横，中世纪晚期主导北海和波罗的海贸易的汉萨同盟，近代早期为了抵制哈布斯堡霸权而建立的法国与奥斯曼帝国的联盟等。但与国际冲突相比，国际合作在历史上的大多数时期仍是短暂的、偶然的，甚至只是国际冲突中国家采用的一种手段。只有到了经济全球化加速发展的19世纪以后，国际合作在范围、规模和程度上才成为国际关系中显著的现象。

随着全球化的发展，国家对外开放程度加深，国家间相互依赖的关系日益深化。早在一个多世纪以前，卡尔·马克思和弗里德里希·恩格斯在《德意志意识形态》就写道："各个相互影响的活动范围在这个发展进程中越是扩大，各民族的原始封闭状态由于日益完善的生产方式、交往以及因交往而自然形成的不同民族之间的分工消灭得越是彻底，历史也就越是成为世界历史。"[1] 相互依赖使得各国利益形成复杂的联结关系，利益的冲突性和一致性并存。为了尽可能多地扩大共同利益，各国只有通过相互的政策协调防止潜在的利益冲突转变成现实的国际冲突。同时，一国自身的政策和行为会给他国带来影响，也会受到其他国家政策选择的影响，这种"溢出"的效应随着国家间相互依赖的加深而更加明显。随着"溢出"效应的增加，在其他条件相同的情况下，合作的收益和合作的激励也逐渐增加。[2] 因此，国家间相互依赖的存在及其深化是国际合作的基础。

根据罗伯特·基欧汉和约瑟夫·奈（Joseph Nye）的界定，国际政治中的相互依赖是指国家之间或不同国家的行为体之间由于国际交往而以相互影响为特征的情形。[3] 在相互依赖的情形中，一方的政策或行动受到其他行为体有意或无意的影响，同时也对其他行为体产生类似的影响。这些影响来自国际交往，但国际交往并不等同于相互依赖。国际交往是否具有相互

---

[1] 《马克思恩格斯选集》第1卷，人民出版社，2012，第168页。
[2] 海伦·米尔纳：《利益、制度与信息：国内政治与国际关系》，第42页。
[3] 〔美〕罗伯特·基欧汉、约瑟夫·奈：《权力与相互依赖》（第三版），门洪华译，北京大学出版社，2002，第9页。

依赖的属性取决于这些交往是否使有关各方付出了成本或代价。付出代价的结果有可能是另一行为体直接或有意强加所致,但也有可能是各方集体行动失败所致。无论何种原因,相互依赖使有关行为体付出了成本或代价。

为了减少相互依赖中的成本或代价,国家需要调整自己的政策或者需要其他国家调整其政策。因此,相互依赖产生了国家间政策协调的要求。经济学中的外部性概念可以用来进一步说明相互依赖的影响。当一国的政策选择给别国带来成本或收益,而这些成本或收益并没有成为别国的最优政策时,国家政策就具有了外部性。① 外部性可以分为正外部性和负外部性。当一国政策或行为的成本外溢到其他国家或损害了他国利益,但该国没有为他国进行补偿,称为负外部性;当一国政策或行为的收益外溢到其他国家或使他国受益,但该国并没有从他国得到补偿,则被称为正外部性。

在全球化的时代中,商品、资本、劳动、信息等要素大规模的跨国流动使各个国家以更紧密的方式联系在一起,因此一个国家单方面的政策和行为会对他国产生越来越多的"溢出"影响。面对这种"溢出"效应,受到影响的国家基于趋利避害的原则需要作出政策上的回应。在国际无政府状态下,这些"溢出"的影响是国家凭借一己之力难以消除的,也无法寻求超国家的"世界政府"来将这些影响内部化。因此,有关国家需要进行政策协调来寻求阻止他国采取其试图采取的政策或者说服他国采取其本来不会采取的政策,以降低这些政策对本国所造成的负外部性或增加这些政策对本国所造成的正外部性。正如海伦·米尔纳所指出的:"开放性和外部性的存在可能促进政治行为体之间的国际合作需求。如果贸易和资本流动使国家间经济更为紧密地联系在一起的话,那么它们要实现自己的经济目标就可能需要别国的帮助。如果一国的增长率、就业率以及通胀率依赖于别国的政策选择,那么政治家连任的希望就与这些国家的行动连在一起。要求外国政府改变其政策以降低它们对本国所造成的负外部性或增加正外部性,就需要政策制定的协调。"② 简言之,外部性的存在产生了对于国际合作的需求。

一方面,在等级制的国内政治体系中,政府可以通过征税或界定产权等方式直接或间接干预国内行为体,最大限度地避免和减少负外部性,但是在无政府状态下的国际体系中,缺少一个世界政府扮演类似的职能。因

---

① 海伦·米尔纳:《利益、制度与信息:国内政治与国际关系》,第42页。
② 海伦·米尔纳:《利益、制度与信息:国内政治与国际关系》,第42页。

此，国家需要通过国际合作以消除负外部性的消极影响。例如在环境领域，温室气体的排放对周边国家甚至全球的气候环境产生了负的外部性，这种"溢出效应"不是单个国家能够应付的，需要该区域甚至是全球范围内的共同治理。经济领域的负外部性也相当明显。比如，在浮动汇率制和资本流动程度高的情况下，一国汇率的改变会给他国带来影响，本国汇率的贬值意味着他国货币的升值，造成他国进口的增多和出口的降低，在短期内对他国的经济增长和就业造成消极影响。为了降低开放经济中货币政策的负外部性，国家间开展包括相互协调目标区域、可调固定汇率、固定汇率或者单一货币联盟等形式的国际货币合作。

另一方面，国家在国际体系中追求着和平与安全、流行病防御体系、全球金融稳定、自由贸易等国际公共物品。由于公共物品的非排他性，一旦存在就会给国际体系中每个国家带来益处，但并非所有国家都参与到国际公共物品的供给中。"搭便车"行为导致国家没有付出成本却获得了额外的益处，也就是获得了正外部性。而当"搭便车"行为蔓延时，国际公共物品的供给国出于自身成本－利益的衡量，其为公共物品付费的动机减弱，减少或放弃提供公共物品，导致国际公共物品供应不足。因此，为了提供足够多的国际公共物品，需要通过国家间的政策协调来约束国家"搭便车"的行为，通过合作扩大国家共同受益。

第二节 国际制度的概念

国际交往中产生的相互依赖和外部性效应产生了对国际合作的需求，但相互依赖本身并不自动导致国际合作的达成。由于完全对称的相互依赖是相当罕见的，当国家利益存在不一致时，不对称的相互依赖所具有的敏感性和脆弱性容易被有关国家利用来增强自己的权力并损害对方的利益。此外，即使存在共同利益或共同受损，由于信息不对称、利益分配以及观念与认知因素，国家间合作也并不一定会达成。比如，在信息不对称的条件下，由于知悉潜在合作伙伴比自己拥有更多的信息，并且因此可能操纵双方的关系乃至进行成功的欺骗，国家就有可能放弃改善双方福利的合作。[1] 又如，在相对收益观下，如果一个国家能够确定自己会从国际合作中得到好处，但是该国认为这种合作给其他国家带来更多的收益时，它就可

---

[1] 罗伯特·基欧汉：《霸权之后：世界政治经济中的合作与纷争》，第94页。

能放弃与其他国家的合作。①

面对国际合作中的上述问题,国家可以采用建立和发展国际制度来推动彼此采取合作的行为。基欧汉认为,对国际制度的分析在很大程度上就是对国际合作中产权、不确定性和交易成本等问题的反应。他指出:"没有有意识地设计出来的制度,这类问题将会使世界政治中合作的努力受到挫折,即使在行为者的利益是相互补充的情况下也是如此。从自助体系的缺陷来讲,我们需要国际制度。在这个范围内,当它们满足了这些需要时,国际制度就扮演着建立法律责任模式的功能,提供相对对称的信息,以及降低谈判的成本以使特定协议作出。"② 因此,国际制度设计从本质上说是对国际合作中所面临的问题的回应。

尽管直到基欧汉提出新自由制度主义理论后国际制度的建立、发展与国际合作中的问题才在逻辑上连接起来,国际制度作为一种经验现象从国际关系学诞生之时起就进入其学科视野。在著名的"十四点方案"中,伍德罗·威尔逊提出了建立国际联盟的设想,希冀通过这样一个国际制度来维护和保卫世界和平。第二次世界大战给威尔逊理想主义以致命打击,但处于萌芽状态的国际制度研究并没有因此而趋于消弭。在联合国和IMF、世界银行等布雷顿森林机构相继成立的背景下,战后初期的国际制度研究聚焦于正式的国际组织,国际制度也被看做国际组织的另一名词。《国际组织》杂志于1947年创刊,在第一期上就发表了利兰·古德里奇(Leland Goodrich)的论文《从国际联盟到联合国》。③ 以此为起点,一批国际关系学者相继加入到联合国研究的行列,如威廉·福克斯(William Fox)、伊尼斯·克劳德(Inis L. Claude)等。从方法论特征上,他们的研究大多同古德里奇所做的一样,基本停留在对国际组织细节的静态描述和比较上,具有法律主义、结构主义、整体主义、历史主义和规范分析的特点,因而属于旧制度主义的范畴。④

20世纪50—60年代在美国政治学界所发生的"行为主义革命"为早期国际制度研究带来了它所缺乏的方法论工具。行为主义政治学的渗透使国

---

① Joseph Grieco, "Anarchy and the Limits of Cooperation: A Realist Critique of the Newest Liberal Institutionalism," *International Organization*, Vol. 42, No. 3, 1988, pp. 485 – 507.
② 罗伯特·基欧汉:《霸权之后:世界政治经济中的合作与纷争》,第89页。
③ Leland Goodrich, "From League of Nations to United Nations," *International Organization* Vol. 1, No. 1, 1947, p. 21.
④ B. Guy Peters, *Institutional Theory in Political Science*, London and New York: Wellington House, 1999, pp. 6 – 11.

际制度研究开始摆脱旧制度主义的拘囿。这种从对形式或法律的静态制度分析到实际政治行为分析的研究转向，为日后国际制度研究向新制度主义的转向创造了必要的条件。"但是，这一领域仍与正式组织的研究紧密相连，而忽视了在更广泛意义上出现的规制化的或组织化的大量国家行为。"①20世纪70年代国际政治经济中所发生的一系列深刻变化使国际制度研究过于强调正式组织这一缺憾变得更加明显。利莎·马丁（Lisa Martin）和贝思·西蒙斯（Beth Simmons）对此论述道："对于正在崛起的新一代学者而言，重大的国际冲突——越南战争是在联合国的正式宣言之外发生的。美国在1971年单方面决定停止以美元兑换黄金，随后宣布美元浮动，在布雷顿森林体系下过去二十年可预测的货币关系崩溃了。正在兴起的石油输出国组织明显有能力颠覆关于油价和获得石油的既有安排，这种情况发生在传统的国际组织之外；消费国在随后十年的反应也同样如此。"②

  面对"国际政治和正式组织安排之间"在现实中日益扩大的鸿沟，一些国际关系学者尝试以概念创新为起点来摆脱这一困境。1975年，约翰·鲁杰（John Ruggie）在《对技术的国际反应：概念与趋势》一文中首先提出了"国际机制"（international regimes）的概念。他认为"已被一部分国家所接受的一系列相互期望、规则和规定、计划、组织能量和财政义务"构成了国际机制。③ 1983年，斯蒂芬·克拉斯纳（Stephen Krasner）主编的《国际机制》一书由康奈尔大学出版社出版，国际机制理论由此走上了系统化发展的轨道。根据克拉斯纳的定义，国际机制是"隐含的或明确的原则、规范、规则和决策程序，行为体对某个特定国际关系领域的预期围绕着它们而聚合起来。"④ 在1984年出版的《霸权之后》一书中，罗伯特·基欧汉发展出了一套国际机制的功能理论（functional theory of international regimes），以此确立了新自由制度主义的研究纲领。以《霸权之后》为标志，新制度主义在国际关系研究的范式地位初步奠定。

---

① Stephan Haggard and Beth Simmons, "Theories of International Regimes," *International Organization*, Vol. 41, No. 3, 1987, p. 491.

② Lisa Martin and Beth Simmons, "Theories and Empirical Studies of International Institutions," *International Organization*, Vol. 52, No. 4, 1998, p. 736.

③ John Ruggie, "International Responses to Technology: Concepts and Trends," *International Organization*, Vol. 29, No. 3, 1975, p. 570.

④ Stephen Krasner, "Structural Causes and Regime Consequences: Regimes as Intervening Variables," in Stephen Krasner, ed., *International Regimes*, Ithaca and London: Cornell University Press, 1983, p. 2.

第二章　国际合作中的制度设计：概念与理论

　　作为国际关系学者提出的新名词，国际机制的概念既非国际结构那样宽阔，也非国际组织那样狭窄。正是由于这一概念的提出，国际关系中的大量制度化行为才被真正置于国际关系研究的视野之内。但是由克拉斯纳提供的权威定义也有明显的问题。一是"原则、规范、规则和决策程序"之间难以精确地区分。从内涵上看，四者具有相对确定的含义，"原则是对事实、因果关系和正确判断的信奉；规范是由权利和义务所界定的行为标准；规则是关于行动的特定规定或禁令；决策程序是作出和实施集体选择的普遍实践"。① 但在具体的国际关系现实中，原则与规范、规范与规则都会出现相互混淆的情况。正如斯蒂芬·哈格德（Stephen Haggard）和贝思·西蒙斯所批评的："原则将逐渐变成规范，另外规范和规则是很难加以区分的。"② 二是这一定义会导致同义反复的问题。这一定义强调了行为体期望的聚合，从而使国际机制是否存在与国际机制是否有作用的问题难以在经验研究中区分。对于隐含的机制来说，这一定义甚至带来了同义反复的问题，即用观察到的行为来定义国际机制，然后再用这一机制来解释同一行为的发生。对此，哈格德和西蒙斯指出："'隐含的机制'的观点所侧重的是行为体期望的聚合，它有助于我们对某种复合的特有行为方式进行归纳。但是这种观点所带来的问题是，国家的行为实际上在何种程度上是由规则引导的。"③

　　除了克拉斯纳所提供的定义所存在的上述问题外，国际机制这个术语本身的局限性也日益显现。一方面，regime 在英语中一般指的是政权，国际机制的概念因此令国际关系学之外的学者感到费解。另一方面，国际机制概念所描绘的制度化现象在更广阔的知识领域中一般被称为 institution，无论是政治学、经济学还是社会学都概莫能外，而在 20 世纪 80 年代以后兴起的新制度主义也是以 institution 作为其分析对象的。由于 institution 在新制度主义中既可以指称正式的规则或组织，也可以指称非正式的制度，国际机制理论在早期兴起时对 international institutions 仅限于正式国际组织所保有的警惕也变得多余了。随着国际关系研究中的国际机制理论逐渐汇入到了更

---

① Stephen Krasner, "Structural Causes and Regime Consequences: Regimes as Intervening Variables," in Stephen Krasner, ed., *International Regimes*, p. 2.
② Stephen Haggard and Beth Simmons, "Theories of International Regimes," *International Regimes*, Vol. 41, No. 3, 1987, p. 493.
③ Stephen Haggard and Beth Simmons, "Theories of International Regimes," *International Regimes*, Vol. 41, No. 3, 1987, p. 494.

大的新制度主义政治学的潮流之中，international institutions 逐渐取代了 international regimes 成为主流国际关系文献使用的术语。

作为新自由制度主义的奠基人，基欧汉率先明确指出了国际制度的涵义，即国际制度是"规定行为角色、限制行动并塑造预期的持久的、相互联系的正式和非正式规则"。① 这一定义消除了原则、规范、规则和决策程序之间的混淆之处，从而有助于克服克拉斯纳所做定义的第一个问题。但是，这一定义并没有解决同义反复的问题。国际制度在规定行为角色、限制行动并塑造预期上的作用已经包含在基欧汉的定义中，从而使制度本身与制度的影响难以区分开来。正如西蒙斯和马丁所批评的："这一定义难以检验制度对行动和预期的影响。"②

颇具讽刺意味的是，作为对新自由制度主义最为激烈的批判者之一，约翰·米尔斯海默（John Mearsheimer）在试图彻底否定国际制度的作用时却给国际制度下了一个最为有用的定义，即"规定国家如何彼此合作与竞争的一系列规则"。这一定义排除了那些有规律的行为模式，并将国际制度和其应该解释的行为结果很好地区分开来。西蒙斯和马丁认为："这一较窄的定义将制度和其假定的影响相区分并且使我们探寻规则是否影响行为。"③由于国际制度研究的主要议程就是分析国际制度对国家行为的影响，这一定义便于在经验基础上推进对国际制度的研究。

值得注意的是，基欧汉和米尔斯海默关于国际制度的定义都没有明确包含组织。这样的处理在概念的周延性有其必要。因为有些非正式的制度并没有与之相联系的组织实体，而一些正式的国际组织可能包含了多种制度。但是，正式的国际组织毕竟是正式的国际制度中最为显要的一个部分。在基欧汉关于国际制度形式的划分中，正式的政府间组织或跨国的非政府组织与国际机制、国际惯例一起构成了国际制度。④ 此外，在20世纪90年代以后，国际制度的正式化在全球和地区治理中都成为显著的发展趋势。

---

① Robert Keohane, *International Institutions and State Power: Essays in International Relations Theory*, Boulder: Westview Press, 1989, p. 3.
② Beth A. Simmons, and Lisa L. Martin, "International Organizations and Institutions," in Walter Carlsnaes, Thomas Risse, and Beth Simmons, eds., *Handbook of International Relations*, London: Sage, 2002, p. 194.
③ Beth A. Simmons, and Lisa L. Martin, "International Organizations and Institutions," in Walter Carlsnaes, Thomas Risse, and Beth Simmons, eds., *Handbook of International Relations*, p. 194.
④ Robert Keohane, *International Institutions and State Power: Essays in International Relations Theory*, pp. 3 - 4.

在全球层次上,非正式的关税及贸易总协定为正式的 WTO 所取代,IMF 在管理国际货币关系以应对国际金融危机上的作用也更加突出。在地区层次上,欧洲联盟的成立以及欧元的启动加强了超国家机构的权力,而北美自由贸易区和南方共同市场的建立则表明区域合作的正式化并非欧洲的专利。

在这种背景下,尽管国际制度一词扩大了国际组织的外延,国际制度研究却出现了向国际组织研究回归的趋势。肯尼斯·艾伯特(Kenneth Abbott)和邓肯·斯奈德尔(Duncan Snidal)在1998年发表的一篇论文中针对国际机制理论指出:"也许是反对正式组织在早期研究中统治地位的惯性使然,他们低估了国际组织作为制度的作用。"[1] 他们号召国际关系学者去研究作为国际制度的正式组织,特别是国家为何通过正式国际组织而行动的问题。但这次对正式组织研究的回归并非回到二战后初期对国际组织的旧制度主义研究,而是在新制度主义的旗帜下对国际组织与国家行为的因果关系的研究。有鉴于此,艾伯特和斯奈德尔不仅呼吁"将理论带入国际组织研究",还呼吁"将国际组织带入理论"。[2] 新自由制度主义理论进入21世纪以来最为重要的几部文献《法律化与世界政治》、《国际制度的理性设计》和《国际组织中的授权与代理》等都体现了这种对正式国际组织研究的回归。[3]

从近一个世纪以来的概念嬗变来看,国际制度研究从正式国际组织研究起步,最终又回到了正式国际组织,似乎整整走了一个循环。但是这种循环并非回到原点,而是概念外延的扩大和延展。无论是不具有组织实体的国际机制,还是正式的国际组织,都包含在了国际制度的概念之中。接下来对研究者产生的问题就是,如果你在谈论国际制度,那么你谈论的是哪一种国际制度。因此,随着国际制度概念的嬗变,各种国际制度之间的差异与变化就成为国际制度研究的一项重要议程。

此外,这种概念嬗变并不仅仅是概念外延的扩展,更重要的是实现了

---

[1] Kenneth Abbott and Duncan Snidal, "Why States Act through Formal International Organizations," *Journal of Conflict Resolution*, Vol. 42, No. 1, 1998, p. 7.

[2] Kenneth Abbott and Duncan Snidal, "Why States Act through Formal International Organizations," *Journal of Conflict Resolution*, p. 6.

[3] Judith Goldstein, et al., *Legalization and World Politics*, Cambridge: MIT Press, 2001; Barbara Koremenos, Charles Lipson, and Duncan Snidal, *The Rational Design of International Institutions*, Cambridge: Cambridge University Press, 2004; Darren G. Hawkins, David A. Lake, Daniel Nielson, and Michael Tierney, eds., *Delegation and Agency in International Organizations*, Cambridge: Cambridge University Press, 2006.

理论的发展，特别是完成了从旧制度主义到新制度主义的进化。也就是说，表面上的循环却是实质上的进化。正如本杰明·科恩（Benjamin Cohen）所注意到的："像回旋镖一样，这样的研究经历了一个完整的循环，回到了对组织的强调，但这并不意味着缺少知识的进步。"① 正是在这些知识进步下，政治学家为国际制度的类型选择或者形式设计提供了一系列的解释。

第三节　国家为什么要在国际合作中设计制度？

在国际制度研究中，基欧汉的功能理论集中论述了国际制度所具有的一般性功能，并没有对国际制度形式的多样性给予足够的关注。哈格德和西蒙斯就提出批评说，国际机制的功能理论并没有解释为什么一些机制发展出正式的组织，而另一些机制却没有发展出这样的组织。② 苏长和在对《霸权之后》的评论中也提出："功能的解释途径可以说明霸权和世界政治经济中日趋加强的相互依赖有助于国际制度的产生，也的确需要更多的国际制度来组织和管理密切联系的世界，但是对为什么国际制度在产生过程中会出现形式多样的特点，为什么有些国际制度带有强迫性的特点而有些国际制度却带有自我执行的能力，为什么有些国际制度形式反映国际体系中权力配置的现实而有些国际制度却没有，为什么有些国际制度比较稳固而有些国际制度却非常脆弱，功能主义对这一连串问题的解释就显得捉襟见肘了。"③ 随着国际制度概念内涵的嬗变，国际制度形式的多样性问题在国际制度研究中变得日益突出起来。

作为国家间关系中的政治制度，国际制度具有多样的形式。我们可以从正式性、集中性、授权程度、灵活性、控制权等不同方面来考察国际制度在形式上的差异与变化。最一般地说，国际制度可以分为非正式的国际协议、国际条约、正式国际组织等不同形式。

非正式的国际协议包括默契、口头协议、行政协议、非约束性条约、联合声明、最后公报、商定记录、谅解备忘录和准立法协议等具体形式。

---

① Benjamin J. Cohen, *International Political Economy: An Intellectual History*, Princeton: Princeton University Press, 2008, p. 113.
② Stephan Haggard and Beth Simmons, "Theories of International Regimes," *International Organization*, Vol. 41, No. 3, 1987, p. 508.
③ 苏长和：《解读〈霸权之后〉——基欧汉与国际关系理论中的新自由制度主义》，《美国研究》2001年第1期，第143页。

国家在非正式协议中所做的承诺不具备正式的国际法效力，在外交上的地位不是一目了然的；在国内这些协议也并不要求复杂的批准程序，不需国内立法机构批准即可生效。因此，和正式的国际条约相比，非正式协议具有更大的灵活性、机动性、便捷性和隐秘性的优点。[1] 比如冷战期间美国和苏联在犹太人移民问题上的合作就是以默契的方式实现的。当时尼克松政府透过总统的幕后管道向苏联提出了犹太人移民的问题，苏联给予了政策上的回应，每年犹太移民的数额都有增加。又如亚太经合组织领导人非正式会议发表的联合声明也是非正式协议，对各成员国的政策和行为不具有约束力。

国际条约是指国家间所缔结的以国际法为准则的国际书面协议，其名称包括条约、公约、协定、协定书、宪章、签约和宣言等。国际条约具有正式的国际法地位，在缔约国之间发生争端时援引条约可以证明或强化己方行为的正当性和对方行为的非法性。条约也必须经过复杂的国内批准程序才能生效，因而一旦获得批准就会得到国内制度和法律体系的强有力支持。此外，条约一般比非正式协议更公开，国内政治主体更加知晓协议内容，使得违约行为的成本收益预期更可能在多元的决策主体之间共享。[2]《北大西洋公约》、《里斯本条约》和《核禁试条约》等都是正式的国际条约。

正式的国际组织是以国际条约为基础的政府间国际组织。在无政府状态的国际体系下，成员国将权力授予正式的国际组织可以有效约束国家出于自利而采取的机会主义行为。与一般的国际协议相比，正式的国际组织具备五个优势：在搜集信息上具备中立性、集中性和专业性的特点；有利于成员国共同分担公共物品的供给成本，从而提高国际公共物品的实际供给水平；有利于成员国在联合生产中监察彼此的行为，并实现规模经济；为国家间的争端提供了第三方的争端解决机制；制定和实施国际规则以便为国家行为的协调提供焦点。[3] 20 世纪被一些学者称为"国际组织的世纪"。在涌现了一批"国际行政联盟"后，人类历史上的第一个普遍性国际组织——国际联盟在一战后诞生。在联合国成立以后，正式国际组织的数量更是呈现爆炸性的增长趋势。IMF、世界银行和东南亚国家联盟都是典型

---

[1] Charles Lipson, "Why Are Some International Agreements Informal?", *International Organization*, Vol. 45, No. 4, 1991, p. 501.
[2] 田野：《国际协议自我实施的机理分析》，《世界经济与政治》2004 年第 12 期，第 32 页。
[3] 田野：《作为治理结构的正式国际组织》，《教学与研究》2005 年第 1 期，第 77—83 页。

的正式国际组织。

那么，国家为什么在这些不同的制度形式之间进行选择呢？如前所述，国际制度的建立是为了解决国际合作中的问题。面对不同类型的问题，国家会设计不同类型的制度形式。作为博弈论路径在国际关系研究的倡导者，邓肯·斯奈德尔、肯尼思·奥耶（Kenneth Oye）、阿瑟·斯坦（Arthur Stein）、利莎·马丁等学者认为，国家在国际关系中所面临的集体行动问题不止"囚徒困境"一种，因此必须创设不同类型的国际机制以满足不同类型的集体行动问题所提出的功能性要求。[①] 正如马丁所言："在不同类型的合作问题上，国家在考虑合作时会面对不同的挑战。因此，这些不同类型的合作问题也导致了关于规范和组织作用的不同预期。"[②] 一般而言，国际合作中的博弈可以分为四种类型，即协作型（collaboration）博弈、协调型（coordination）博弈、劝说型（suasion）博弈和保证型（assurance）博弈。[③] 这些不同的博弈类型要求设计不同形式的国际制度。

一 协作型博弈

人们所熟知的"囚徒困境"是典型的协作型博弈。假设两个囚犯具有犯罪嫌疑，当局只持有少量指控所需要的证据。如果两个囚徒都不坦白，两人都会因仅获少量指控而被轻判（CC）。如果一个囚徒坦白，而另一囚徒抵赖，坦白者将被释放（DC），而抵赖者将被判重罪（CD）。如果两人都坦白，两人均获中等处罚（DD）。每一个囚徒的偏好顺序为 DC > CC > DD > CD。如果囚徒预期仅仅博弈一次，每个囚徒都将选择坦白而非抵赖，不管其他的伙伴选择做什么（DC > CC 和 DD > CD）。坦白者报偿的诱惑和抵赖者报偿的恐惧将使囚徒困境走向相互背叛。不幸的是，如果两个囚徒都按这一推理行事，他们将会遭受主要的指控而获致中等处罚。而合作却可以使

[①] Duncan Snidal, "Coordination versus Prisoners' Dilemma: Implications for International Cooperation and Regimes," *American Political Science Review*, Vol. 79, No. 4, 1985; Kenneth Oye ed., *Cooperation under Anarchy*, Princeton: Princeton University Press, 1986; ArthurStein, *Why Nations Cooperate: Circumstances and Choice in International Relations*, Ithaca and London: Cornell University Press, 1990; Lisa Martin, "The Rational State Choice of Multilateralism," in John Ruggie ed., *Multilateralism Matters: The Theory and Praxis of an Institutional Form*, New York: Columbia University Press, 1993.

[②] Lisa Martin, "The Rational State Choice of Multilateralism," in John Ruggie ed., *Multilateralism Matters: The Theory and Praxis of an Institutional Form*, p. 94.

[③] 苏长和：《全球公共问题与国际合作：一种制度分析》，第143—164页。

其仅因次要的指控而获致轻判（CC＞DD）。① 根据其报酬结构（如图 2-1），每个参与者的优势战略都是背叛。但当每个参与者都采取背叛战略时，均衡结果对双方和整个社会来说都不是最优的。这就产生了"个体理性与集体理性的冲突"。

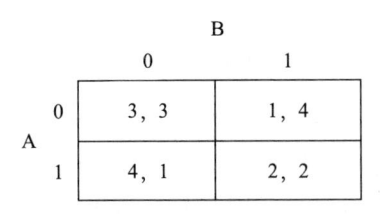

	B 0	B 1
A 0	3, 3	1, 4
A 1	4, 1	2, 2

图 2-1 协作型博弈

在协作型博弈中，既然背叛会带来即时的报酬，国家具有强烈的动机去背叛而非合作。为了促进合作的实现，需要建立正式的国际组织以发挥监督或实施协议的功能。比如在国际贸易领域中，自由贸易固然可以使合作双方都获益，但当其中一方采用保护贸易政策时，如果另一方仍采用自由贸易政策，前者将会得到最好的报偿，而后者将会得到最差的报偿。面对国家强烈的贸易保护主义动机，国际贸易制度必须建立强有力的监督和惩罚机制，否则贸易自由化的目标难以顺利实现。这也就是为什么 GATT 本来是一个国际协定，却随着国际贸易的发展逐渐成为一个"事实上的国际组织"，并最终成为具有正式法律地位的 WTO。

二 协调型博弈

协调型博弈的原型是"情侣战"。其故事情节大致如下：即使是热恋中的情侣，双方的爱好还是不相同的。男方为超级球迷，女方最喜欢看芭蕾。周末男方最希望两人一起看球，而女方最希望两人一起看芭蕾舞，但是分开各自度过这难得的周末时光才是最不乐意的事情。

正如"情侣战"所显示的，协调型博弈有两个均衡结果，每一个都是其中一方最希望出现的。主要困境在于哪一种均衡结果能胜出。如果博弈方都坚持自己所偏好的结果，双方就达不成协议，讨价还价异常激烈。但有协议总比没有协议好，一旦谈判崩溃了，后果对任何一方都不利。

协调型博弈具有重要的分配性意义，有时会使合作性的解决方案很难

---

① 〔美〕肯尼思·奥耶编《无政府状态下的合作》，田野、辛平译，上海人民出版社，2010，第 8 页。

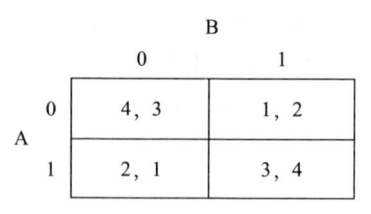

	B	
	0	1
A 0	4, 3	1, 2
A 1	2, 1	3, 4

图 2-2 协调型博弈

达成。但一旦一种均衡结果确立了，任何一方都没有动机去背叛。在这种情况下，国家没有必要将本来稀缺的资源用于发展正式的国际组织上。[1] 比如在全球气候变化问题上，发达国家和发展中国家的偏好迥然不同。针对发达国家提出的高减排目标，中国、印度等发展中国家坚持"共同但有区别的责任"原则，主张只承担与其发展阶段、所负责任和实际能力相称的国际义务。在根本性分歧难以弥合的情况下，哥本哈根气候大会等一系列国际会议难以在《京都议定书》和"巴厘路线图"的基础上继续推进国际气候合作，即使建立一个正式的国际组织也于事无补。

三 劝说型博弈

无论协调型博弈还是协作型博弈都体现了国家间利益的对称性。但在劝说型博弈中，博弈方 A（霸权国）比另一博弈方 B（非霸权国）拥有更大的权力。霸权国不满意自己单边行动带来的均衡结果，而偏好他者的合作。背叛可以使非霸权国获得即时的最大报酬，但如果霸权国也转而背叛，非霸权国只能得到最少的报酬。

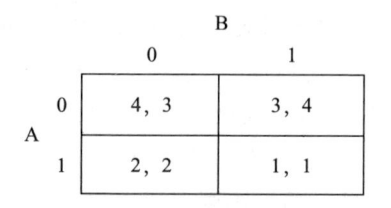

	B	
	0	1
A 0	4, 3	3, 4
A 1	2, 2	1, 1

图 2-3 劝说型博弈

在这种情况下，能否合作将取决于霸权国的威胁或者承诺。如果在霸权国的主导下建立国际组织，可能便于霸权国采取议题联系战略，从而增加威胁或者承诺的可信性。冷战时期建立的巴黎统筹委员会就是这样一个

---

[1] Lisa Martin, "The Rational State Choice of Multilateralism," in John Ruggie ed., *Multilateralism Matters: The Theory and Praxis of an Institutional Form*, p. 102.

组织。作为美国推行冷战战略的工具，巴黎统筹委员会制定了"国际安全清单"以限制成员国向社会主义国家出口战略物资和高技术转让。对美国而言，巴黎统筹委员会可以避免其他发达资本主义国家为了自身经济利益而破坏美国的战略禁运效果。

四 保证型博弈

"猎鹿"寓言反映了保证型博弈的报酬结构。法国启蒙思想家卢梭在《论人类不平等的起源与基础》中描绘了这样的故事。古代的一个村庄有两个猎人。当地的猎物主要有两种：鹿和兔子。如果一个猎人单兵作战，一天最多只能打到4只兔子。只有两个猎人一起去才能猎获一只鹿。从填饱肚子的角度来说，4只兔子能保证一个人4天不挨饿，而一只鹿却能使两个人吃上10天。这样，两个人的行为决策就可以形成两个博弈结局：分别打兔子，每人得4；两个人合作猎鹿，每人得10。① 在这个故事中，丰美的鹿肉相对于其他所有结果而言是最好的，因此可以鼓励大家合作猎鹿。但因为到手的野兔胜于逃跑了的鹿给自己带来的报酬，只有在每个猎人相信所有猎人会合作的情况下，合作才能确保。

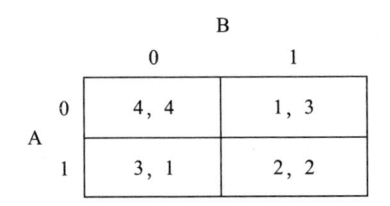

	B 0	1
A 0	4, 4	1, 3
A 1	3, 1	2, 2

图 2-4 保证型博弈

根据上述的"猎鹿"寓言，博弈方相互合作对双方都是最优的。只要对方合作，背叛并不能够带来收益。但如果一方采取合作战略而另一方采取背叛战略，采取合作战略的一方会得到最差的收益。在这种情势下，只要增信释疑，双方都可以通过合作来实现福利的帕累托改进。因此，有效促进合作的解决方案在于增加决策的透明度，而没有必要建立复杂的国际制度安排。② 比如，随着资本跨国流动的增强，国际金融市场为相关国家提供了越来越多的融资机会。如果某些国家的货币政策使国际金融市场产生

---

① 〔美〕布赖恩·斯科姆斯：《猎鹿与社会结构的进化》，薛峰译，上海人民出版社，2011。
② Lisa Martin, "The Rational State Choice of Multilateralism," in John Ruggie ed., *Multilateralism Matters: The Theory and Praxis of an Institutional Form*, p.108.

了不稳定性,那么其他国家由于担心这种不稳定性所带来的负面影响而限制资本自由流动,这种选择虽然降低了自身在国际金融市场上的风险但也同时降低了本国投资收益的机会。① 在这种报偿结构下,IMF 为各国货币政策的相互沟通提供了一个平台,其主要目的不是制裁不负责任的货币政策而是让各成员国增信释疑。

总而言之,通过对博弈模型的运用,我们可以解释国际制度形式的多样性问题。根据国际合作中国家面对的不同问题,我们还可以设计与之相适应的国际制度形式。在国际制度研究中,由于建构主义者主要探索国际制度的趋同现象,他们并没有发展出对国际制度多样性的关注。近三十年来,理性选择制度主义者已经基于不同的视角为国际制度的形式和设计问题提供了分析和解释。其中,国际制度的理性设计模型和国际制度选择的交易成本模型比较系统地解释了国际合作中的制度设计问题。

第四节 国际制度的理性设计模型

通过对博弈模型的运用,利莎·马丁等有力地解释了国际制度形式的多样性问题。这些学者进而认为,根据不同的集体行动问题,国家可以设计与之相适应的国际制度形式。但是这些博弈模型本身并不能够充分说明国际制度在形式上的各种差异。在更广泛地纳入国际制度形式上的差异和变化的基础上,芭芭拉·凯里迈诺斯(Barbara Koremenos)、查尔斯·利普森(Charles Lipson)和邓肯·斯奈德尔等十余位学者共同从事了一个国际制度的理性设计项目,其成果以专辑的形式发表于《国际组织》2001 年秋季卷上。② 后来又以论文集的形式在 2004 年由剑桥大学出版社出版。③

在这一模型中,国际制度设计上的差异是因变量,也就是被解释变量。作为该研究项目的组织者,凯里迈诺斯、利普森和斯奈德尔认为应该从多个维度来刻画制度设计上的变化,由此确定了成员资格、议题范围、集中

---

① 王正毅:《国际政治经济学通论》,北京大学出版社,2010,第 294 页。
② Barbara Koremenos, Charles Lipson and Duncan Snidal, "The Rational Design of International Institutions," *International Organization*, Vol. 55, No. 4, 2001, pp. 761 – 799.
③ Barbara Koremenos, Charles Lipson, and Duncan Snidal, *The Rational Design of International Institutions*, Cambridge: Cambridge University Press, 2004. 另外,中文世界中关于这一模型的介绍参见杜鹃《国际制度的理性设计论:理性主义国际制度研究的新发展》,中国国际关系学会编《国际关系理论前沿与热点》,世界知识出版社,2007,第 129—147 页;朱杰进:《国际制度设计:理论模式与案例分析》,上海人民出版社,2011。

程度、控制和灵活性等可测的维度作为因变量。第一，成员资格，即哪些国家可以成为国际制度的成员，国际制度成员的资格是限制性还是包容性的。比如七国集团的成员资格是限制性的，而联合国的成员资格就是包容性的。第二，议题范围，即国际制度涉及哪些议题。比如与 GATT 相比，WTO 将其议题范围扩展到了农产品贸易和服务贸易领域。第三，集中程度，即是否存在集中机构来收集和传播信息、减少讨价还价成本和促进实施。① 比如欧盟和 WTO 争端解决机制在集中程度上就明显高于其他国际制度。第四，控制，即集体决策的产生规则，特别是选举主要官员的规则和财政资源的分配方式。② 比如世界银行和 IMF 都采取加权投票的规则，以保证经济大国的控制权。第五，灵活性，即可否不受制度束缚或变更不合时宜的条款，反映了国际制度在外部环境或国内政治出现变化的情况下面对突然事件的冲击或新的制度需求时自身进行微调的能力。③ 比如 GATT/WTO 中都有"退出条款"，同时可以通过多边贸易谈判的回合来修改既有条款。

凯里迈诺斯等人认为，建立国际制度的目的是为了解决无政府体系中国家间合作所面临的一系列问题，而问题类型的不同就决定了设计出来的国际制度特征的不同。因此，国际合作中所面临的问题就成为制度设计模型中的自变量，即解释变量。他们选择了实施问题、分配问题、涉入行为体的数目和不确定性的类型等因素作为自变量。第一，实施问题，即是否发生背叛行为。第二，分配问题，即行为体之间的收益分配。第三，涉入行为体的数目，即在某个领域中会受到影响的行为体数目及其相对的权力分布。④ 第四，不确定性，包括（1）行为的不确定性，即不能确定其他国家采取了何种行动；（2）世界状态的不确定性，即不能确定自身行动、其他国家行动和国际制度行动的后果；（3）偏好的不确定性，即不能确定其他国家的目标和意图。⑤

这一模型假设自利的国家和其他国际行为体通过制度的设计来实现其

---

① Barbara Koremenos, Charles Lipson and Duncan Snidal, "The Rational Design of International Institutions," *International Organization*, Vol. 55, No. 4, 2001, p. 771.

② Barbara Koremenos, Charles Lipson and Duncan Snidal, "The Rational Design of International Institutions," *International Organization*, Vol. 55, No. 4, 2001, p. 772.

③ Barbara Koremenos, Charles Lipson and Duncan Snidal, "The Rational Design of International Institutions," *International Organization*, Vol. 55, No. 4, 2001, p. 773.

④ Barbara Koremenos, Charles Lipson and Duncan Snidal, "The Rational Design of International Institutions," *International Organization*, Vol. 55, No. 4, 2001, p. 777.

⑤ Barbara Koremenos, Charles Lipson and Duncan Snidal, "The Rational Design of International Institutions," *International Organization*, Vol. 55, No. 4, 2001, pp. 778 – 779.

联合收益的目标。正如三位组织者所指出的："诸多制度安排可以看作多种参与者的理性选择。当国家运用外交和会议来选择制度特点以促进其个体和集体目标时,无论是建立新制度还是修正既有的制度,这种理性都是向前看的。"[1] 他们进一步阐述了理性选择在其假说提出上的涵义:第一,理性设计,即自利的国家和其他国际行为体通过制度的设计来实现其联合收益的目标。第二,未来的影响,即未来的收益的价值足以支持一项合作安排。第三,交易成本,即建立和参与国际制度是有代价的。第四,风险规避,即当建立或者修正国际制度时,国家是风险规避型的,担心可能的不利影响。据此,他们提出了关于国际制度设计特点的16个可证伪的假说,如表2-1所示。

表2-1 国际制度的理性设计

代号	假说
M1	实施问题越严重,限制成员资格的可能性越大
M2	偏好的不确定性越大,限制成员资格的可能性越大
M3	分配问题越严重,成员的数目越大
S1	行为体的数目越大,领域范围越大
S2	分配问题越严重,领域范围越大
S3	实施问题越严重,领域范围越大
C1	行为的不确定性越大,集中程度越高
C2	世界状态的不确定性越大,集中程度越高
C3	行为体的数目越大,集中程度越高
C4	实施问题越严重,集中程度越高
V1	行为体的数目越大,控制程度越低
V2	行为体之间权力越不均衡,控制越不对称
V3	世界状态的不确定性越大,控制程度越高
F1	世界状态的不确定性越大,灵活性越高
F2	分配问题越严重,灵活性越高
F3	行为体的数目越大,灵活性越低

资料来源:Barbara Koremenos, Charles Lipson and Duncan Snidal, "The Rational Design of InternationalInstitutions," *International Organization*, Vol. 55, No. 4, 2001, p. 797。

---

[1] Barbara Koremenos, Charles Lipson and Duncan Snidal, "The Rational Design of International Institutions," *International Organization*, Vol. 55, No. 4, 2001, p. 766.

基于上述假说,安德鲁·基德(Andrew Kydd)、海伦·米尔纳、詹姆斯·莫罗(James Morrow)、托马斯·奥特利(Thomas Oatley)等多位学者在该专辑中的其他文章中通过定性分析或者定量分析对北约东扩、国际贸易协议中的"退出条款"、最惠国待遇条款、战俘待遇公约、战后欧洲的多边贸易支付体系、全球航空机制等8个案例进行了经验研究。通过这些案例的检验,上述假说成立的概率在70%左右。

作为国际关系理论中第一个比较系统的制度设计研究纲领,国际制度的理性设计模型具有明显的三个优点。第一,在因变量上,尽管该模型在国际制度的变化与差异上仍然忽视或者省略了一些重要的维度,比如义务性、精确性和授权程度,[①]且该模型中的"集中程度"涵盖面也太宽,[②]国际制度的理性设计模型仍然抓住了各种国际制度在形式上可以彼此区分的主要维度,有利于研究者在多样性的现实世界中来寻觅和丰富制度设计的"菜单"。第二,在自变量上,该模型所选择的实施问题、分配问题、涉入行为体的数目和不确定性分别是在战略互动理论、集体行动理论和信息经济学的理论框架下加以阐述的国际合作中的主要问题,而这些理论大都遵循了博弈论的逻辑。[③]这样,该模型就可以有效地立基于同样基于博弈论逻辑的既有的国际合作理论之上来进一步说明国际合作中的制度设计问题。第三,在因果机制上,该模型"在具体的合作问题与其制度性解决方案之间建立了明确的连接",[④]从而恰当地揭示了国际制度设计中动机与结果之间的逻辑关系,使研究者可以在一个比较牢靠的微观基础上说明国际制度的结构性特点。

第五节 国际制度选择的交易成本模型

在国际制度的理性设计模型中,尽管交易成本也是一个理性选择机制起作用所需要的一个基本假定,但并没有成为一个影响制度设计的变量,

---

[①] Kenneth W. Abbott, Robert O. Keohane, Andrew Moravcsik, Anne-Marie Slaughter and Duncan Snidal, "The Concept of Legalization," *International Organization*, Vol. 54, No. 3, 2000, p. 401.

[②] John S. Duffield, "The Limits of Rational Design," *International Organization*, Vol. 57, No. 2, 2003, p. 416.

[③] James Morrow, "Modeling the Forms of International Cooperation: Distribution versus Information," *International Organization*, Vol. 48, No. 3, 1994; David Lake and Robert Powell, eds., *Strategic Choice and International Relations*, Princeton: Princeton University Press, 1999;〔美〕肯尼思·奥耶编《无政府状态下的合作》。

[④] Barbara Koremenos, Charles Lipson and Duncan Snidal, "Rational Design: Looking Back to Move-Forward," *International Organization*, Vol. 55, No. 4, 2001, p. 1051.

更没有成为构建模型和提出假说的理论基础。正如凯里迈诺斯、利普森和斯奈德尔所明言的:"我们的自变量可以提高或者降低交易成本。例如,行为体的数目越大,谈判越费时费力。不确定性越大,签订完全契约以对付各种偶然性的成本越高。这样,数目和不确定性通过对交易成本的影响发挥作用。我们强调这些变量而非交易成本,因为它们更容易被直接观察到。"那么,作为制度分析的基础概念,交易成本真的难以成为分析制度设计问题的有效概念工具吗?

众所周知,科斯定理揭示了制度安排在交易成本为正的现实世界中所具有的重要意义。作为国际制度理论的奠基人,基欧汉正是在科斯定理的基础上提出了国际机制的功能理论,但并没有以此解释国际制度形式的选择问题。在 2009 年由基欧汉的多位学生合编的文集中,迈克尔·吉利根（Michael J. Gilligan）指出:"交易成本路径的价值不仅在于告诉我们国家在一定的环境下会合作,而且使我们得以洞察合作可以采取的各种形式。"[1]吉利根由此不无遗憾地认为,作为目前最为系统的国际制度设计理论,国际制度的理性设计模型并没有采用交易成本路径来分析制度设计的问题。一方面,这一模型的因变量主要寻求解释成员范围和集中化程度,但没有寻求解释什么时候交易发生在制度内,什么时候发生在制度外。另一方面,这一模型的自变量并不符合典型的交易成本解释,比如资产专用型和交易频率都没有被纳入进来。鉴于理性设计模型的上述问题,吉利根号召国际关系学者回到交易成本的路径,并推进基欧汉所开辟的这一重要研究议程。

其实,在吉利根提出在制度设计研究中"找回交易成本"的号召之前,基欧汉在国际关系中率先使用的交易成本分析已经被用来分析各类国际制度的设计问题,只不过这些文献相当分散而已。

作为新制度经济学中的一个分支,以罗纳德·科斯（Ronald Coase）和奥利弗·威廉姆森为领军人物的交易成本经济学为制度多样性提供了重要的分析工具。尽管科斯明确了交易成本在制度选择时的中心地位,但并没有为衡量交易成本的大小提供一种可操作的标准。而威廉姆森则明确提出了将不同的交易相互区别的三个维度,即资产专用性、不确定性与频率,从而将交易成本推理操作化。在威廉姆森的交易成本经济学基础上,一些国际关系学者解释了某些国际关系领域中制度的形式选择问题。

---

[1] Michael J. Gilligan, "The Transactions Costs Approach to International Institutions," in Helen V. Milner and Andrew Moravcsik, *Power, Interdependence and Non-State Actors in World Politics: Research Frontiers*, Princeton: Princeton University Press, 2009, p. 55.

第二章　国际合作中的制度设计：概念与理论

贸易自由化既可以采取单边形式，也可以采取多边或双边的形式。贝思·亚伯勒（Beth Yarbrough）和罗伯特·亚伯勒（Robert Yarbrough）所关注的核心问题是为什么贸易自由化在历史上采取了这些不同的形式。[1] 他们强调交易成本的作用和机会主义所导致的风险决定了贸易自由化的形式，从而把已经观察到的自由化的不同形式和它们发生的经济和政治环境联系了起来。他们提出："资产专用投资的程度和霸权合作的可行性是机会主义的保护主义的决定因素，进而是成功自由化采用何种形式的决定因素。"[2] 他们以此解释了一个半世纪以来国际贸易机制的变迁。

戴维·莱克（David Lake）和卡嘉·韦伯（Katja Weber）则以交易成本理论为基础来检验国家可以获得的安全关系选择。莱克提出的关系性缔约理论（theories of relational contracting）基于一个核心的类比，就是把国家看作一个生产安全的公司。当国家决定与其他国家联合生产安全时，它必须选择一种关系来治理和其伙伴的互动，这些关系形态可以是无政府的联盟，也可以是等级制的帝国，还可以是介于两者之间的保护国和非正式帝国。莱克认为，在这些方案中所作出的选择是两个主要变量的函数：机会主义的预期成本和治理成本，前者随着关系等级制的加强而降低，而后者随着关系等级制的加强而增加。[3] 莱克运用这一理论解读了20世纪三个关键时刻——一战、二战和冷战结束初期的美国对外政策。[4] 卡嘉·韦伯则使用了威胁的层次和交易成本两个变量来解释国家选择的等级制安全结构，进而选择不确定性、资产专用性、技术发展和国家异质性这四个指标作为衡量交易成本大小的标准，选择国家的军事能力/军事潜力和地理毗邻性这两个指标作为衡量威胁层次的标准。[5] 韦伯由此解释了西欧联盟、北约、瑞士联

---

[1] Beth Yarbrough and Robert Yarbrough, "Cooperation in Liberation of International Trade: After Hegemony, What?", *International Organization*, Vol. 41, No. 1, 1987, pp. 1 – 26. Beth Yarbrough and Robert Yarbrough, *Cooperation and Governance in International Trade: The Strategic Organizational Approach*, Princeton: Princeton University Press, 1992.

[2] Beth Yarbrough and Robert Yarbrough, "Cooperation in Liberation of International Trade: After Hegemony, What?" *International Organization*, Vol. 41, No. 1, 1987, p. 4.

[3] David Lake, "Anarchy, Hierarchy, and the Variety of International Relations," *International Organization*, Vol. 50, No. 1, 1996, p. 2.

[4] David Lake, *Entangling Relations: American Foreign Policy in Its Century*, Princeton: Princeton University Press, 1999.

[5] Katja Weber, "Hierarchy Amidst Anarchy: A Transaction Costs Approach to International Security Cooperation," *International Studies Quarterly*, Vol. 41, No. 2, 1997; Katja Weber, *Hierarchy Amidst Anarchy: Transaction Costs and Institutional Choice*, Albany: State University of New York, 2000.

邦等制度的形成。

　　无论是国际贸易机制的形式，还是国际安全关系的选择，都可以包容在国际制度形式选择这个更一般的问题之中。笔者在统一的交易成本逻辑基础上对不同领域的制度选择问题进行有机的整合。根据正式程度、集中程度和授权程度，国际制度的形式可以分为非正式协议、自我实施的正式协议、一般的正式国际组织和超国家组织。[①] 与莱克对交易成本类型的划分不同的是，笔者将国家间交易成本分为事先的缔约成本与事后的治理成本两个部分。[②] 国家间缔约成本随着制度化水平的提高而递增，而国家间治理成本随着制度化水平的提高而递减。缔约国在交易收益给定的情况下，将在国家间治理成本与国家间缔约成本之间进行权衡，选择使国家间交易成本最小化的国际制度形式。

　　由此，在笔者提出的国际制度选择模型中，国家对国际制度形式的选择将取决于国家对某一制度形式下缔约成本和治理成本的权衡。但是对这种交易成本的评估毕竟不同于工业组织的生产成本核算那样精确，因此如何评估和测度这种成本对国家行为的影响便成为国际关系的交易成本分析需要面对的重要难题。为此，笔者提出了上述两类交易成本的影响变量，即将问题领域敏感性、国家同质性和透明度作为国家间缔约成本的三个主要影响变量，将资产专用性、不确定性和交易频率作为国家间治理成本的三个主要影响变量，从而使两类国际交易成本的测度更具操作性。[③] 问题领域敏感性是指国家对该领域主权让渡的敏感程度。国家同质性是指相关国家在政治制度、经济发展模式、文化传统以及意识形态等方面的一致性或相似性程度。透明度是指信息公开披露的程度。资产专用性是指资产可用于不同用途和由不同使用者利用的程度，包括物资资产专用性、人力资产专用性和地点专用性。不确定性是指难以预料和难以测度的变化，可以通过交易伙伴或潜在的交易伙伴、信号传递和外生震动等几个方面来判断。交易频率可以分为偶尔和经常等。

　　通过将国家间交易成本概念的操作化，研究者通过可以直接观察到的自变量来说明国际制度形式选择的影响因素，从而克服了凯里迈诺斯等人对交易成本难以测度的担忧。根据这两类国家间交易成本的影响变量，笔

---

① 田野：《国际关系中的制度选择：一种交易成本的视角》，上海人民出版社，2006，第127—131页。
② 田野：《国际关系中的制度选择：一种交易成本的视角》，第77页。
③ 田野：《国际关系中的制度选择：一种交易成本的视角》，第90—105页。

者进一步提出了关于国际制度形式选择的六个假说，如表2-2所示。笔者通过两个案例，即战后初期美国和西欧国家在北大西洋公约组织缔造过程中的制度选择行为、战后初期与80—90年代美国在国际贸易制度构建中的制度选择行为，对这些假说进行了经验检验。

表2-2 国际制度的形式选择

代号	假说
H1	问题领域敏感性程度越低，缔约国越有可能选择制度化水平较高的国际制度形式
H2	国家同质性程度越高，缔约国越有可能选择制度化水平较高的国际制度形式
H3	透明度越高，缔约国越有可能选择制度化水平较高的国际制度形式
H4	资产专用性程度越高，缔约国越有可能选择制度化水平较高的国际制度形式
H5	不确定性越大，缔约国越有可能选择制度化水平较高的国际制度形式
H6	交易频率越高，缔约国越有可能选择制度化水平较高的国际制度形式

资料来源：田野：《国际关系中的制度选择：一种交易成本的视角》，上海人民出版社，2006，第173—175页。另外参见田野《国际制度的形式选择：一个基于国家间交易成本的模型》，《经济研究》2005年第7期。

应该承认，由于受到科斯和威廉姆森关于市场和等级制（企业）划分的深刻影响，上述关于国际制度设计的交易成本分析大都将国际制度形式上的差异简单归结为从无政府状态到等级制结构的变化上，比如戴维·莱克在国际安全机制上关于联盟、保护国、非正式帝国、正式帝国的划分，以及笔者关于非正式协议、正式协议、正式国际组织和超国家组织的划分。由于这种制度形式上的变化可以用一目了然的连续谱来表示，研究者很容易建立制度设计与交易成本权衡之间的逻辑关系。因此，国际制度选择的交易成本模型提供了一个比国际制度的理性设计模型更为简约、更为一贯的逻辑基础。不过，这种模型也付出了因变量单一的代价，无法像国际制度的理性设计模型那样比较丰富地展示国际制度在多个维度上的差异与变化。

第三章 从"上海五国"到上海合作组织的制度设计

第一节 问题的提出

冷战结束后,多边主义基础上的地区安全合作成为中国外交的一大亮点。其中,中国积极推动并创建的上海合作组织、朝核问题六方会谈以及中国与东盟的安全合作机制备受瞩目,这也是中国树立负责任大国形象的重要周边外交举措。上海合作组织是中国创设的第一个国际组织——第一个以中国城市命名的国际组织。上海合作组织是中国主动积极推动建立的地区性国际组织。冷战结束后,中国在对待周边地区安全合作具有不同的动因与态度,上海合作组织则是典型的积极主动型。[①] 中国对上海合作组织的形成和发展具有举足轻重的作用:"在某种意义上,中国的参与是上海合作组织之所以能够成为上海合作组织的关键因素,反过来说,如果没有中国的参加,上海合作组织也就不成其为上海合作组织了。"[②] 具体来说,中国在政治上是上海合作组织最坚定的推动者;中国在智力上是上海合作组织最大的投入国;中国是上海合作组织最大的资金提供国。[③]

鉴于上海合作组织对中国的重要性,国内外学术界关于上海合作组织的研究不胜枚举,然而,就研究取向而言,这些成果仍是政策动态分析多于学术学理研究;就研究议题而言,大部分成果集中于上海合作组织成立

[①] 有学者将冷战后中国多边安全合作分为四种基本类型,即慎重稳健型:1994—1995年中国参加东盟地区论坛;慎重积极型:2003年中国参加六方会谈;主动积极型:2001年中国创建上海合作组织;主动稳健型尚未出现。见姜宅九《中国地区多边安全合作的动因》,《国际政治科学》2006年第1期,第1—27页。

[②] 赵华胜:《中国的中亚外交》,时事出版社,2008,第410页。

[③] 赵华胜:《中国的中亚外交》,第410—411页。

过程、组织的性质与功能描述,以及未来发展走向与展望等时政追踪型分析。① 现有研究成果缺少从国际关系理论视角的分析,而且没有提出系统的学术研究问题,如上海合作组织的制度形式选择问题尚无人关注等。鉴于上海合作组织研究所具有的丰富学理与政策意义,以及对现有研究的综述与反思,本章通过引入国际制度选择的交易成本模型来解释上海合作组织的制度选择问题。

一般而言,上海合作组织的建立过程可划分为四个阶段:1991—1995年延续中苏边境谈判、1996—1997年建立军事互信关系、1998—2000年走向地区安全合作、2000—2001年建立新型地区合作组织。② 总体而言,1996—2001年是上海合作组织的创立阶段,而2001年以后则是上海合作组织的机制化与制度化阶段。如果把上海合作组织看作国际制度,我们会发现从"上海五国"机制到上海合作组织的发展过程中,各缔约国在彼此安全关系中选择了不同的制度形式。具体言之,上海合作组织的制度选择形式包括了从"上海五国"首脑会晤机制向地区性安全合作组织的演进过程。从2001年成立至今,则是上海合作组织的制度化和机制化进一步提高的阶段,包括组织的法律地位、机构设置等进一步完善。也就是说,中俄和中亚各国在安全合作中的制度设计上经历了从首脑会晤机制向正式的地区安全合作组织的转变(见图3-1)。

图3-1 从"上海五国"到上海合作组织的制度形式选择过程

基于这一转变过程,我们可以提出以下问题,即为什么"上海五国"会晤机制会演化为上海合作组织?中国对制度形式的态度经历了哪些变化?上海合作组织缔约国对制度形式的偏好有哪些不同?为何会发生这些变化或产生这些差异?简而言之,本章试图解释的是从"上海五国"机制到上

---

① 参阅高飞《上海合作组织研究综述》,《俄罗斯中亚东欧研究》2004年第4期,第79—83页。
② 中国现代国际关系研究所民族与宗教研究中心:《上海合作组织——新安全观与新机制》,时事出版社,2002。

海合作组织的制度形式选择问题。

第二节 既有的文献及其不足

基于对既有研究文献的梳理与回顾,我们发现国际关系学界关于上海合作组织的研究已初具规模,但对于上海合作组织的制度形式选择问题尚无系统的学理分析与解释,但通过对已有的对上海合作组织成立原因论述的归纳,我们大致可以将相关文献的要点梳理如下:

第一,历史必然论。这种立基于进化历史观的历史必然论,认为"上海五国"向上海合作组织的组织形式转变,是一种"历史发展的必然"。比如由中国社会科学院俄罗斯东欧中亚研究所编的《上海合作组织发展报告》中就指出,"上海五国"机制产生的最直接动因是为了解决边界问题以及在边界地区实现军事信任的问题,而中俄关系和中国与中亚各国双边关系持续和稳定的发展为"上海五国"多边机制的形成和发展奠定了良好的合作基础,而"上海五国"从多边会晤机制发展为地区性国际组织,则是一个"自然发展的结果,可谓是水到渠成"。[①] 王金存也提到,"上海五国"机制形成以来,"五国合作的需求和愿望不断增强、领域和范围不断拓展、深度和层次不断提升"[②],因此"上海合作组织是五国合作机制深入发展合乎逻辑的结果,是对'上海五国机制'的全面继承和创造性发展"[③]。这种进化论解释,就宽泛意义而言,能解释所有的历史演进事实,但是这并不能真正解释上海合作组织形成的内在原因,它缺乏对各有关行为体的理性分析,而将机制的发展归结于"历史的必然",对于社会科学的研究而言应当努力避免这种主观性的倾向和论断。

第二,利益合作论。这种论点的理由在于,中国、俄罗斯以及中亚各国在打击恐怖主义、民族分裂主义和宗教极端势力等"三股势力"问题上具有广泛的合作利益,除此之外还有上海合作组织成员之间的经贸合作、共同抵抗美国在中亚地区的渗透、巩固各自政权等因素的考量,因此,共同利益的存在导致了建立地区安全合作组织的行动。这是学界最为流行的一

[①] 邢广程主编《上海合作组织发展报告(2009)》,社会科学文献出版社,2009,第1页。
[②] 王金存:《具有历史意义的跨越——从"上海五国"到"上海合作组织"》,《世界经济与政治》2001年第9期,第76页。
[③] 王金存:《具有历史意义的跨越——从"上海五国"到"上海合作组织"》,《世界经济与政治》2001年第9期,第76页。

第三章 从"上海五国"到上海合作组织的制度设计

种解释,比如《上海合作组织非传统安全研究》一书从非传统安全的角度指出,上海合作组织成员国之间在打击"三股势力"、维护地区安全和政治稳定方面有较高的合作意愿,同时各国面临着打击毒品、资源开发、环境治理和社会治理等问题,同时成员国之间在经贸往来、能源开发上有良好的互动,经济互补性较强,因此政治安全和经济合作这两方面核心利益成为推动上海合作组织成立的主要动因。① 此外,罗伊·阿利森(Roy Allison)认为,从2001年秋季以来美国在中亚不断增加的军事存在使中国和俄罗斯希望将上海合作组织进一步机制化,实现对抗美国在该地区活动的"区域平衡机制"。② 这种解释的问题在于,共同利益的存在并不一定导致合作行为的出现。共同利益的客观存在、行为主体对共同利益的共有认知以及国际合作的出现是三个不同的问题。"上海五国"首脑会晤机制,作为一种制度形式,也是建立于共同利益的基础之上。因此,如果只考虑共同利益,则无法说明从首脑会晤机制向正式地区合作组织的制度演进。

第三,新安全观论。这一论点认为,上海合作组织是中国所倡导的新安全观指导下的产物,是"新安全观国际关系理论"的国际关系实践反映。新安全观是后冷战时期中国提出的一种处理国家间安全关系的理念。如国内第一本对上海合作组织进行系统性论述的著作——《上海合作组织——新安全观与新机制》一书中就指出,冷战结束后,中国外交国际战略的基本框架和指导思想发生改变,在继承和平共处五项原则的基础之上提出了新安全观,主张通过信任与合作构筑周边环境,主张"睦邻友好,和平相处"、"开展互利合作,促进共同繁荣"、"尊重中亚各国人民的选择,不干涉中亚国家内政"和"尊重独立主权,促进地区稳定"的中亚政策,在此基础上建立的上海合作组织既符合中国的国家利益,也符合成员国的共同

---

① 余建华等:《上海合作组织非传统安全研究》,上海社会科学院出版社,2009。关于上海合作组织成员在地缘政治和地区安全等方面的共同利益,可参见钱利华主编《上海合作组织:防务安全合作研究》,军事科学出版社,2013;Timur Shaimergenov,"The Role of the SCO in Forming the Central Asian Security Environment:Geopolitical Aspects,"*Central Asia and the Caucasus*,Vol. 38,No. 2,2006,pp. 7 – 17;林珉璟、刘江永:《上海合作组织的形成及其动因》,《国际政治科学》2009年第1期,第1—33页。

② Roy Allison,"Regionalism, Regional Structures and Security Management in Central Asia,"*International Affairs*,Vol. 80,No. 3,2004,pp. 478 – 481. 持有类似观点的论著还有 Elizabeth Wishnick,"Russia and China:Brothers Again?",*Asian Survey*,Vol. 41,No. 5,2001,pp. 797 – 821;Eugene B. Rumer,"China, Russia and the Balance of Power in Central Asia,"*Strategic Forum*,No. 223,2006,pp. 1 – 8。

需求和时代发展的要求。① 类似的，外国学者在对 20 世纪 90 年代以来中国外交政策的研究中发现，中国开始转变原先的外交政策，开始更多地投入到一些地区性国际组织和发展多边关系，上海合作组织就是中国在新外交观念指导下在中亚地区的外交实践。② 因此，我们可以说上海合作组织的建立是基于新安全观的指导，或者说上海合作组织的创立体现了新安全观在国际关系实践中的应用。但是作为中国外交的基本理念，新安全观并没有导致中国在其他战略方向上构建类似上海合作组织这样的制度形式。此外，上海合作组织也不是中国单方面构建的产物，这一区域性国际组织只有在中国、俄罗斯以及中亚国家的合作下才会形成和发展。因此，我们不能把中国倡导的对外政策理念作为上海合作组织的制度形式选择的缘由。

第四，国际机制论。何卫刚在《国际机制理论与上海合作组织》一文中提出上海合作组织成立受到了来自新自由制度主义理论的影响：从"上海五国"到上海合作组织，各国从边境问题谈判和裁军等安全合作延伸出开展中亚地区政治、军事、外交以及经贸等方面合作的需求，合作领域不断扩展，最后形成了正式的国际组织这一合作形式。③ 还有学者将新制度主义十分强调的"外溢"效果作为上海合作组织成立和发展的动力。④ 这一类型的研究大体上将上海合作组织看作新自由制度主义国际关系理论，或曰国际机制理论的产物，因此在此语境下，上海合作组织既是立基于西方国际机制理论，又反映了国际机制理论的基本假设。这种解释的不足之处则在于逻辑上难以自洽，因为上海合作组织体现了或印证了国际机制理论的基本假设，与国际机制理论是上海合作组织创设的理论根基或根源，这是必须加以区分且大相径庭的问题。

从上面的文献梳理来看，现有对上海合作组织建立原因的零散分析未能对我们提出的问题提供充分的论证，也没有从有效的理论路径入手对这一问题进行系统的阐发。有鉴于此，本章在提出上海合作组织的制度形式选择问题后，运用国际制度选择的交易成本模型加以解释。

---

① 中国现代国际关系研究所民族与宗教研究中心：《上海合作组织——新安全观与新机制》，时事出版社，2002，第 48—65 页。
② Evan S. Medeiros and M. Taylor Fravel, "China's New Diplomacy," *Foreign Affairs*, Vol. 82, No. 6, 2003, pp. 22 – 35.
③ 何卫刚：《国际机制理论与上海合作组织》，《俄罗斯中亚东欧研究》2003 年第 5 期，第 58—63 页。
④ 胡键：《论上海合作组织的发展动力》，《社会科学》2005 年第 6 期，第 45—50 页。

第三节 从"上海五国"机制到上海合作组织的演变

"上海五国"机制最早可以追溯到20世纪80年代末启动的中苏边界谈判,1991年苏联解体后,与中国领土接壤的哈萨克斯坦、吉尔吉斯斯坦和塔吉克斯坦三国脱离了苏联成为新独立国家,因此中苏两国的边界谈判变成了中、俄、哈、吉、塔五国共同参加的多边谈判。可以说,五国机制的出现与90年代左右中国和俄罗斯安全观和外交观的转变有很大的关联,同时与中俄及中亚在边境安全和打击"三股势力"等现实问题直接相关。

一般而言,冷战期间中国外交政策的演变经历了以下几个发展阶段,即从一边倒到反苏反美,再至20世纪70年代联美反苏,到80年代则为独立自主的不结盟外交政策。冷战结束初期,中国的对外政策还是严格恪守邓小平提出的"韬光养晦"十六字方针。然而,90年代后期至新世纪初,中国外交政策发生了重要的变化,具体表现为对周边外交与多边外交的重视。[①] 至2002年,中共十六大报告明确提出将加强中国周边外交作为新时期对外工作的重点,并确立了"与邻为善、以邻为伴"的八字方针。其实,中国早于90年代初就迈出了周边外交的步伐:1994年中国加入东盟地区论坛,2001年中国与俄罗斯、中亚国家创建了上海合作组织,2003年以后在中国的主导下举行了朝核六方会谈。凡此种种体现了后冷战时期中国外交政策的微妙变化。

冷战结束后,各国之间不断增长的相互依赖,使军事安全的重要性逐渐下降,也促使中国认识到"安全不能依靠增加军备,也不能依靠军事同盟。安全应当依靠相互之间的信任和共同利益的联系"[②]。在继承和发展邓小平国家利益的思想,结合国内外新形势的基础上,江泽民在1999年3月26日的日内瓦裁军谈判会议上第一次系统地阐释了中国的"新安全观":

---

① 关于冷战结束后中国对外政策的基本变化与发展,请参阅苏长和《发现中国新外交——多边国际制度与中国外交新思维》;苏长和:《周边制度与周边主义——东亚区域治理中的中国途径》,《世界经济与政治》2006年第1期;Thomas J. Christensen, "Chinese Realpolitik," *Foreign Affairs*, Vol. 75, No. 5, 1996, pp. 37 - 52; Evans S. Medeiros and Taylor M. Fravel, "China's New Diplomacy," *Foreign Affairs*, Vol. 82, No. 6, 2003, pp. 22 - 35; Bates Gill, "China's New Security Multilateralism and Its Implications for the Asia-Pacific Region," in *SIPRI Yearbook 2004*, OUP Oxford revised ed., 2004, pp. 207 - 230。

② 国务院新闻办公室:《中国的国防》白皮书,北京,1998年7月。

"新安全观的核心,应该是互信、互利、平等、合作。各国相互尊重主权和领土完整、互不侵犯、互不干涉内政、平等互利、和平共处五项原则以及其他公认的国际关系准则,是维护和平的政治基础。互利合作、共同繁荣,是维护和平的经济保障。建立在平等基础上的对话、协商和谈判,是解决争端、维护和平的正确途径。"[1] 在此之前,江泽民在"上海五国"元首会晤期间及双边谈判的场合多次提出要增进国家间的相互信任,通过双边、多边协调寻求和平与安全。可以说,20世纪90年代以来形成的新安全观是国际政治经济新格局下指导中国外交的重要思想,也是中国积极推动"上海五国"机制建立和发展的思想基础。

作为"上海五国"机制中的另一个大国,俄罗斯则面临着更大的外交挑战。在苏联解体后,俄罗斯继承了前苏联的国际法地位,但其政治经济地位已是一落千丈。俄罗斯的领导人不仅要面对领土分裂,同时还要应对政局动荡、经济下滑、社会控制能力削弱等众多问题。对于当时的俄罗斯来说,其首要目标就是解决转型带来的阵痛,努力恢复昔日大国地位。苏联解体之初,俄罗斯奉行了向西方国家"一边倒"政策,希望借此获得西方兄弟般的情谊和大量投资,但结果不仅使俄罗斯沦为"二流国家",且并未获得能改善经济环境的大量贷款。因此从90年代中期开始,当局开始将外交政策调整为兼顾东西的"双头鹰"方针,同时通过改善与独联体和前苏联国家的关系,密切与发展中国家关系,来提升俄罗斯的国际地位。[2] 俄罗斯外交思想中的纯粹自由主义开始被现实主义和国家主义所取代,并不断融合东正教的传统价值观。[3]

从"上海五国"首脑会晤机制的议程和达成的协议可以看出,"上海五国"机制建立的最初目的在于解决苏联时期遗留的边境问题,在边界地区相互削减武装力量,在军事领域加强信任与合作。作为继承了苏联地理遗产并与中国存在直接领土问题的国家,俄罗斯、哈萨克斯坦、吉尔吉斯斯坦、塔吉克斯坦四国有强烈的意图和动力与中国开展关于领土问题和边境

---

[1] 江泽民:《推动裁军进程,维护国际安全——在日内瓦裁军谈判会议上的讲话》(1999年3月26日)。
[2] 中国现代国际关系研究所民族与宗教研究中心:《上海合作组织——新安全观与新机制》,第74—77页。
[3] 关于俄罗斯20世纪90年代外交政策的转变,可参阅 Allen C. Lynch, "The Realism of Russia's Foreign Policy," *Europe-Asia Studies*, Vol. 53, No. 1, 2001, pp. 7 – 31; Maxim Bratersky, "Transformation of Russia's Foreign Policy," *Russia in Global Affairs*, Vol. 12, No. 2, 2014, pp. 54 – 61。

裁军的协商。对于俄罗斯而言，这是对 80 年代末开始的中苏领土谈判和裁军谈判的自然延续。另一方面，由于面临着国内严重的政治经济危机，俄罗斯需要稳定的外部环境以确保集中精力进行国内改革。因此，俄罗斯具有强烈动机减少边境的军事压力，改善与周边国家的关系。同时，哈、吉、塔三国作为新独立的民族国家，其领导人最关心的问题是如何快速稳定国内局势和得到国际社会的认可，进行边境谈判可以巩固国家独立、保障国家安全。对于中国而言，加强周边外交和多边外交是中国新安全观和外交观的重要实践，构建稳定的外部环境是集中力量进行经济建设所必不可少的条件。

与此同时，五国在中亚地区面对来自国际恐怖主义、民族分裂主义和宗教极端主义的"三股势力"的挑战。20 世纪初，英国著名地缘政治学家哈尔福德·麦金德（Halford John Mackinder）就提出，中亚到高加索一带是"欧亚大陆的心脏"，以此为中心扩展到东亚，"谁统治了心脏地带，谁就控制世界岛，谁统治世界岛，谁就控制世界"[①]。自古以来，中亚地区就是各种力量争夺的焦点，中亚国家历史遗留问题和民族、宗教冲突相互交织。而苏联解体之后，中亚这块"心脏地带"出现了权力真空，无论是俄罗斯还是刚独立的中亚国家，都不足以实现对该地区的全面控制，伴随着社会转型出现了国家能力下降等一系列问题，而美国及北约的军事力量在中亚地区的扩展使中亚地区的局势进一步复杂化。

20 世纪 90 年代"三股势力"在中亚发展的直接诱因为中亚国家的政治转型和塔吉克斯坦内战，以及 90 年代中期塔利班武装在阿富汗的崛起。"三股势力"通过一系列极端行为如制造恐怖袭击、绑架联合国人员、暗杀政府官员等给社会造成严重恐慌。对于中亚各国而言，打击"三股势力"对维护国家稳定和领土主权完整，具有十分重大的意义。同样，对于中国和俄罗斯而言，也面临着"东突"组织和车臣分裂势力对国家统一和人民生命财产安全带来的威胁。除此之外，伴随着"三股势力"的发展，有组织犯罪、偷运武器、毒品走私、人口贩卖等跨境犯罪问题也日益增加，受到地域和国家主权等因素的限制，单个国家在打击跨国犯罪中的作用有限。为了削弱"三股势力"对社会稳定和国家安全的威胁，中俄及中亚三国加强了相互合作。

---

① 〔英〕杰弗里·帕克：《二十世纪的西方地理政治思想》，李亦鸣、徐小杰、张荣忠译，解放军出版社，1992，第 23 页。

中国参与国际合作的制度设计

从1992年开始，中国开始与俄罗斯及中亚三国继续此前中断的中苏两国边境谈判。同年9月，俄哈吉塔四国在白俄罗斯首都明斯克签订了一项协议，四国将就与中国边界地区相互削减武装力量、在军事领域加强信任等问题组成联合代表团进行谈判，在此框架下初步形成了中国和其他四国"五国两方"的边界谈判模式。① 通过五年22轮谈判，1996年4月26日，五国元首在上海共同签署了《关于在边境地区加强军事领域信任的协定》(《上海协议》)，并开创了"上海五国"元首会晤机制。次年4月24日，"上海五国"元首在莫斯科举行了第二次会晤，并签署了《关于在边境地区相互裁减军事力量的协定》(《莫斯科协议》)。这两个协议共同构建了"上海五国"之间加强边境地区军事信任和裁减军事力量的法律基础。

在通过边界谈判加强军事合作、建立互信关系之后，"上海五国"元首会晤机制将合作的议题领域扩展到了对地区政治、安全和其他领域的合作。1998年7月3日，五国领导人在阿拉木图再一次会晤，并签署了具有重要意义的《阿拉木图联合声明》。各国愿扩大和加强多边合作，涉及合作领域包括共同打击"三股势力"、推进地区经贸联系、支持召开亚信会议、促进地区无核化等多个领域，同时在官方文件中"中国和俄、哈、吉、塔双方"的表述转变为"中、俄、哈、吉、塔各方"②，这说明"上海五国"首脑会晤机制正式从一个双边合作机制向多边会晤机制转变。

1999年8月25日，五国首脑在吉尔吉斯斯坦首都比什凯克举行"上海五国"第四次会晤，并在《比什凯克声明》中声明将进一步促进地区安全与稳定作为中心议题。同年12月，五国执法部门领导人会议在比什凯克举行，会议签订《比什凯克合作和相互协作备忘录》，并成立"比什凯克小组"以"具体协调有关部门在与威胁地区安全和稳定的不良因素斗争中的合作"。③ 从1999年底开始，五国会晤机制逐步走向机制化，在"上海五国"机制的框架内召开了不同级别的会晤，如执法安全部门领导人、国防部长、外交部长的会晤，并在2000年的杜尚别会晤中吸纳乌兹别克斯坦作为观察员。④

---

① 中国现代国际关系研究所民族与宗教研究中心：《上海合作组织——新安全观与新机制》，第124页。
② 《阿拉木图联合声明》全文见《中哈吉俄塔五国发表联合声明》，《光明日报》1998年7月4日。
③ 中国现代国际关系研究所民族与宗教研究中心：《上海合作组织——新安全观与新机制》，第147页。
④ 邢广程、孙壮志主编《上海合作组织研究》，长春出版社，2007，第6—7页。

第三章 从"上海五国"到上海合作组织的制度设计

在1996年至2000年这五年间,"上海五国"机制从军事安全领域扩展到经贸合作、非传统安全、地区治理等多个领域,同时也从双边安全磋商机制转变为多边会晤机制,并形成了富有特色的"5+1"合作模式。基于各国在首轮会晤期间不断加深的军事合作、政治互信和经贸往来,在开启新一轮元首峰会时,各国决定建立制度化水平更高、合作更密切的正式国际组织——上海合作组织。

2001年6月14日,"上海五国"元首在上海举行第六次会晤,正式吸纳乌兹别克斯坦为正式成员。次日,中国、俄罗斯、哈萨克斯坦、吉尔吉斯斯坦、塔吉克斯坦和乌兹别克斯坦六国元首签署了《上海合作组织成立宣言》,宣告上海合作组织正式成立,同时还签署了《打击恐怖主义、分裂主义和极端主义上海公约》。可以说上海合作组织从前身"上海五国"元首会晤机制发展而来,用了五年的时间完成了从一个制度化水平较低的首脑会晤机制向制度化水平更高的正式国际组织的转变,这和成员国在之前的合作中建立起友好的双边和多边关系是密不可分的,同时也反映了成员国对进一步合作、拓展合作领域、规范合作行为等有更多的期待。

上海合作组织成立的最初两年是组织的初创阶段,在这一时期,通过建立国际组织,完善上海合作组织的法律地位和机构设置,上海合作组织的整体框架基本搭建起来。尤其是在2002年6月7日举行的圣彼得堡峰会上,签署了《上海合作组织宪章》和《上海合作组织成员国元首宣言》等文件,并对组织的宗旨原则、机构设置、运行规则和合作方向进行了正式说明,从国际法意义上确立了上海合作组织的正式诞生。但是在此期间,上海合作组织的合作也只是局限在安全领域,并且原则性的声明大于实质性的合作。虽然在2001年9月14日六国总理在阿拉木图举行了第一次会晤,商讨加强地区经济合作和贸易与投资便利化等问题,但这一总理会晤机制并没有常规化。并且受"9·11事件"和美国出兵阿富汗等问题的影响,中亚四国认为安全合作的紧迫性远高于经济领域的合作,这一时期上海合作组织的正式文件中对国际反恐行动的合作被放在了第一位。[①]

2003年伊拉克战争爆发,同时独联体国家格鲁吉亚、乌克兰先后发生"颜色革命",北约、欧盟完成大规模东扩,俄罗斯传统地缘空间不断受到

---

① 关于"9·11"事件对中东形势变化和上海合作组织发展产生的影响,可参阅赵华胜《中亚形势变化与上海合作组织》,《东欧中亚研究》2002年第6期,第54—59页;Martha Brill Olcott, "Taking Stock of Central Asia," *Journal of International Affairs*, Vol. 56, No. 2, 2003, pp. 3–17.

挤压。俄罗斯对上海合作组织在团结中亚国家、稳定地区安全方面的作用产生了更多的政治需求，上海合作组织也开始进入稳步发展和合作领域拓展的新阶段。2003年5月29日，六国元首在莫斯科举行第三次峰会并发表《元首宣言》，对上海合作组织下一步发展提出构想，就地区形势、反恐斗争、安全合作、经贸及人文交流提出合作倡议。更为重要的是，六国在这次峰会上决定设立秘书处和反恐中心，并签署举行上海合作组织成员国武装力量联合反恐演习的备忘录。[①] 同年8月6日，上海合作组织举行首次多国联合军事演习；2004年1月15日，上海合作组织秘书处在北京正式成立；2004年6月17日，上海合作组织塔什干地区反恐中心正式成立，这一系列成就标志着上海合作组织的制度化水平进一步提升，在传统和非传统安全领域上的合作深度取得了较大的进展。

另一方面，六国在上海合作组织框架内的合作不断"外溢"，尤其是经贸领域的合作不断拓展，逐渐成为上合组织的另一大议题。除首脑会晤为上海合作组织的合作方向和具体原则划定框架，从2003年开始常规化的总理会晤则更注重在成员国之间加强经贸往来和政策的具体落实，在此基础上发展出了经贸部长、交通部长、农业部长等高管会晤机制和专业工作组。虽然在"上海五国"机制和2001年的《元首宣言》中都对经济合作提出了展望，但是上海合作组织成员国之间具体经济合作的落实则在2003年9月23日六国总理的第二次会晤之后。这次会议通过了《上海合作组织成员国多边经贸合作纲要》，提出了"为贸易投资创造有利条件，以逐步实现货物、资本、服务和技术自由流动"的长期目标（2020年前）和"共同努力制定稳定的、可预见的和透明的规则和程序，在上海合作组织框架内实施贸易投资便利化，开展大规模多边经贸合作"的中短期目标（2010年前）。[②] 之后多次总理会晤将六国间经济合作的范围进一步扩大到双边和多边的卫生、文化、教育、体育等多个方面。

此外，上海合作组织的合作伙伴也在不断增加。自2004年塔什干峰会接纳蒙古国为观察员之后，上海合作组织又在2005年接纳伊朗、巴基斯坦和印度为观察员，2009年开始又增加了对话伙伴。截止到2015年年底，除了六个创始成员国之外，上海合作组织共吸纳了阿富汗、白俄罗斯、印度、伊朗、蒙古、巴基斯坦六国为观察员国，阿塞拜疆、亚美尼亚、柬埔寨、

---

① 外交部欧亚司编《上海合作组织文件汇编》，世界知识出版社，2006，第129—132页。
② 潘光、胡键：《21世纪的第一个新型区域合作组织——对上海合作组织的综合研究》，中共中央党校出版社，2006，第122页。

尼泊尔、土耳其和斯里兰卡六国为对话伙伴国。2015年7月10日，在乌法举行的上海合作组织元首理事会第十五次会议上，六国领导人通过了启动接受印度、巴基斯坦加入上海合作组织程序的决议，正式打开了扩员的大门。①

总体而言，上海合作组织作为中国创设的第一个国际组织，是在"上海五国"元首会晤机制的基础上进行发展而来的。从最初的边境问题谈判，到旨在削减边界武装力量和加强军事互信的非正式组织，到发展成为一个以安全和经济合作并重的正式国际组织，上海合作组织的制度化水平比"上海五国"元首会晤机制有了明显提高。此外，自2001年成立以来，上海合作组织也随时间的推移而不断完善：在安全领域的合作不断外溢，发展为地区反恐、经贸往来、教育合作、国际司法合作等多方面的地区合作组织；同时组织机构走向集中化，组织成员不断扩容，区域影响力逐步扩大。

第四节　中国、俄罗斯与中亚国家间合作中的交易成本与制度设计

上海合作组织的中亚缔约国，因为它们共处中亚战略要地，且基本历史背景、政治经济模式等同质性较大，因此，在分析上海合作组织制度选择问题时，我们将中亚各国看作统一的行为体。当然，中亚各国对上海合作组织的态度也并非完全一致。如上海合作组织成立后，对于经济合作与安全合作的权重问题，中亚各国尚存认识分歧。由此，我们把上海合作组织的相关制度选择行为体分解为三部分，即中国、俄罗斯和中亚各国。我们认为，相关成员国对待上海合作组织的态度与其自身的交易成本大小紧密相关。因此，考察相关缔约国的交易成本的大小，可以观察和反映其态度与行为及其变化。

根据国际制度选择的交易成本模型，在特定国家间的合作交易中，相关国家都倾向于选择各自交易成本最小化的国际制度。由此推知，在中亚安全关系结构中，中国、俄罗斯以及中亚国家都倾向于选择自身交易成本最小的国际制度形式。我们根据六个影响变量的定序度量对交易成本大小

---

① 《国际观察：上合组织乌法峰会四大亮点》，新华网2015年7月11日电，http://news.xinhuanet.com/world/2015-07/11/c_1115891514.htm，最后访问时间：2016年6月19日。

进行比较，进而分析各成员国对"上海五国"元首会晤机制和上海合作组织的制度选择问题。

一 问题领域敏感性

上海合作组织的合作问题领域为安全领域。军事安全领域属于国际政治的"高级政治"范畴。在当今主权国家体系的国际社会中，军事安全领域属于最为敏感的问题领域，只有在欧洲或者北大西洋地区形成的安全共同体中其敏感性才显著下降。从全球范围来看，跨大西洋区域安全体系一体化进程的制度化水平远高于东亚或中亚地区安全体系。正如美国学者指出，由于共同历史记忆与集体认同感的缺失，以及安全格局的特性等因素，东亚很难出现诸如跨大西洋联盟那样的安全共同体。[①] 由于国家主权对于军事安全合作的高度敏感性，中国、俄罗斯以及中亚各国在相互合作时选择超国家组织的制度形式无异于天方夜谭。

中国对于中亚安全合作的制度选择的敏感性还来源于现实的政策考虑。基于对新中国成立后对外政策的反思，自邓小平以来的历届中国领导人一贯强调和平稳定的国际环境对于中国改革开放事业发展的重要性。从这个角度来说，20世纪90年代中国对外政策的一个中心目标是为中国的经济建设创造一个和谐的国际环境和周边环境。基于这种外交理念，中国的多边外交与周边外交相继兴起，并积极发挥作用。具体至大国关系层面，90年代中国外交政策中兴起"伙伴关系"外交，中国与美国、法国、俄罗斯等大国相继建立面向21世纪的（战略）伙伴关系。此外，中国也积极融入现存的国际政治经济体系。[②] 如此，中国对于中亚安全合作的态度虽为积极主动，但制度形式选择上仍是谨慎行事。这决定了类似北约的正式军事联盟组织的制度形式非中国的首要考虑。因为针对第三国或其他军事联盟组织的联盟制度形式，其存在的客观基础在于威胁（客观或假想威胁）的存在及强化。而这种制度形式显然不符合中国对于上海合作组织的制度选择预

[①] Christopher Hemmer and Peter J. Katzenstein, "Why Is There No NATO in Asia? Collective Identity, Regionalism, and the Origins of Multilateralism," *International Organization*, Vol. 56, No. 3, 2002, pp. 575–607.

[②] 冷战结束后中国对外政策理念的变迁情况，可参阅冷战后中国共产党历次代表大会的报告文本。江泽民：《高举邓小平理论伟大旗帜，把建设有中国特色社会主义事业全面推向二十一世纪——在中国共产党第十五次全国代表大会上的报告》（1997年9月12日）；江泽民：《全面建设小康社会，开创中国特色社会主义事业新局面——在中国共产党第十六次全国代表大会上的报告》（2002年11月8日）。

期，因为它会刺激中国与相关大国的军事紧张与对抗关系。

同理，作为前苏联的继承者，俄罗斯在20世纪90年代后期实施东西方兼顾的"双头鹰"外交政策。基于美苏对抗的历史教训，以及冷战结束后俄罗斯国力与前苏联不可同日而语，叶利钦时期俄罗斯外交工作的重点在于平衡东西方国家，为俄罗斯重振大国雄风奠定基础。普京继承了叶利钦时期对外政策的基本理念，"我们不可能有向西的也不可能有向东的倾斜。现实的情况是，像俄罗斯这样的地缘政治地位的大国，到处都有它的民族利益"。[①] 世纪之交，除确保国家安全与主权完整等根本原则外，俄罗斯对外政策的基本目标为两方面。其一是加强周边睦邻友好关系，其二是与外国及国际组织寻求共识和利益，改善国际合作条件与同盟关系体系。[②] 基于对俄罗斯能力与意图的判断，我们认为正式军事联盟的制度形式显然不符合俄罗斯的外交政策理念。上海合作组织建立后，俄罗斯也一再表示上海合作组织并非针对某一国家，其目标是为了对付共同的非传统安全威胁，组织的成立有利于推动国际安全新机制的建立。[③]

作为前苏联国家，中亚国家和俄罗斯存在一种特殊的关系。一方面基于历史和民族感情的考虑，中亚国家对俄罗斯存在一定程度的戒备心理，在安全合作的问题上希望消除俄罗斯对本国政治可能的干预，因此在安全机制的选择上它们积极主动地引进区域外的势力来寻求平衡俄罗斯在中亚地区的影响力[④]。有学者指出，中亚国家的领导人"享受"这种在地区主要地缘政治大国之间摇晃的感觉，以此来增强自身的战略重要性。[⑤] 另一方面，中亚国家和俄罗斯在地域、民族、文化上存在着天然的联系，独立后的中亚四国要寻求边境领土安全和国内政治稳定，无可避免需要和俄罗斯

[①] 《外交政策的优先任务是为社会经济发展创造外部安全环境》（2001年1月26日，莫斯科），载〔俄〕普京《普京文集：文章和讲话选集》，中国社会科学出版社，2002，第254页。中国学者对俄罗斯对外政策的优秀分析，可参阅冯绍雷《制度变迁与对外关系——1992年以来的俄罗斯》，上海人民出版社，1997；冯绍雷、相蓝欣主编《转型中的俄罗斯对外战略》，上海人民出版社，2005。

[②] 《俄罗斯联邦对外政策构想》（2000年6月28日俄罗斯联邦总统弗·弗·普京签署），载〔俄〕伊·伊万诺夫《俄罗斯新外交：对外政策十年》，陈凤翔等译，当代世界出版社，2002，第149页。

[③] 《俄外长说上海合作组织目标是对付共同的威胁》，《人民日报》2002年6月5日。

[④] Niklas Swausiom, "The Prospects for Multilateral Conflict Prevention and Regional Cooperation in Central Asia," *Central Asian Survey*, Vol. 23, No. 1, 2004, pp. 49–51.

[⑤] Martha Brill Olcott, "Taking Stock of Central Asia," *Journal of International Affairs*, Vol. 56, No. 2, 2003, p. 17.

保持良好的合作关系。

自张骞通西域以来，中国与中亚就开始了深远和悠久的政治、经济和文化往来。但由于19世纪和20世纪的100多年来中亚一直处在俄罗斯的统治之下，同时由于20世纪60年代中苏关系破裂后苏联对"中国威胁"的长期渲染，中亚民众对中国文化感到陌生和隔膜，对中国的影响具有一定的担心心理，对中国的政策、意图和行为等容易接受负面的解读。[①] 更重要的是，在人口、领土、国防能力、综合国力等方面，中亚国家和中国的差距巨大，即使是综合国力最强的哈萨克斯坦在中国面前也显得很单薄。[②] 这种历史的负面遗产和现实的实力差距也会使中亚国家不可能毫无疑虑地发展与中国的合作。

鉴于中亚国家与俄罗斯、中国的关系中所面对的上述问题，中亚国家90年代在外交政策上大体都采取了多边平衡战略，既与俄罗斯和中国发展密切的合作关系，又积极配合美国及其西方盟友在中亚地区的政策，因此它们不愿意与任何一个国家或者国家集团建立长期的军事联盟关系，而更倾向于一般性的协商与合作。

根据国际制度选择的交易成本模型中的假说1，问题领域敏感性程度越低，缔约国越可能选择制度化水平较高的国际制度形式。基于以上分析，由于主权国家体系固有的安全合作敏感性，以及受中国、俄罗斯和中亚国家在世纪之交的现实对外政策制约，中俄两国和中亚国家在中亚安全合作关系中不可能选择类似于北约的正式军事联盟。

二 国家同质性

根据国际制度选择的交易成本模型，相关国家的同质性程度越高，就越有可能选择制度化水平较高的国际制度形式。对于经济合作的制度形式而言，国家经济发展模式的同质性影响变量的作用较大；对于安全合作的制度形式而言，国家的政治体制的同质性影响变量的作用较大。我们接下来将对中俄两国和中亚国家的同质性进行纵向历史比较，进而分析三方同质性的相对变化与制度形式选择的相关性。

苏联解体后的20世纪90年代，处于叶利钦时期的俄罗斯以西方民主为模本建立起了总统制为核心的三权分立制度。但是，整个90年代俄罗斯政

[①] 赵华胜：《中国的中亚外交》，第444页。
[②] 赵华胜：《中国的中亚外交》，第138页。

治发展处于一种国家政权软弱无力的情况下,政治经济与社会问题层出不穷。2000年普京执政俄罗斯,在国家主义的思想指导下,采取了系列的政治、法律等手段加强国家政权建设,诸如:"打击地方分立主义、'削藩',将地方精英置于中央政权的控制之下;分化、压制反对派,扶植'政权党'占据议会多数,形成与总统合作,甚至听命于总统的立法机关;打击、削弱寡头势力,夺回对舆论、自然资源的控制权。"[1] 与叶利钦全盘推行西方民主不同的是,普京推行以建设国家政权为核心的"可控民主",建立起了以总统集权为核心的高度中央集权机制。从俄罗斯的政治发展道路来看,20世纪90年代全面西化的政治体制改革带来的是混乱与失序;而普京执政后权力集中化的举措虽受到西方国家的批评[2],却产生了积极的成果,如社会政治气氛较为和谐、中央对地方的权威重新确立、党派斗争减少等。21世纪初,俄罗斯民众对于西式民主的热情比90年代初大为减退,经济生活成为主要关心的议题(表3-1)。

表3-1 俄罗斯最优治理形式的民意测验

单位:%

	民主政府	强势领导	不知道
2005年春	28	66	6
2002年夏	21	70	9
1991年	51	39	10

资料来源:*Prosperity Tops Political Reform: Russia's Weakened Democratic Embrace*, 2005 Pew Attitudes Survey, Thursday, January 5, 2006, 10:00 AM。

2000年后,普京重新审视俄罗斯的政治发展道路,强化国家政权建设,在社会政治领域建立起以总统集权为核心的"可控民主",这从国家同质性的角度分析,具有两方面的意义。第一,俄罗斯和中国的权力结构或政体类型的差异不是扩大了而是缩小了。因为中俄两国并非走全盘西化的政治发展道路,而是探求与本国国情相适应的政治经济制度。[3] 同属于转型国家

---

[1] 潘德礼:《浅析俄罗斯的政治发展及其前景》,《俄罗斯中亚东欧研究》2006年第1期,第14页。

[2] 西方学者对普京行政改革的评析,请参阅 Gordon M. Hahn, "The Impact of Putin's Federative Reforms on Democratization in Russia," *Post-Soviet Affairs*, Vol. 9, No. 2, 2003, pp. 114-153。

[3] 关于俄罗斯和中国政体的最新研究,参见俞可平《俄罗斯民主:中国学者的视角》,《国际政治研究》2016年第2期,第20—35页;杨光斌、乔哲青:《论作为"中国模式"的民主集中制政体》,《政治学研究》2015年第6期,第3—19页。

的中国、俄罗斯在政治发展问题上建立以中央集权为特征的政体。俄罗斯必须建立强大的国家政权，建立一个民主、法制和有行为能力的联邦国家。①客观而言，这种政权形式对各国的政治稳定、经济发展都具有十分重要的促进作用。第二，与此相反，俄罗斯和西方自由民主政体的差异不是缩小了而是扩大了。这也是西方国家认为普京政治体制改革是"民主的倒退"批评的来源。事实上，不从实际出发，而一昧嫁接西方的民主模式，并不能达到理想的效果。这一点，在俄罗斯的政治转型轨迹中显露无遗。正如普京所言，如果只是简单照搬西方课本上的抽象模式和公式，俄国的改革是很难取得成功的，俄罗斯必须寻找自己的改革之路。这条道路必须将市场经济和民主制的普遍原则与俄罗斯的现实有机结合起来。②

中亚国家在获得独立后也开始寻求政治民主化的转型道路，希望引入代议制民主、多党制、自由选举等西方式的民主，打破苏联时期形成的集权主义的高压政治。然而和俄罗斯类似，这些前苏联国家在转型过程中都或多或少受到发展水平和历史因素的限制；激进的转轨方式不仅受到来自社会精英阶层的抵抗，也由于导致经济下滑而失去群众的支持；"三股势力"开始滋生，国家对社会的控制能力迅速下降，伊斯兰复兴运动高涨。这些因素都给中亚的民主转型造成了严重的阻碍，因此中亚国家在20世纪90年代的民主化尝试中最终基本都保持在了"威权主义"的阶段③。乌兹别克斯坦和土库曼斯坦两国总统一直处在集权位置，集国家元首和政府首脑于一身，并有效控制国家立法和司法权；哈萨克斯坦和吉尔吉斯斯坦通过修宪也实现了"强总统、弱议会、小政府"的总统集权制；乌兹别克斯坦政局没有发生大规模变动但其政治体制中也不存在真正的多党政治和反对派④。在经历了盲目西化给社会带来的大规模震动之后，中亚国家开始反思政治体制改革，逐步铸造一种既符合本国实际、又具有本国特色的主体意识形态和国家认同，比如哈萨克斯坦总统纳扎尔巴耶夫就指出，"维护社

---

① 《千年之交的俄罗斯》（1999年12月30日），载〔俄〕普京《普京文集：文章和讲话选集》，第11页。
② 《千年之交的俄罗斯》（1999年12月30日），载〔俄〕普京《普京文集：文章和讲话选集》，第6页。
③ 关于中亚国家民主化的讨论，请参阅 Stephen Blank, "Democratic Prospects in Central Asia," *World Affairs*, Vol. 166, No. 3, 2004, pp. 133 – 147。
④ 潘志平：《中亚国家政治体制的选择：世俗、民主、威权、无政府》，《俄罗斯中亚东欧研究》2011年第1期，第10页。

会的政治稳定和加强各民族的团结是哈萨克斯坦的头等大事"①。

根据国际制度选择的交易成本模型中的假说2，国家同质性程度越高，缔约国越有可能选择制度化水平较高的国际制度形式。21世纪初，上海合作组织成员国间的意识形态分歧减少了，"共同语言"增多了，国家同质性相对增大。因此，随着俄罗斯和中亚国家不再将西方民主模式作为本国政治转型的目标模式，各方将会选择制度化水平更高的国际制度形式。

三 透明度

从"上海五国"首脑会晤机制到上海合作组织正式成立的制度形式演进过程中，缔约国家的双边与多边谈判以及其后的定期首脑会晤机制的建立，对于建立军事互信、扩大各缔约国的安全政策体系及军事透明度，具有明显的促进作用。根据国际制度选择的交易成本模型，透明度越高，缔约国就越有可能选择制度化水平高的国际制度形式。

对于中国而言，受近代殖民侵略的痛苦历史记忆影响，领土问题一直成为历届政府界定国家主权的核心要素。② 因此，国家统一和边界争端问题成为中国外交政策中的重要议题。前苏联的瓦解和崩溃，客观上为中国解决与后苏联国家的边界领土争端提供了有利条件。20世纪90年代，中国与俄罗斯、中亚各前苏联加盟共和国之间展开了系列谈判，解决了系列的领土争端，或者为解决边界问题创造了良好的条件。在解决边界争端的同时，中国与后苏联国家还达成了边界领土互信、军事领域互信等成果。其中，最为重要的是与俄罗斯的关系的发展，与20世纪80年代联美反苏的战略态势形成鲜明对比。与俄罗斯的边界谈判在90年代初就已展开，至1996年4月26日，以中国为一方、俄哈吉塔一方在上海签署了《关于在边境地区加强军事领域信任的协定》。其中规定："双方部署在边境地区的军事力量互不进攻；双方不进行针对对方的军事演习；限制军事演习的规模、范围和次数；相互通报边境100公里纵深地区的重要军事活动情况；彼此邀请观察实兵演习；预防危险军事活动；加强双方边境地区军事力量和边防部队之

---

① 〔哈〕努·纳扎尔巴耶夫：《前进中的哈萨克斯坦》，哈依霞译，民族出版社，2000，第136页。
② 关于这一点，可以参阅中国政府的正式公开出版物与声明等，如国务院新闻办公室《台湾问题与中国的统一》白皮书，北京，1993年8月；国务院新闻办公室：《一个中国与台湾问题》白皮书，北京，2000年2月；国务院新闻办公室：《2000年中国国防》白皮书，北京，2000年10月等。

间的友好交往等。"① 一年之后，1997年4月24—25日，双方在莫斯科签署了《在边境地区相互裁减军事力量协定》，进一步对各方在安全领域的信任进行了阐述："中国与俄、哈、吉、塔双方将边境地区的军事力量裁减到与睦邻友好相适应的最低水平，使其只具有防御性；互不使用武力或以武力相威胁，不谋求单方面军事优势；双方部署在边境地区的军事力量互不进攻；裁减和限制部署在边界两侧各100公里纵深的陆军、空军、防空军航空兵、边防部队的人员和主要种类的武器数量，确定裁减后保留的最高限额；确定裁减方式和期限；交换边境地区军事力量的有关资料；对协定的执行情况进行监督等。协定的有效期至2020年12月31日，经双方同意可以延长。"② 随后几年间，中国与哈、吉和塔等国相继在边界问题上达成了协定，增大了相关各国在安全领域的透明度及相互信任，为安全合作创造了良好的条件。关于中国与俄罗斯以及中亚各国达成的边界问题与安全互信的协定见表3-2。

表3-2 "上海五国"关于边界问题和军事互信的相关协定（1994—2001）

时间	签署国	签署的协定
1994.9	中俄	中俄联合声明
1996.4	中俄	中俄联合声明
1996.4	中俄哈吉塔	在边境地区加强军事领域信任的协定
1997.4	中俄哈吉塔	在边境地区相互裁减军事力量协定
1994.4	中哈	中哈国界协定
1996.7	中哈	第一个中哈国界补充协定
1998.7	中哈	第二个中哈国界补充协定
1996.7	中吉	中吉国界协定
1999.8	中吉	中吉国界补充协定
1999.8	中塔	中塔国界协定
2000.7	中塔	中塔两国国界协定
2000.7	中塔吉	中塔吉关于三国国界交界点的协定

资料来源：人民数据库（1992—2001年）；中华人民共和国外交部网站，http://www.fmprc.gov.cn/chn/，2006年12月1日。

---

① 《中俄哈吉塔五国元首在上海正式签署〈在边境地区加强军事领域信任的协定〉》，《人民日报》1996年4月27日。
② 《中俄哈吉塔五国元首在莫斯科签署〈在边境地区相互裁减军事力量的协定〉》，《人民日报》1997年4月25日。

对于"上海五国"中的主要大国中国和俄罗斯,中国学者潘光认为20世纪90年代,"中俄排除意识形态分歧而达到了几个世纪来的最好时期,为'上海五国'—上海合作组织进程奠定了基础。"[①]"上海五国"相关各国边界问题的妥善解决带动了五国首脑定期会晤机制的延续,以及各国安全政策制定程序、军事意图以及边界军事信任等安全议题透明度的增加。从90年代后期开始,由于"三股势力"的凸显,各国加强在打击恐怖主义势力等问题上的支持和合作。1999年12月,"比什凯克小组"在吉尔吉斯斯坦首都成立;2001年6月15日,《打击恐怖主义、分裂主义和极端主义上海公约》在北京签署。

基于以上分析,由于上海五国妥善解决边界问题,并加强军事互信与军事合作,相关各国在21世纪初的安全领域具有更大的透明度。根据国际制度选择的交易成本模型中的假说3,透明度越高,缔约国越有可能选择制度化水平较高的国际制度安排。因此,与90年代中期相比,21世纪初中国、俄罗斯以及中亚各国更可能在区域安全关系中采取制度化水平较高的国际制度。

四 资产专用性

资产专用性包括物资资产专用性、人力资产专用性和地点专用性。在安全合作领域,物资资产专用性表现为对武器装备的依赖;人力资产的专用性主要体现在合作各方的军事任务分工上。中国和俄罗斯以及中亚国家安全合作的主要领域为打击"三股势力",这是属于非传统安全合作。在非传统安全领域,诸如"三股势力"的安全威胁不在于其是否拥有绝对或相对的军事实力,因此,俄罗斯和中国在物资资产专用性上优势难以发挥(人力资产专用性原始数据难以收集,故对此本章并不作比较)。相反,我们认为地点专用性对于中亚非传统安全合作而言,是至关重要的。基于以上考虑,我们认为分析上海合作组织的制度选择问题时,资产专用性影响变量的主要指标为地点专用性。

中国和俄罗斯在资产专用性上的脆弱来自于地点专用性。这是因为,中国和俄罗斯两国的恐怖主义、民族分离主义势力的主要危险区,即中国的新疆和俄罗斯的车臣,这两个地区紧临中亚,与中亚的政治经济等联系紧密。此外,中亚各国也成为各种极端势力、恐怖主义和民族分离主义势

---

① 潘光:《从"上海五国"到上海合作组织》,《俄罗斯研究》2002年第2期,第31页。

力活动的温床。诚如萨缪尔·亨廷顿所言，各大文明的交界地带与断裂带，是当今地区国际冲突频繁地带。[1] 而中亚就是处于这样的地带。上海合作组织所定义的"三股势力"在中亚地区活动频繁，已对相关国家的政治、社会稳定与主权领土完整，造成了巨大的威胁。从这个角度来说，中俄两国打击"三股势力"必须得到中亚国家的支持，尤其是地点支持。因为不深入中亚国家内部进行合作，难以清除"三股势力"的滋生土壤。

中国新疆的分离恐怖组织"东突"运用极端恐怖手段试图达到分裂国家的目的。1990—2003年十余年间，"东突"分子总共发动了260余场恐怖袭击，造成600多人在袭击中伤亡。"东突"分子与中亚恐怖势力有着千丝万缕的联系，如1000余名"东突"分子在基地组织受过军事训练，并广泛参与基地组织在中亚、车臣等地的恐怖活动。[2] 正如中国政府指出："疆独"的特点在于里应外合，"在中国新疆和有关国家，'东突'势力策划、组织了一系列爆炸、暗杀、纵火、投毒、袭击等血腥恐怖暴力事件，严重危害了中国各族人民群众的生命财产安全和社会稳定，并对有关国家和地区的安全与稳定构成了威胁。"[3] 俄罗斯的恐怖主义威胁主要来自车臣分裂势力。世纪之交，车臣分离势力的恐怖暴力活动越来越频繁，已对俄罗斯的主权造成重大威胁，由此引发了1999年俄罗斯发动第二次车臣战争。中俄边境恐怖势力及其活动的共同特点为分离极端势力已经国际化，即与国际恐怖主义接轨，其活动范围不仅局限于本国境内，而且大肆"流窜"于中俄及中亚国家的交界之地，因此中亚地区成为了中俄分离恐怖势力的后方基地。这种分离极端势力的凸显，使"上海五国"首脑会晤机制的议题在1998年前后就实现了转移，此后着重讨论联合打击恐怖主义、分离主义和极端主义势力。[4] 中国和俄罗斯对于民族分离势力格外敏感，因为这危害到中俄两国的主权领土核心利益。正如叶利钦所指出的，车臣分裂分子的危害性会"使国家面临彻底解体，各地区民族冲突以及人道主义灾难的危险，而且其

---

[1] 〔美〕萨缪尔·亨廷顿：《文明的冲突与世界秩序的重建》，周琪、刘绯等译，新华出版社，1999。
[2] Ren Dongfeng, "The Central Asia Politics of China, Russia and the USA, and the Shanghai Cooperation Organization Process: A View from China," editors. sipri. se/pubs/CentralAsiaSCO. pdf, p. 6.
[3] 国务院新闻办公室：《新疆的历史与发展》白皮书，北京，2003年5月。
[4] 1998年7月3—4日在阿拉木图举行了第三次"上海五国"元首会晤。这次会晤讨论的主题从边界问题转为促进地区和平稳定和加强地区经济合作。"上海五国"在这次会晤中表示将在更广泛的安全领域，而不仅仅是边界安全问题上进行合作。五国联合发表的《阿拉木图声明》表示将联合打击各种形式的国际恐怖主义、民族分裂主义、宗教极端主义，共同努力制止核军备竞赛，维护国际核不扩散机制。

第三章 从"上海五国"到上海合作组织的制度设计

规模将会比在南斯拉夫发生的事件的规模要大得多"。[①] 民族分离势力所具有的多米诺骨效应,是对中国和俄罗斯的核心国家利益以至于大国地位的严重挑战。

对于本身就处于"心脏地带"的中亚国家而言,"在长期历史发展中日积月累下来的宗教、民族争端等'先天不足'之症,又来自新独立的中亚各国政权在转型过程中存在执政不力、社会失序的'后天失调'之弊,同时还承受着外部势力在该地区渗透、干涉所导致的诸多'后遗症'之痛"[②]。在冷战结束后,中亚国家同时受到来自地区内外塔利班、"基地"组织、"东突"势力和车臣非法武装等恐怖组织的影响,恐怖主义和跨境犯罪、民族分裂等问题交织在一起。从90年代初期,中亚地区的恐怖组织就开始在中亚各国境内不断挑起冲突,通过暗杀、抢劫、制造爆炸案等制造社会恐慌。从1999年开始,中亚"三股势力"变得更加猖獗,由过去的局部问题变成了整个地区的问题,宗教极端势力和极端民族主义势力、民族分裂主义分子和国际恐怖分子相互呼应,[③] 从而严重削弱了中亚国家对社会的控制能力,给国家和地区安全都带来了极大威胁。在"上海五国"机制的框架下,中亚国家积极倡导和配合将打击"三股势力"纳入安全合作的范围,1998年支持《比什凯克声明》将促进地区安全与稳定作为五国合作的中心议题,并在1999年支持建立了协调五国反恐合作的"比什凯克小组"。进入新世纪以后,"9·11"恐怖主义袭击极大地促进了国际社会在打击恐怖主义上的合作,美国在阿富汗的军事行动则进一步增强了中亚国家对通过国际合作打击"三股势力"的动力和决心。

因此,跨国界合作打击"三股势力"对于中俄两国和中亚国家意义重大。当中亚各国开展与中俄安全合作,共同打击"三股势力"后,中俄可以上海合作组织深入中亚各国腹地铲除那些威胁民族国家分裂的隐患。图3-2更直观地反映了上海合作组织成员国在地点上的这种资产专用性。

根据国际制度选择的交易成本模型中的假说4,资产专用性程度越高,缔约国越有可能选择制度化水平较高的国际制度形式。因此,当"三股势力"威胁上升时,上海合作组织成员国在区域安全合作中更可能选择制度化水平较高的国际制度形式。

[①] 〔俄〕鲍里斯·叶利钦:《午夜日记:叶利钦自传》,曹缦西、张俊翔译,译林出版社,2001,第384—387页。

[②] 余建华:《上海合作组织非传统安全研究》,第95页。

[③] 孙壮志:《中亚新格局与地区安全》,中国社会科学出版社,2001,第172页。

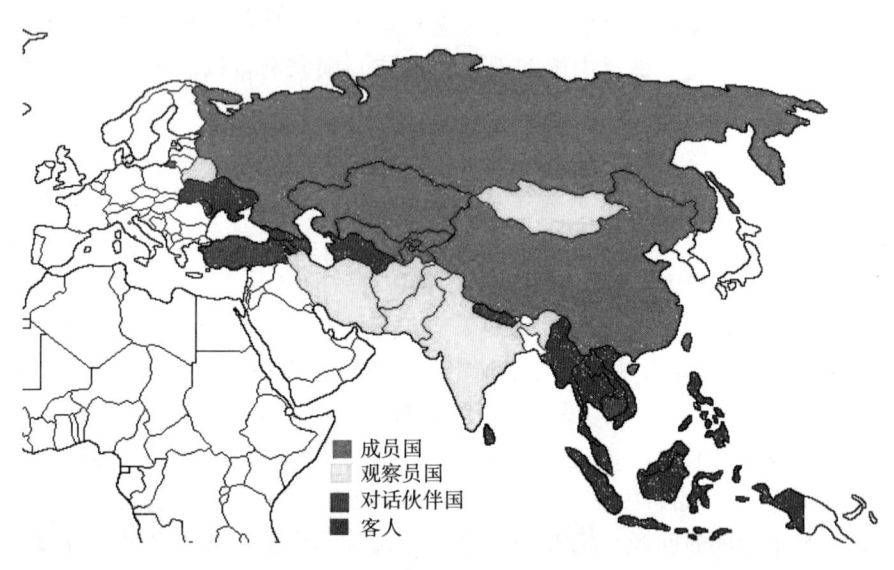

图3-2 上海合作组织成员国分布图

　　资料来源：百度百科，http://baike.baidu.com/link?url=3tQsxQcGNlWmDYfnpHdKZeGwwybMyA0z8MgxiGTOW9YGlUr1dWaVSf8giTfn9F6Sa5R-dgQSsOv2Wu95tI9YNK。

五　不确定性

从冷战结束后的国际基本格局与中亚战略态势来看，"上海五国"的外在潜在交易伙伴主要为美国及以美国为主导的北约军事联盟组织。首先，就中美关系而言，虽然克林顿政府时期是中美关系较为平稳发展的时期，而且在20世纪90年代后期，中美之间已经建立了面向21世纪的伙伴关系。然而，中美伙伴关系的建立其实是美国政府对中国的错误知觉的产物。[1] 90年代后期以来，中美之间的波折频频发生，如关于台湾问题的摩擦不断，而1999年中国驻南联盟使馆被炸和2001年4月份的"撞机事件"，使中美关系跌至冰谷。2001年小布什政府执政，美国新保守主义对外政策给中美关系投下了很深的阴影。对于俄罗斯而言，90年代初倒向以美国为首的西方阵营，并没有实现倾心已久的梦想，因此俄罗斯外交战略重新调整，东方外交重获重视和关注。1999年北约不顾俄罗斯的反对，悍然发动科索沃战争，致使俄美关系跌至最低点。北约轰炸南联盟次日，叶利钦直言"如

---

[1] 王栋：《超越国家利益——探寻对20世纪90年代中美关系的知觉性解释》，《美国研究》2001年第3期，第27—46页。

果战争的持续时间超过一个月，俄罗斯必定会卷入冲突。新的'冷战'就要爆发。"① 但于中亚国家而言，由于受前苏联解体的后遗症震荡，整个90年代各国的政治经济发展不容乐观，各种民族与宗教问题十分严重，对国家社会稳定产生了严重的影响。美国可以为中亚国家提供经济援助，而北约可提供安全保证。因此，从交易伙伴或潜在的交易伙伴而言，中国和俄罗斯比中亚各国面临着更大的不确定性。因为中国和俄罗斯必须随时"警惕"中亚国家的骑墙政策，即与北约国家进行安全合作而带来的类似于"联盟背叛"的结果。

接下来，我们从交易伙伴传递的信号来观察，中国和俄罗斯是否面临着更大的不确定性。如前所述，中亚各国并非只面临着与中国和俄罗斯安全合作的可能。冷战结束后，北约军事集团非但没有解散，反而大举东扩，其箭头直逼中亚战略要地。对于处在政治经济恢复和调整中的中亚各国而言，在美国的经济援助与安全保证面前，自然是各有所需，希望借助美国实现经济与政治复兴。因此，中亚各国并非排斥与美国的接触，相反，在90年代中后期与美国的政治经济往来大有增加之势，② 比如早在1994年哈萨克斯坦、乌兹别克斯坦、吉尔吉斯斯坦和土库曼斯坦就在美国的影响下加入了北约的"和平伙伴关系计划"，并在此合作框架下帮助哈、吉、乌三国成立"中亚维和营"，从1997年开始将每年一次的北约与中亚成员国的联合军演例行化。尤其是哈萨克斯坦与美国建立了密切的军事合作关系，从1996年开始美哈就核防务进行了系列谈判，同时在2000年美国帮助哈萨克斯坦建立了"和平伙伴关系计划"的情报信息中心。由此我们可以看出，从交易伙伴所传递的信号来看，中国和俄罗斯并不是稳坐钓鱼台；尽管中亚国家与中俄关系进展顺利，但中亚与美国及北约的"亲密接触"使得中俄面临着更大的不确定性。

其实，美国在冷战结束初期已积极向前苏联的加盟共和国进军。美国进军中亚的战略意图很明显，中亚拥有丰富的石油资源，也是重要的战略

---

① 〔俄〕鲍里斯·叶利钦：《午夜日记：叶利钦自传》，第297页。
② 90年代末与21世纪初，美国出于战略利益和经济利益考虑，在发展与中亚的关系方面急剧升温。美国与中亚关系的升温对中亚地区的地缘政治和经济形势产生着深刻影响。根据我国学者孙壮志的分析，中亚国家出于自身需要，在对美关系中持积极主动的立场。第一，中亚需要美国的资金和技术；第二，中亚国家向市场经济过渡，极欲借鉴美国的经验；第三，中亚国家希望通过与美国发展政治和军事合作，以利于走上国际舞台；第四，美国和美国领导下的北约可以为中亚国家摆脱俄罗斯的巨大影响提供一个制衡机制等。具体分析请参阅孙壮志《中亚五国对外关系》，当代世界出版社，1999。

要地。20世纪初,英国政治地理学家麦金德就声称"谁能控制中亚,谁就能控制世界"。因此,美国在冷战结束后不久就推行新中亚战略。[①] 在新千年前的《美国国家安全战略》中,对于中亚的关注与期望主要体现在政治上促进民主、经济上扩展市场经济体制以及安全方面进行军事援助,防范危机以确保地区安全。[②] 至2000年前后,中亚的重要性在美国政府和学界引起了新的关注和讨论。1999年3月,美国国会参议院提出了《丝绸之路战略法案》[③];众议院的听证会也指出,阿塞拜疆、哈萨克斯坦、土库曼斯坦和乌兹别克斯坦四国已探明的石油储量达150亿桶,天然气储量至少有9万亿立方米。随着美国对中亚局势的关注,以及随之而来的新中亚战略的出台,中亚安全关系进入了更为复杂的局面,由此导致了中国和俄罗斯面临着新的不确定性。

因此,无论从交易伙伴或潜在的交易伙伴数量来看,还是从交易伙伴传递的信号来看,以及从区域合作的外生震动——美国新中亚战略来看,中国和俄罗斯比中亚三国都面临着更大的不确定性。根据国际制度选择的交易成本模型中的假说5,不确定性越大,缔约国越有可能选择制度化水平较高的国际制度形式。这样,21世纪初的区域安全合作中,中国和俄罗斯比中亚各国更可能选择制度化较高的国际制度安排。

六 交易频率

我们主要选择中俄之间军事技术转让与军火贸易额的变化,以及中俄贸易(石油)交易额的变化两个指标,来考察交易频率对中俄制度选择行为的影响。前苏联解体后,俄罗斯继承了前苏联的军事大国地位。[④] 俄罗斯尽管国力下滑迅速,但其军事技术与工业仍保持世界一流的水平。因此,中国在武器装配水平上仍部分依赖于俄罗斯的技术转让。中俄之间的军事

[①] 关于90年代前期和中期美国新中亚战略的分析,请参阅万光《美国的新中亚战略》,《现代国际关系》1997年第11期,第13—16页。90年代后期,美国对中亚地区的政治、经济与安全关注逐步上升,经济援助、北约东扩、首脑互访等成为美国推行新中亚战略的重要手段。如1997年美国对中亚的经济援助为6.2亿美元,1998年则为9亿美元,上升了约45%,见万光《美国的新中亚战略》,《现代国际关系》1997年第11期,第14页。

[②] *A National Security Strategy for a New Century*, White House Paper, October 1998. *A National Security Strategy for a New Century*, White House Paper, December 1999.

[③] *The Silk Road Strategy Act of 1999*, 106th Congress, Senate 1st Session 106 45, Report by M. Helms, from the Committee on Foreign Relations, May 11, 1999.

[④] 俄罗斯基本上继承了苏联的军事能力:继承了80%的战略核力量、75%的部队、50%的武器装备和70%的军工企业。

第三章 从"上海五国"到上海合作组织的制度设计

技术合作也是中俄战略伙伴关系的重要基础。一般而言，中俄军事技术合作经历了从单纯的武器贸易到联合军事演习的发展。具体言之，则包括"装备的交换，先进武器技术的转让与共同开发，军事人员的培训，情报互享，军事演习的共同举行等"[1]。前苏联解体前后，中国与俄罗斯之间的军事合作已悄然展开。至1996年中俄建立战略协作伙伴关系以来，中俄之间的军事合作发展迅速。首先，从武器的交易来看，中国从俄罗斯购买了大量的武器装备。[2] 根据俄罗斯相关部门的统计，1996—2001年这五年间，中国一直保持俄罗斯最大武器进口国的地位，约30%—50%的俄出口武器为中国所购买。20世纪90年代，中国从俄罗斯进口了价值100多亿美元的武器装备。其次，从双方军事技术合作方面来看，也是稳步上升。1996年，在中俄签署的军事技术合作备忘录中，俄罗斯同意帮助中国研发新的武器系统。随后几年内，中国和俄罗斯在战斗机、预警机以及教练机等多种武器装备上进行合作。在90年代末期签订的《中俄联合声明》中，双方的军事技术合作均成为一项不可或缺的重要内容。至21世纪初，关于军事技术合作的一个重要突破为双方从法律地位上正式确立了军事技术合作机制与法律框架。2001年7月16日签署的《中俄睦邻友好合作条约》规定：缔约双方在互利的基础上开展"军事技术合作"，并根据本国法律创造必要的良好条件。[3] 这是对军事合作的规范化与法律化的重要举措。此外，中俄之间的联合军事演习在21世纪初也悄然展开，并在双边和多边框架内成功举行多次。总而言之，我们认为从90年代中期到21世纪初，中俄军事合作深度与军火贸易的数额都有很大的提高，表明中俄之间军事交易频率的增大。

冷战后中俄关系的一个显著特征是政热经冷，但在能源合作领域，双方的交易前景广阔且交易额不断上升。20世纪90年代的中俄经济关系很不稳定，每年的贸易额变化起伏不定。世纪之交，双方关于2000年达到200

---

[1] 李承红：《中俄军事技术合作：回顾与展望》，《俄罗斯研究》2004年第4期，第19页。

[2] 关于中俄军事交易的具体数额、款项等，目前中文文献尚难以系统收集。相关英文和俄文研究文献进行过一些整理。因此，本书的数据并非官方数据与观点。本书只对交易频率进行宏观纵向比较，关于具体的交易内容等，可以参阅相关文献：Robert H. Donaldson and John A. Donaldson, "The Arms Trade in Russian-Chinese: Identity, Domestic Politics, and Geopolitical Positioning," *International Studies Quarterly*, Vol. 47, No. 4, 2003, pp. 709 – 732；李承红：《中俄军事技术合作：回顾与展望》；王伟：《中俄战略协作伙伴关系下的军技合作》，《俄罗斯中亚东欧研究》2006年第4期，第62—68页。

[3] 《中俄睦邻友好合作条约》，《中俄元首联合声明和宣言汇编》，世界知识出版社，2003，第132页。

亿美元的预期也未实现,结果只有 80 亿美元。[1] 但 2000 年之后,中俄经济关系有较大的改观,如 2000 年中俄贸易额超过 1993 年 77 亿美元最高峰,并且 2001 年上半年比 2000 年的同期增长达 40%。[2] 1994—2005 年中俄双边贸易额的变化详见表 3-3。从双方的能源合作与交易来看,2000 年之后是一个重要的转折点。2001 年 7 月的中俄峰会,中俄就库页岛到大庆的石油管道达成了协议。进入 21 世纪以来,中俄之间石油交易额呈大幅上升趋势,如 2005 年俄对华石油出口 760 万吨,比 2004 年增长 30%。[3]

表 3-3 中俄双边贸易额的变化(1994—2005)

单位:亿美元

年份	贸易额	同比增长	年份	贸易额	同比增长
1994	50.8		2000	80.03	+39.9%
1995	54.63	+7.6%	2001	106.7	+33.3%
1996	68.5	+25.3%	2002	119.3	+11.8%
1997	61.2	-10.6%	2003	157.6	+32.1%
1998	54.8	-10.5%	2004	212.3	+34.7%
1999	57.2	+4.38%	2005	291	+37.1%

资料来源:中华人民共和国外交部网站,http://www.fmprc.gov.cn/chn/,2006 年 12 月 1 日。

从中亚国家的角度来看,作为前苏联国家,同时受到苏联时期经济职能划分的影响,俄罗斯和中亚国家之间经济互补性较强,贸易往来频繁。然而,虽然中亚国家继承了苏联部分国防工业企业和重工业基础,但除了哈萨克斯坦之外,其他国家并没有建立完整的军工生产体系,刚独立时的塔吉克斯坦甚至没有自己的武装力量,土库曼斯坦则完全无法生产军用产品。而中亚国家继承的苏联军工遗产大部分也是老旧的设施和技术,在国际军火交易市场上并没有较大竞争力,相反在 90 年代时向美国、欧盟购买了大量国防军事技术和武器。另一方面,当时中国在军工生产和军用技术并非处在世界前列,因此中国和中亚国家之间军事技术转让和军火贸易额

---

[1] Tian Chun-sheng, "Sino-Russian Economic Relations and the Future Prospect," *Social Sciences Chinese Academy of Social Sciences Forum*, 1999, p. 143.
[2] Elizabeth Wishnick, "Russia and China: Brothers Again?", *Asian Survey*, Vol. 41, No. 5, 2001, p. 812.
[3] 《聚焦俄罗斯能源:中俄石油贸易仍有扩大空间》,新华网莫斯科 2006 年 4 月 8 日电,最后访问时间:2016 年 6 月 16 日。

一直处在较低的水平。

在整个 90 年代,中国和中亚国家之间的石油交易和经贸往来则有明显的增加。作为里海沿岸国家,哈萨克斯坦等中亚国家蕴含了大量的石油储备,1995 年中国石油天然气公司就和日本三菱财团、美国埃克森石油公司提出了在土库曼斯坦、哈萨克斯坦、乌兹别克斯坦到中国、日本、韩国建造"泛亚全球能源大陆桥"的计划;1997 年 9 月,中哈两国之间则事实达成了从哈萨克斯坦到中国新疆铺设石油管道的协议;进入 2000 年后,中国又就天然气管道建设和运营、电力跨境输送、共同开发水电站等问题与中亚四国达成了协议,进一步推动了中国和中亚国家之间能源合作。在能源合作的拉动下,中国与中亚国家之间的贸易额稳步增长,如表 3-4 所示。同时上海合作组织成员国之间的贸易额占各国对外贸易比例不断上升,到 2001 年时,其中哈萨克斯坦达到 43.2%,吉尔吉斯斯坦达到 53.4%,塔吉克斯坦为 43.2%,新加入的乌兹别克斯坦为 25.4%。[1]

表 3-4　中国与中亚五国贸易额的变化 (1994—2005)

单位:亿美元

年份	贸易额	同比增长	年份	贸易额	同比增长
1994	5.78		2000	18.13	+36.2%
1995	7.81	+35.1%	2001		
1996	7.74	-9.6%	2002	28.81	+58.9%
1997	8.70	+12.4%	2003	41	+42.3%
1998	9.56	+9.9%	2004	58.45	+42.6%
1999	13.31	+39.2%	2005	87	+48.8%

资料来源:赵华胜:《中国的中亚外交》,时事出版社,2008,第 45 页。缺 2001 年数据。

综上,我们通过考察中俄以及中国与中亚国家之间军事技术转让与武器贸易额、石油贸易额等经济贸易额两个指标,可以得出 21 世纪初比 20 世纪 90 年代中期贸易额总体增长,由此表明双方的交易频率增大了。根据国际制度选择的交易成本模型中的假说 6,交易频率越高,缔约国越有可能选择制度化水平较高的国际制度形式。随着在传统安全与非传统安全领域中彼此交易物资数量与金额的增加,相关各方更可能选择制度化水平更高的国际制度形式。

---

[1] 邢广程主编《上海合作组织发展报告 (2009)》,第 94 页。

总而言之，在上海合作组织建立过程中，由于相关缔约国在不同的阶段交易成本不同，各国在不同时期对区域安全合作的制度形式的态度会发生一定的变化。21世纪初，相关缔约国选择制度化水平较高的国际制度安排的时机已经成熟，因此"上海五国"进一步演进为上海合作组织的制度形式。当然，由于不同缔约国的交易成本不同，各个国家对上海合作组织制度形式的态度存在一定的差别。经由前文的分析，我们发现中国和俄罗斯在大部分领域资产专用性较强、不确定性较大，从而两国对于上海合作组织的支持力度和重视程度较高。这也就是为什么中国积极推动上海合作组织的成立以及推进上海合作组织的制度化进程的缘由。

第四章　APEC和中国-东盟自由贸易区的制度设计

第一节　问题的提出

亚太经合组织（APEC）是中国参与的第一个区域经济合作机制。1991年11月，在汉城召开的第三届APEC部长级会议宣布接纳中国为APEC成员。中国自此积极参与了APEC贸易和投资自由化与便利化、经济技术合作、金融合作等进程。基于对APEC性质、特征与重要性的认识，中国提出了"APEC方式"（APEC approach），其核心内容在于"自主自愿的非机制化原则"。换言之，中国希望APEC保持其较低的制度化水平，反对任何含有让渡主权内容的"共同体"设想。中国与美国等发达成员在这一问题上发生了多次交锋，表明了中国对"APEC方式"的强烈偏好。

1993年7月，美国总统克林顿提出了"新太平洋主义"。10月，以美国经济学家弗雷德·伯格斯腾为主席的APEC知名人士小组向各成员提交了一份《走向亚太经济共同体》的展望报告。这个报告认为，APEC成员应该从西雅图会议开始就着手建立一个真正的亚太经济共同体，以保持本地区的繁荣与稳定。这一建议显然符合美国的战略意图，但在中国看来却是不可接受的。正如时任中国APEC高官王嵎生大使所说的："这是要改变APEC的性质，把APEC的缩写字母'C'所代表的'COOPERATION'（合作）变为'COMMUNITY'（共同体）。APEC还是APEC，但将不是原来意义上的'合作'论坛，而是一个具有约束性的'共同体'了。"[①] 在西雅图APEC领导人会议前的高官会上，由于中国和多数发展中成员的反对，美国代表不得不表示在有关文件中将COMMUNITY的大写C改为小写c，从而将"共同体"概念变成了一般的"大家庭"的概念。即使如此，中国代表仍然坚持删除"建立大家庭"的文字，但同意提到"大家庭意识/精神"。

---

① 王嵎生：《亲历APEC——一个中国高官的体察》，世界知识出版社，2000，第35页。

西雅图会议的《经济展望声明》反映了各方立场的妥协,但关于 APEC 制度形式的争论并没有结束。茂物会议关于建立"自由贸易区"还是推动"地区贸易自由化"的问题、大阪会议关于如何落实茂物蓝图产生的问题实际上仍然是西雅图会议以来大 C 和小 c 争论的继续。为了就什么是"大家庭精神"取得共识,"以免 APEC 在前进过程中走偏了方向",王嵎生同外交部国际司多次进行探讨,并听取了专家们的意见,提出了关于"APEC 方式"的初步主张和建议,得到了外交部领导的批准。① 江泽民主席 1996 年在苏比克会议上对"APEC 方式"的概念和内容进行了高度的概括:"APEC 成立以来,在实践中积累了一些经验,初步形成了独具特色的工作方式,也就是人们所说的亚太经合组织方式。这种方式的特点是承认多样化,强调灵活性、渐进性和开放性;遵循相互尊重、平等互利、协商一致、自主自愿的原则;单边行动计划与集体行动计划相结合,在集体制定共同目标指引下,APEC 各成员根据各自不同的情况作出自己的努力。这些原则和做法照顾了合作伙伴不同的经济发展水平和承受能力,使他们不同的权益和要求得到较好的平衡。"②

在中国的大力倡导和不懈坚持下,APEC 保持了官方论坛的性质。APEC 一切重大问题的决策和规定都是建立在自愿基础上,是经过磋商而不是谈判,是寻求政治共识和承诺而不是签订正式协定。APEC 通过的各种宣言、声明、行动议程等文件发挥着引导方向的作用,但没有国际法意义上的约束。由于 APEC 方式和运行机制的非约束性以及不具备实体组织的功能性和国际法人地位,APEC 成员完全可根据国内的实际利益和需要来执行会议的有关文件和对待 APEC 进程中的各项合作议程。③

APEC 在 1997 年亚洲金融危机爆发时无所作为,部门自愿提前自由化的失败严重挫伤了各成员推进 APEC 进程的积极性。越来越多的成员把注意力转向次区域和双边的自由贸易安排上。面对这种趋势,中国在坚持"APEC 方式"的同时,也逐步调整了区域经济合作战略。2000 年 4 月,中国加入《曼谷协定》,这是中国加入的第一个正式的区域经济制度安排。2000 年 11 月,第四次"10+3"会议去掉了非正式一词,表明"10+3"模

---

① 王嵎生:《亲历 APEC——一个中国高官的体察》,第 103 页。
② 《江泽民主席在 APEC 第四次领导人非正式会议上的讲话》,中华人民共和国外交部网站, http://www.fmprc.gov.cn/web/gjhdq_676201/gjhdqzz_681964/lhg_683190/zyjh_683200/t5233.shtml,最后访问时间:2016 年 6 月 16 日。
③ 宫占奎等:《APEC 运作机制研究》,南开大学出版社,2005,第 270 页。

式正在走向制度化的轨道。2000年11月,中国国务院总理朱镕基在新加坡举行的第四次中国-东盟领导人会议上,首次提出建立中国-东盟自由贸易区(CAFTA)的构想。2003年,签署了内地与香港更紧密经贸关系协议(CEPA)和内地与澳门更紧密经贸关系协议。[①] 经过几年的努力,中国区域经济合作模式的制度化趋势越来越明显。作为中国参加的第一个自由贸易区,CAFTA的制度建设最引人注目。

在1999年于马尼拉召开的第三次中国-东盟领导人会议上,朱镕基总理提出中国愿加强与东盟自由贸易区的联系。这一提议得到东盟国家的积极回应。2002年11月,朱镕基总理和东盟10国领导人共同签署了《中国-东盟全面经济合作框架协议》(以下简称《框架协议》),为CAFTA确立了法律基础。根据《框架协议》,2010年中国与东盟老成员,即文莱、印度尼西亚、马来西亚、菲律宾、新加坡和泰国建成自由贸易区(FTA),2015年和东盟新成员,即越南、老挝、柬埔寨和缅甸建成FTA。2004年11月,双方签署《中国-东盟全面经济合作框架协议货物贸易协议》(以下简称《货物贸易协议》)和《中国-东盟全面经济合作框架协议争端解决机制协议》(以下简称《争端解决机制协议》)。2007年1月,双方签署《中国-东盟全面经济合作框架协议服务贸易协议》(以下简称《服务贸易协议》)。2009年8月,双方签署《中国-东盟自由贸易区投资协议》(以下简称《投资协议》)。这些法律文件的生效和实施,使中国与东盟间的经济合作进一步规范化和制度化。

作为经济一体化的一种制度形式,FTA具有明显的强制性特征,对各成员形成了有力的约束。各成员必须通过谈判让渡一部分经济主权以达成协议并承担法律义务,这明显不同于自主自愿、灵活松散、协商一致的"APEC方式"。从制度化水平来衡量,CAFTA介于正式协议与一般的正式国际组织之间,而APEC则介于非正式协议与正式协议之间,如图4-1所示。

从APEC到CAFTA,中国参与区域经济合作的制度化水平显著提高了。两个区域经济合作制度的发展都强调了协商一致,因而无论APEC还是CAFTA的制度形式,都是中国自主选择的结果。那么,为什么中国关于制度形式的偏好会发生上述的变化?换言之,中国在参与区域经济合作时为什么会选择不同的制度形式?[②]

[①] 刘晨阳主编《中国参与的区域经济合作组织研究》,中国商务出版社,2007,第418页。
[②] 由于APEC和CAFTA的成员范围不同,中国提出"APEC方式"和发起建立CAFTA的时间也不同,下文的比较既有涉及成员范围的横向比较,也有涉及时间范围的纵向比较。

```
        APEC         CAFTA
←————————————————————————————————→
   非正式协议   正式协议   一般的正式    超国家组织
                        国际组织
```

图 4-1　APEC 和 CAFTA 的制度化水平

第二节　既有的文献及其不足

已有的对 APEC 和 CAFTA 进行比较分析的文献很少，但部分学者探讨了 APEC 与 CAFTA 的相互影响。比如史祺讨论了东盟中国"10+1"对 APEC 方式的影响，认为前者能够通过使中国和东盟达成共识，从而对 APEC 的发展起到促进作用。[①] 而齐敏和杜宇琛则指出 CAFTA 会改善发达国家控制 APEC 的局面，加快 APEC 自由化进程和建立自由贸易区的步伐，其运行机制也将影响 APEC 机制的发展方向。[②]

对 APEC 的制度形式进行研究的文献较为丰富，其中比较具有代表性的成果是宫占奎的研究。宫占奎总结了 APEC 在基本原则、组织模式、运作方式、时间安排、活动内容和自由化体系上的制度创新，指出 APEC 方式的核心是"自主自愿"。[③] 他将 APEC 与欧洲经济共同体（EC）和北美自由贸易区（NAFTA）的模式进行了对比，并表明 EC 和 NAFTA 是封闭型区域经济集团和正式的区域经济集团，而 APEC 是具有某种机制化性质的开放性官方论坛。[④] 宫占奎指出，APEC 机制存在反应迟缓、行动不力的弊病，且 APEC 缺乏法律约束力和争端解决机制，这使其作为区域性经济组织的合作机制的效果大打折扣。[⑤]

[①] 史祺：《中国-东盟自由贸易区与 APEC 方式》，《国际经济合作》2003 年第 8 期。

[②] 齐敏、杜宇琛：《APEC 与中国-东盟自由贸易区的相互影响》，《辽宁工程技术大学学报（社会科学版）》2004 年第 6 期。

[③] 宫占奎：《亚太经合组织制度创新研究》，《南开学报》1999 年第 5 期。

[④] 宫占奎：《APEC 贸易投资自由化和经济技术合作研究——兼论 APEC 制度创新》，南开大学出版社，1999。宫占奎：《APEC 贸易投资制度框架与政策比较》，中国对外经济贸易出版社，2001。

[⑤] 宫占奎等：《APEC 运作机制研究》，南开大学出版社，2005。

第四章 APEC 和中国 – 东盟自由贸易区的制度设计

在这些文献中，一些文献专门探讨了 APEC 特定的制度形式选择的原因。王子昌认为作为国际合作机制的一种创新，"APEC 方式"是由"亚太经合组织内发达经济体和发展中经济体的利益博弈类型及其复杂性决定的"。[①] 他运用博弈论对此进行了分析，认为 APEC 合作主体的特殊性要求合作制度的灵活性，强调协商对话和自愿行动的"APEC 方式"节约了谈判成本和监督成本，有利于合作制度的达成。[②] 戴念龄指出，"亚太地区经济合作主体间利益的多样化以及经济合作过程中利益的冲突"，使它们建构了创新性的"APEC 方式"。[③] 罗小军认为 APEC 机制的建立是因为它能减少不完全市场的不确定性和交易成本，使期望的外部利润内部化。[④] 但这并不能解释 APEC 机制的"特殊性"。维诺德·阿格瓦尔（Vinod Aggarwal）指出 APEC 的制度化水平较低，具有议题领域松散和成员身份开放等特征，而这主要是由于在亚太地区权力分配的状况使美国难以为促进强机制建设而做出短期经济利益的牺牲。[⑤] 刘均胜将 APEC 制度化水平较低的原因归结为成员在实力和发展程度上极大的异质性、由于成员价值取向和目标的不同而导致的共有理念的缺失和亚太地区"第一集团"的缺失。[⑥] 蔡鹏鸿提出 APEC 方式本质上是东盟方式的扩大和延伸，认为 APEC 仅是个协商机制。[⑦] 尼克尔·加兰特（Nicole Gallant）指出 APEC 试图超越其作为一个"清谈馆"（talk shop）的身份的倾向性使 APEC 陷入了困境，因为成员关于 APEC 应该在地区合作中发挥怎样的作用有不同的意见：西方国家希望 APEC 更积极主动地发挥作用，亚洲国家则希望 APEC 保持论坛的身份。[⑧] 张献认为 APEC 是机构、制度和规则的综合体，具有国际人格，拥有法定的行为能

[①] 王子昌：《博弈类型与国际机制——APEC 方式的博弈论分析》，《东南亚研究》2002 年第 4 期。
[②] 王子昌：《博弈类型与国际机制——APEC 方式的博弈论分析》，《东南亚研究》2002 年第 4 期。
[③] 戴念龄：《经济一体化与制度变迁——兼论 APEC 的制度创新》，《学术月刊》2000 年第 11 期。
[④] 罗小军：《制度信仰与价值：APEC 困境及前景——对 APEC 的一个新制度经济学浅析》，《世界经济研究》2001 年第 4 期。
[⑤] Vinod Aggarwal, "Withering APEC? The Search for An Institutional Role," in Joern Dosch and Manfred Mols, eds., *International Relations in The Asia-Pacific: New Patterns of Power, Interest and Cooperation*, New York: St. Martin's Press, 2000, pp. 67 – 86.
[⑥] 刘均胜：《APEC 模式的制度分析》，《当代亚太》2002 年第 1 期。
[⑦] 蔡鹏鸿：《亚太自由贸易区对 APEC 机制化进程的影响》，《世界经济研究》2005 年第 2 期。
[⑧] Nicole Gallant, and Richard Stubbs, "APEC's Dilemmas: Institution-building around the Pacific Rim," *Pacific Affairs*, Vol. 70, No. 2, 1997, pp. 203 – 218.

力。他指出APEC避免成为封闭型区域集团，"是因为考虑到搞封闭的区域贸易集团不利于亚太区域经济的增长，不适合亚太区域的实际情况"，并且"它的灵活性、渐进性"使成员更容易接受贸易投资自由化和经济技术合作方面的建议。①

对CAFTA的制度形式进行研究的文献也比较丰富，但其中很少有文献对CAFTA特定的制度形式得以产生的原因进行分析。陈万灵、吴喜龄认为CAFTA缺乏组织机构对运作进行统领，协商制度也没有定期化，因而制度化水平较低。她们基于"囚徒困境"的博弈论模型，指出在中国与东盟的经贸合作中应当努力扩大共同利益，树立负责任的态度以稳定未来预期，构建"两国合作"的典范，使己方利益对对方公开化，并构建公平合理的合作规则。②李玉娟对CAFTA的法律基础（五大法律文本）的内容进行了分析，指出CAFTA的法律框架基本建成，但内容却不够完整。③罗刚比较了CAFTA与NAFTA的法律制度，分析了二者在主导权、组织结构和关税减让上的差异。他指出，美国在NAFTA内有着绝对的主导作用，而CAFTA并没有一方作为主导；NAFTA的协商制度更为健全，而CAFTA内各种协调制度尚未完善。④

许多文献都对CAFTA制度安排的某一方面进行了专门的研究，其中有关CAFTA争端解决机制的文献最为丰富。孙志煜提出CAFTA争端解决机制的实践"令人颇为失望"，因为成员国仍习惯采用外交方式解决争端，使仲裁程序难以发挥效用。考虑到为中国东盟对话机制而建立磋商的争端解决机制在实践中会由于时间上的严格限制和第三方指导的缺乏，"显得分散而无序"。⑤孙志煜在另一篇论文中进一步明确指出了CAFTA争端解决机制中制度疏离实践的问题，并认为"东盟方式"的渗透是造成该问题的关键性原因。⑥许敏认为CAFTA争端解决机制是以WTO争端解决规则及程序的谅解为蓝本建立的，但CAFTA磋商机制中要求被请求方给予回复的时间更短，

---

① 张献：《APEC的国际经济组织模式研究》，法律出版社，2001。
② 陈万灵、吴喜龄：《中国与东盟经贸合作战略与治理》，社会科学文献出版社，2014。
③ 李玉娟：《中国-东盟自由贸易区法律制度框架存在的问题研究——基于与WTO法律制度比较分析》，《上海立信会计学院学报》2010年第24期。
④ 罗刚：《自由贸易区法律制度比较研究——以中国-东盟自贸区为视角》，《云南大学学报》2007年第20期。
⑤ 孙志煜：《国际制度的表达与实践——以中国-东盟自由贸易区争端解决机制为样本的分析》，《暨南学报》2012年第34期。
⑥ 孙志煜：《区域经贸争端解决的制度与实践》，《法学评论》2011年第1期。

从而导致磋商机制"形同虚设";且 CAFTA 仲裁机制并没有设立一个第三方的管理机构,因而 CAFTA 的争端解决机制比 WTO 的争端解决机制显得更为不成熟。[①] 还有学者对 CAFTA 其他方面的制度进行了研究。杨健学指出中国－东盟自由贸易区内缺少国际投资保护制度,在国际法层面上,多边投资保护措施由于没有"明确将成员国与其他成员国的私人企业发生的争端列入争端解决的范围",因而在实践中难以发挥效用。[②] 付文佚和邓翠颖研究了 CAFTA 海外投资保险制度,认为它对促进中国和东盟间投资的发展具有积极的意义。[③] 任伟和郑志峰指出 CAFTA 成员国缺乏汇率协调机制的现实,并对此提出了建立区域汇率协调机制的构想。[④] 秦建荣和周长青对 CAFTA 报复制度进行了分析,指出它具有难以保证公平、损害多边贸易体制和容易滥用的缺陷和不足。[⑤]

总体来说,关于 APEC 和 CAFTA 制度形式的既有文献并不算少,但缺乏对其成因的解释。有文献从交易成本的角度对 APEC 较低的制度化水平进行了解释,但基本上都是从成员的异质性角度进行的分析,而几乎没有文献对 CAFTA 的制度化水平进行衡量并予以解释。此外,关于 APEC 制度本身的特征的文献较为丰富,而对 CAFTA 制度总体特征进行讨论的文献相对匮乏,不过有大量的文献对 CAFTA 制度的一些方面诸如争端解决机制等进行了专门的研究。

第三节 APEC 与 CAFTA 的制度化水平比较

APEC 与 CAFTA 都不是正式的国际组织,在制度化水平上分别接近于非正式协议和正式协议,但又有自己的特点。由于对"协调的单边主义"的贯彻,APEC 的决议并不对成员产生约束,因而并非正式的国际协议。但由于 APEC 具有常设性的组织机构并对成员的承诺进行评审和监督,因而其决议又比一般的非正式协议具有更高的制度化水平。CAFTA 的一系列协议

---

① 许敏:《试论 CAFTA 争端解决机制》,《云南大学学报》2007 年第 20 期。
② 杨建学:《中国－东盟自由贸易区国际投资保护制度分析》,《财经科学》2008 年第 7 期。
③ 付文佚、邓翠颖:《论中国－东盟自由贸易区海外投资保险制度》,《昆明理工大学学报(社会科学版)》2011 年第 3 期。
④ 任伟、郑智峰:《论 CAFTA 成员国汇率协调机制的构建》,《经济问题探索》2007 年第 3 期。
⑤ 秦建荣、周长青:《论中国－东盟自由贸易区报复制度的缺陷及其完善——兼论 CAFTA 对 WTO 报复制度的借鉴》,《学术论坛》2007 年第 3 期。

都是对成员具有较强约束力的条约,且还设有包含法律手段的争端解决机制,因而 CAFTA 的制度化水平要高于一般的正式协议。

APEC 较低的制度化水平主要体现在组织机构和运行方式上。APEC 具有一种特殊的四层次组织结构,从上往下依次为:APEC 领导人非正式会议、APEC 部长级会议、APEC 高官会议及一些功能性机构。[1] 作为 APEC 合作的最高决策机构,领导人非正式会议虽然每年定期举行,但不设主题,不强制所有成员参加,也不签署任何协议。APEC 领导人会议结束时会根据 APEC 高官会议准备的草案和领导人会议举办时领导人提出的新倡议发布领导人宣言,不过宣言本身表达的合作愿望和做出的政治承诺仅对成员具有"信誉约束"。APEC 部长会议同样每年召开一次,由各成员国的外交部长和经贸部长参加。"双部长会议"向下听取和审议高官会的报告,向上对领导人会议的最高决策提供根据和建议,事实上是 APEC 组织机构中的决策层[2]。部长会议还包括不定期举行的专业部长会议,就贸易、教育、科技、人力资源和卫生等专业领域由 APEC 成员相应部门的部长进行专门讨论。其中的贸易部长会议已经定期化,于每年中期专门讨论贸易投资问题。第三层次上的 APEC 高官会议是常设高层机构,全面负责 APEC 所有重要问题的讨论。高官会议向下监督和协调第四层次上的各功能性机构的工作,并执行第一层次和第二层次上的决议;向上提交经磋商后达成共识的报告供部长会议审议,并为领导人和部长级会议做准备。第四层次上的 APEC 工商咨询理事会(ABAC)、APEC 秘书处、APEC 高官会下属专业委员会和工作组作为功能性机构,是 APEC 的执行层次。其中 APEC 高官会下属的四个专门委员会和十二个经济技术合作专业小组是这一层次的主体。它们负责就具体领域的合作提出措施、建议和制定计划,此外经济委员会负责对经济的总体形势进行研究,行动和预算委员会负责对 APEC 的预算进行起草、评估和检查。从此四层次组织结构可以看出,APEC 并不具有正式的国际组织的特征[3]。如联合国、WTO、IMF、世界银行等组织,在功能性机构上十分发达,而 APEC 的功能性机构并不具有众多层次。APEC 组织机构的重点是每年召开的领导人非正式会议和部长级会议,常设性的高官会和功能性组织

---

[1] 详见 Werner Draguhn, Eva Manske, and Jürgen Rüland, eds., *Asia-Pacific Economic Cooperation (APEC): The First Decade*, New York: Routledge, 2002。

[2] 宫占奎等:《APEC 运作机制研究》,第 42 页。

[3] 虽然 APEC 也在新加坡设有常设性事务机构——APEC 秘书处,但秘书处仅负责辅助性的行政和财务工作,并不具有设计会议议题的实权。

第四章　APEC 和中国－东盟自由贸易区的制度设计

的主要工作是为最高两个层次上的会议做准备，而在执行领导人非正式会议和部长级会议决议上并不具有实际的权力。

APEC 的运行机制包括两个部分：决策的制定和决策的执行。APEC 的决策制定过程正如上所述，主要是由第四层次上的功能性组织就具体议题领域提出措施、建议和计划，然后在第三层次上进行磋商和讨论从而达成共识并向第二层次提交报告，第二层次对报告进行审议并为第一层次准备草案，最后在第一层次发表领导人宣言，并在第二层次上通过发表部长联合声明对领导人宣言的具体内容进行详细的阐释。在决议制定的过程中，APEC "没有投票，没有任何一方有权力迫使其他成员采取任何违背其意愿的选择……事实上也没有谈判"[1]。即使存在 "讨价还价"，也仅存在于第三层次上；且面对成员立场差距过大的议题，在这一层次上就予以搁置或排除[2]。更重要的是，APEC 的决议本身并不具有法律效力，对其成员也不具有约束力，因而 APEC 的制度化并未达到正式协议的水平。APEC 决议的执行主要依靠成员的单边行动计划（IAPs）。APEC 虽然对 IAPs 的基本框架做了要求——需要提及贸易投资自由化和便利化的 15 个具体领域，并对 IAPs 的执行进行定期评审和监督，但成员在制定计划、提交计划、执行计划上都具有完全的自主性。而与 IAPs 协调的集体行动计划，对成员经济领域合作的透明度、政策对话、研究与评估、便利化活动、经济技术合作、能力建设等方面做出规定并进行滚动式修订，可是集体行动计划与对 IAPs 的评审一样仅对成员造成隐形的压力。尽管 APEC "协调的单边主义"赋予了成员在执行决议上极大的自主权，但其决议文件从本身的性质看又是高于一般的非正式协议的。宣言或者声明的执法性虽然弱，但作为多方领导人和部长会谈后的发布的正式文件，其地位显然高于一般的非正式协议。

与 APEC 一样，CAFTA 的组织机构同样依赖于成员对已达成协议的实施。但与 APEC 不同的是，CAFTA 的决策制定过程是基于成员的谈判，决策本身具有法律效力，对成员具有约束力。CAFTA 主要由双方的《货物贸易协议》、《服务贸易协议》、《投资协议》与《争端解决机制协议》几个框架文件构成，此外还有多边协议《中国－东盟自由贸易区原产地规则》（原产地规则）和《中国－东盟自由贸易区原产地规则签证审查程序》（原产地

---

[1] Vinod K Aggarwal, "Withering APEC? The Search for An Institutional Role," in Joern Dosch and Manfred Molseds., *International Relations in the Asia-Pacific*: *New Patterns of Power, Interest and Cooperation*, p. 69.

[2] 宫占奎等：《APEC 运作机制研究》，第 48—49 页。

规则签证审查程序）。CAFTA 并不是正式的国际组织，更没有设立超国家机构，协议主要靠成员各方自我实施。但与 APEC 仅仅依靠成员的承诺作为约束不同，尽管 CAFTA 也强调对话磋商和协调一致，但最终的决策却比 APEC 具有更高的法律效力，而且 CAFTA 同时设有争端解决机制作为安全阀。

CAFTA 的组织模式可以描述为两个平行层次：一个层次上是中国－东盟区域经济合作的四个合作机制，另一层次上是前述 CAFTA 的各项协议。前一层次包括"中国－东盟领导人会议"、"部长级会议"、"高官会"与"中国－东盟联合合作委员会"。这一层次上中国与东盟的对话促成了建立中国－东盟自贸区的共同目标。其中的"中国－东盟经济贸易合作联合委员会"框架下成立了中国－东盟经济合作专家组，"中国－东盟高官磋商"机制下成立中国与东盟贸易谈判委员会，负责了最初的《中国－东盟全面经济合作框架协议》的制定和自贸区建设的推进。目前，中国－东盟领导人会议主要就"中国－东盟关系的发展做出战略规划和指导"[①]。部长级会议分为十一个会议机制：外交、商务、文化、交通、海关署长、总检察长、卫生、电信、新闻、质检和打击跨国犯罪；会前召开高官会为会议做准备。中国－东盟联合合作委员会由东盟常驻代表委员会和中国驻东盟大使出席，主要负责中国和东盟在各领域的务实合作。[②] 这些会议机制是中国－东盟重要的对话机制，为双方就 CAFTA 各项协议的实施和未来发展提供交流沟通的平台。另外还有"中国－东盟商务理事会"作为中国与东盟代表商界的对话机制，是目前 CAFTA 进入实质性运作阶段的一个常设机制。[③]

在后一层次上，《货物贸易协议》、《服务贸易协议》、《投资协议》在国际法意义上都是具有较强约束力的双边条约，因而 CAFTA 具有正式协议的性质；但《争端解决机制协议》的签署和实施使 CAFTA 比一般的正式协议具有更高的制度化水平。该协议适用于《中国－东盟全面经济合作框架协议》下发生的所有争端，并要求缔约方制定一个负责该协议所规定的所

[①] 中国－东盟自由贸易区商务门户："中国－东盟自贸区介绍"，网址：http://www.cn-asean.org/index.php?m=content&c=index&a=show&catid=179&id=408，最后访问时间：2016年6月16日。

[②] 中国－东盟自由贸易区商务门户："中国－东盟自贸区介绍"，网址：http://www.cn-asean.org/index.php?m=content&c=index&a=show&catid=179&id=408，最后访问时间：2016年6月16日。

[③] 另还设有中国－东盟行业合作会议，其中又包括中国－东盟物流行业委员会、食品行业委员会、建材行业委员会、鞋业行业委员会、咖啡行业委员会、红木及家具行业委员会。

有联系事务的办公室。争端的解决主要有磋商、调节或调停和仲裁三种和平解决国际争端的方式。其中磋商与调节或调停均属于政治解决方法（外交方法），前者要求被诉方在收到磋商请求之日起七天内作出答复，并尽最大努力对有关事项达成双方满意的解决办法；后者则可以由争端双方随时开始和终止。仲裁是法律解决方法，适用于外交方法不能解决的争端。仲裁庭由被诉方设立，并基于一致做出裁决，若不能取得一致，则依多数意见做出裁决，其裁决对争端各方均有约束力。[1] CAFTA 的争端解决机制"为自贸区提供了必要的法律基础和保障"，也是自贸区"制度化、法律化"的尝试。[2]

与 APEC 相比，CAFTA 目前还没有常设机构。但 CAFTA 协议的达成是多方协商的结果，且协议对成员具有较强的约束力，还有包含法律解决方法的争端解决机制作为协议实施的安全阀。而 APEC 所缔结的条约是仅有道德约束意义的"共识"和"声明"，而成员在单边行动计划的制定和实行上具有基本完全的自主性。因而，CAFTA 比 APEC 具有更高的制度化水平。

第四节 中国参与 APEC 和 CAFTA 的交易成本与制度设计

由于制度化水平的差异，APEC 和 CAFTA 为约束、限制有关成员行为提供了不同的治理结构。中国作为 APEC 和 CAFTA 的成员，由此面临不同的交易成本约束。下面分别从影响交易成本大小的六个变量出发来考察中国为什么对 APEC 和 CAFTA 的制度形式具有不同的偏好。

一 问题领域敏感性

在宽泛的意义上，APEC 和 CAFTA 所管理的问题领域都是属于"低政治"的经济领域，都涉及货物贸易和服务贸易自由化、投资自由化、经济技术合作等议题，而且主要的议题都是贸易自由化。2001 年 3 月研究讨论中国 - 东盟双边经济联系、提供贸易和投资便利问题的中国 - 东盟经济合作专家组正式成立。2001 年 11 月，在第五次中国与东盟领导人会议上，各方领导人就 10 月专家组提交的研究报告达成了共识，决定在 10 年内建成中

---

[1] 尤安山：《中国 - 东盟自由贸易区建设》，上海社会科学院出版社，2008，第 162 页。
[2] 尤安山：《中国 - 东盟自由贸易区建设》，第 162 页。

国与东盟之间的自贸区，并尽早启动谈判。2002年5月，中国与东盟谈判委员会第一次会议正式启动了关于建立自贸区的谈判进程。2002年11月，在第六次中国-东盟领导人会议上达成了《框架协议》，确定了货物和服务贸易自由化为合作的主要目标，并将建成自贸区的时间提前到2010年。此后中国与东盟分别于2004年11月、2007年1月与2009年8月签署了《货物贸易协议》、《服务贸易协议》和《投资协议》。从最初提出设想到建成自贸区，谈判所涉及的均为经济合作问题，CAFTA也一直都是一个以货物贸易自由化为主的纯经济性联盟。①

但APEC的情形要更为复杂一些。在APEC刚刚成立的时候，会议只讨论经济合作问题，不讨论政治安全问题。1993年11月，在西雅图召开了第一次APEC领导人非正式会议，会议发表了《贸易和投资框架宣言》和《经济展望声明》，首次确立了APEC的目标是实现成员间的贸易和投资自由化。1995年11月，在大阪召开APEC第三次领导人非正式会议，并发表《APEC经济领导人行动宣言》，提出了将贸易投资的自由化、贸易投资的便利化和经济技术合作作为APEC合作领域的"三个支柱"。② 由此可见，APEC合作的主要目标和主要内容都是经济合作和经济发展。但是在APEC进程中，特别是在1997年"从憧憬到行动"遇到挫折后，APEC成员开始在"三个支柱"以外扩展其他的合作领域③，例如金融安全、反恐、卫生安全、能源安全、备灾、反腐败等。美国一再试图将政治问题引入APEC论坛，甚至发起了APEC能否进一步讨论军事问题的辩论。"9·11"事件以后，反恐合作正式纳入APEC领导人会议。上海会议发表了《反恐声明》，其后又进一步建立反恐合作机制。④ 2002年APEC峰会上反恐成为了会议的主要焦点。2003年，第十一次APEC领导人会议再次将加强安全领域的合作作为议题。2004年，第十二次APEC领导人会议将加强人类安全、推动良政、建立知识社会纳入议题，并批准了《反腐败和保证透明度圣地亚哥承诺》。2006年，APEC领导人会议将安全确定为会议的四个主要议题之一，领导人对各种形式的恐怖主义进行了谴责。2007年的APEC领导人会议上，

---

① 尤安山：《中国-东盟自由贸易区建设》。
② 同时通过的《执行茂物宣言的大阪行动议程》（简称《大阪行动议程》）分为两部分：贸易投资自由化和便利化，以及各具体领域的经济合作。因而也有学者概括为"两大支柱"。
③ 盛斌、殷晓红：《APEC发展的政治经济分析》，南开大学出版社，2005，第221页。
④ 宫占奎等：《APEC运作机制研究》，第199—218页。

"气候变化、能源安全和清洁发展"又成为焦点并通过了相应的宣言。① 由于这些非经济议题特别是其中的政治安全议题比经济议题具有更大的敏感性，APEC 议题的扩展不能不引起中国的疑虑。

此外，APEC 是中国加入的第一个区域经济合作机制。在此之前中国很少与其他国家或集团开展贸易投资领域的自由化合作，没有任何与其他成员进行自由化谈判的经验，甚至缺乏相关的评估手段来衡量自由化之后的成本和收益。APEC 如果采用制度化水平更高的制度形式，中国只能在自由化目标、步骤、时间表等问题上听从发达成员的安排。更为重要的是，在 20 世纪 90 年代初，中国的市场开放程度处于较低的水平。作为 APEC 成员中市场开放程度最低的国家之一，APEC 的进一步制度化将迫使中国在自由化领域迈出更大的步伐，国内经济发展也将遇到更大的挑战。因此，灵活自愿基础上的协商一致方式是中国当时的最佳选择。进入 21 世纪以来，随着中国越来越密切地融入国际经济体系，中国在与其他成员进行自由化谈判时增强了自信。逐步制度化的自由化进程不仅可以确保有利于为中国发展外向型经济创造良好的外部环境，同时也对中国国内的改革形成一种外部压力。②

综合上述两个方面，对中国而言，CAFTA 和 APEC 相比具有更低的问题领域敏感性。根据国际制度选择的交易成本模型中的假说 1，问题领域敏感性程度越低，缔约国越有可能选择制度化水平较高的国际制度形式。因而与参与 APEC 相比，中国在建立 CAFTA 时具有更多的可能接受制度化水平较高的区域经济合作形式。

二 国家同质性

国家同质性指的是不同国家在政治制度、经济体制、意识形态、法律体系、文化传统、宗教信仰以及语言等方面的一致性或相似性程度。③ 与欧盟和 NAFTA 相比，APEC 成员在这些指标上具有了更大的多样性和差异性。仅就经济发展水平而言，APEC 成员中既有美国、日本这样的发达国家和地

---

① 以上关于 APEC 几次领导人会议的议题详见孟夏《中国参与 APEC 合作问题研究》，南开大学出版社，2010，第 6—10 页。
② 刘晨阳主编《中国参与的区域经济合作组织研究》，第 187—188 页。
③ 由于 APEC 与 CAFTA 的合作都是经济领域的合作，与政治制度、意识形态、法律体系、文化传统、宗教信仰、语言等因素相关性很小，因而在这里仅对成员间经济发展水平和经济体制进行比较分析。

区，也有韩国、新加坡这样的新兴工业化国家和地区，还有中国、越南这样的发展中国家和地区。这些国家间的人均GDP差别十分明显，根据世界银行的统计数据（如表4-1所示），在1993年人均GDP在10000美元以上的国家和地区有美国、日本、加拿大、澳大利亚、新西兰、新加坡、文莱和中国香港，而人均GDP不足1000美元的国家和地区有印度尼西亚、菲律宾、巴布亚新几内亚和中国。根据2002年的统计数字，美国人均GDP为36407美元，而越南仅为423美元，几乎相差90倍。[①] 从图4-2中可以看出，APEC成员人均GDP的数值十分分散，不仅是最富裕成员与最不富裕的成员经济发展水平差别很大，富裕成员和不富裕成员在数目上也分庭抗礼。

表4-1 APEC成员人均GDP

单位：美元

	1988年	1993年	1998年
美国	31883.5	33695.6	38434.8
日本	28235.7	32269.7	33397.1
加拿大	28095.0	27209.8	30756.3
澳大利亚	24007.6	25145.9	28956.5
新西兰	21260.6	20859.1	22825.8
新加坡	14616.5	19398.3	22123.3
泰国	1379.0	2060.5	2171.0
印度尼西亚	721.3	985	1042.9
菲律宾	964.4	949.1	1025.0
巴布亚新几内亚	772.9	962.8	863.0
马来西亚	2802.5	3813.3	4408.0
文莱	28397.3	26711.3	25613.0
墨西哥	6240.2	6946.3	7415.4
智利	3735.4	5126.1	6602.2
秘鲁	2378.8	1912.6	2314.3
韩国	7718.0	10566.9	12778.1
中国大陆	442.3	637.1	982.5
中国台北	9136.0	12160.0	13819.0

[①] 宫占奎等：《APEC运作机制研究》，第274页。

续表

	1988 年	1993 年	1998 年
中国香港	16767.5	20251.1	20444.4
越南	278.6	355.4	489.1
俄罗斯	5883.7	4207.4	3282.9

资料来源：世界银行 http://data.worldbank.org.cn/indicator/NY.GDP.PCAP.CD；中国台湾统计资讯网 http://www.stat.gov.tw/mp.asp?mp=4。

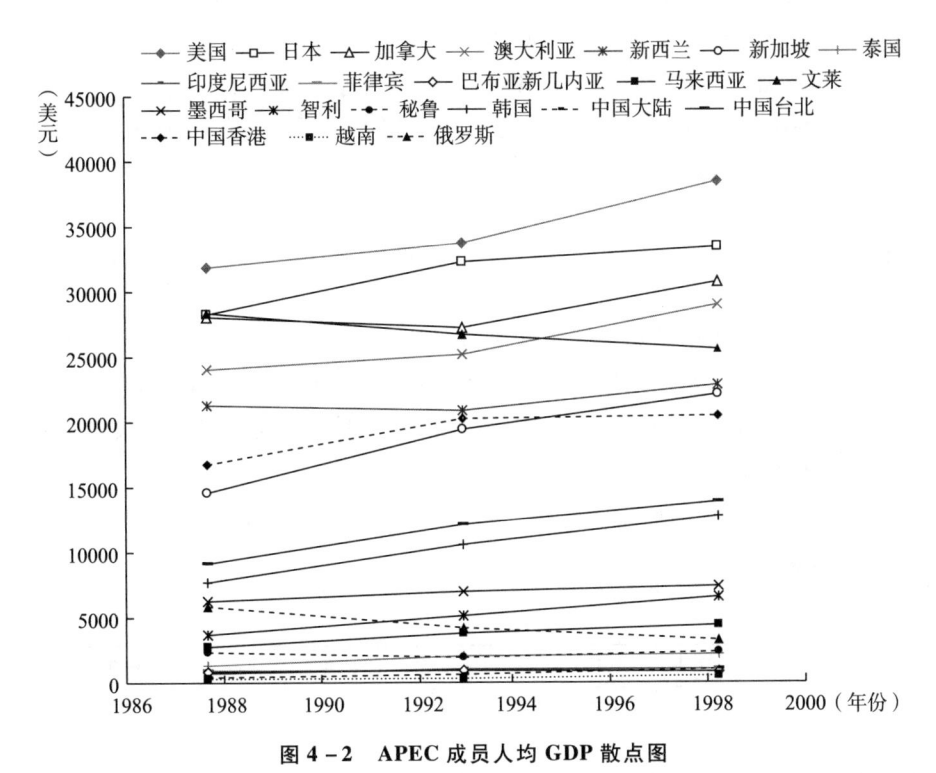

图 4-2 APEC 成员人均 GDP 散点图

资料来源：世界银行 http://data.worldbank.org.cn/indicator/NY.GDP.PCAP.CD；中国台湾统计资讯网 http://www.stat.gov.tw/mp.asp?mp=4。

此外，就经济体制而言，APEC 成员之间的鸿沟也很巨大。既有以美国、日本为代表的资本主义经济体制，也有中国、越南的社会主义经济体制。即使同属于资本主义经济体制的国家之间也具有很大的不同。在比较资本主义的既有文献的基础上，彼得·霍尔（Peter A. Hall）和戴维·索斯克斯（David Soskice）提出"资本主义多样性"的命题。在他们看来，企业追求核心竞争力的提高，既包括利润也包括生产和发展的能力。企业需要处理内部关系和外部关系，前者是企业与雇员的关系，后者是企业与客户、投资者、其他企业、工会、商业协会以及政府的关系。在市场经济条件下,有效协调与其他行为体的关系对企业的生存发展至关重要。企业必须解决的五个协调问题分别是公司治理、企业内部结构、劳资关系、职业培训教育、企业间关系。根据协调方式和程度的不同,市场经济至少可以分为两种不同的形态,一种是"自由市场经济",一种是"协调市场经济"。① APEC 成员中的美国和日本正好是"自由市场经济"和"协调市场经济"各自的典型代表。当然,还有很多 APEC 成员介于这两种类型之间,或者属于其他类型。艾丽斯·阿姆斯登(Alice Amsden)在《亚洲的下一个巨人》和罗伯特·韦德(Robert Wade)在《治理市场》中分别从"发展型国家"(developmental state)角度分析了韩国和中国台湾的工业化。② 康灿雄(David C. Kang)则以"裙带资本主义"(crony capitalism)来描述韩国和菲律宾的资本主义模式。③ 无论学者们采用何种分类标准,这种经济体制上的多样性和差异性使 APEC 成员之间很难发展出制度化水平很高的治理结构。

相对而言,中国和东盟国家在经济发展水平上更为接近。在 CAFTA 的成员中,虽然最富裕的国家与最不富裕的国家在人均 GDP 数值上相差很大,除文莱和新加坡两个国家人均 GDP 超过 20000 美元,其余国家的人均 GDP 几乎都保持在 5000 美元以下(见表 4-2)。但如图 4-3 所示,CAFTA 成员的人均 GDP 与 APEC 成员的人均 GDP 相比,散点图上的分布显然更为集中。

表 4-2 CAFTA 成员人均 GDP 比较

单位:美元

	1998 年	2003 年	2008 年
新加坡	22123.3	26296.9	31832.7
泰国	2171.0	2637.5	3207.4
印度尼西亚	1042.9	1168.9	1444.7
菲律宾	1025.0	1111.2	1334.0

---

① Peter A. Hall and David Soskice, *Varieties of Capitalism: The Institutional Foundations of Comparative Advantage*, Oxford: Oxford University Press, 2001.
② Alice Amsden, *Asia's Next Giant: South Korea and Late Industrialization*, Oxford: Oxford University Press, 1989; Robert Wade, *Governing the Market: Economic Theory and the Role of Government in East Asian Industrialization*, Princeton: Princeton University Press, 1990.
③ David C. Kang, *Crony Capitalism: Corruption and Development in South Korea and the Philippines*, Cambridge: Cambridge University Press, 2002.

续表

	1998 年	2003 年	2008 年
马来西亚	4408.0	5131.3	6209.4
文莱	25613.0	27025.5	25664.4
中国	982.5	1436.5	2415.9
越南	489.1	619.3	819.9
缅甸	134.1	196.6	533.5
柬埔寨	284.2	390.4	588.3
老挝	344.7	430.4	570.2

资料来源：世界银行，http://data.worldbank.org.cn/indicator/NY.GDP.PCAP.CD；Trading Economics http://www.tradingeconomics.com/myanmar/gdp-per-capita。

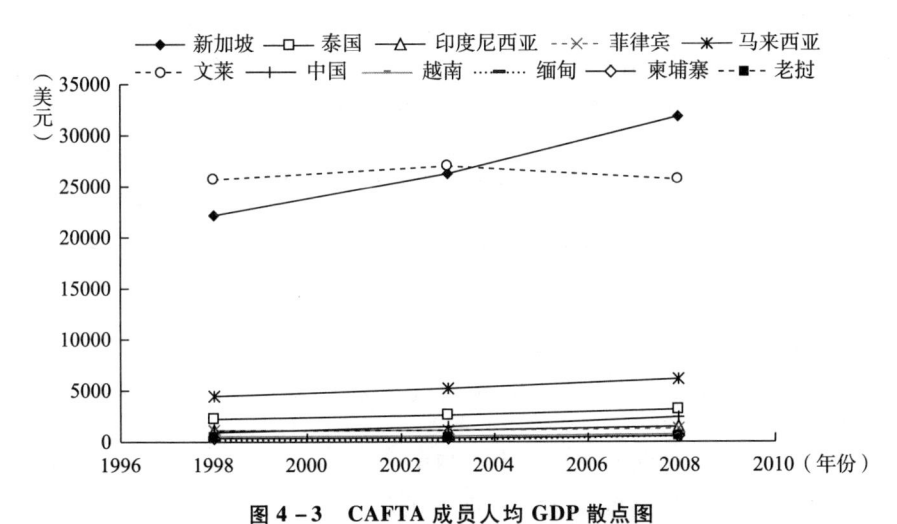

图4-3 CAFTA 成员人均 GDP 散点图

资料来源：世界银行，http://data.worldbank.org.cn/indicator/NY.GDP.PCAP.CD；Trading Economics http://www.tradingeconomics.com/myanmar/gdp-per-capita。

在经济体制属性上，中国与东盟国家也更为相似。中国和越南等几个国家的经济体制具有社会主义的属性。中国是社会主义市场经济体制，新加坡是混合型市场经济体制（以社会主义的分配模式分配社会财富，以资本主义自由市场经济模式发展经济），老挝是以社会主义市场经济为取向，由计划经济向市场经济转型的经济体制，越南是社会主义定向市场经济体制。尽管马来西亚、泰国、印度尼西亚、菲律宾、柬埔寨和缅甸等国采用了资本主义经济体制，但都并没有成为自由市场经济。许多东盟国家学习东北亚"发展型国家"的特点，即国家领导市场而不是简单跟着市场走。① 比如，马来西亚政府在亚洲金融危机之后开始鼓励发展以本国资源为主要原料的加工业；印度尼西亚政府为经济制定25年长期建设计划；菲律宾政府鼓励出口导向型经济发展；缅甸政府制定有五年经济发展计划或四年经济发展计划。作为一党制国家，新加坡更是强调政府在经济发展中的主导作用。新加坡人民行动党致力于减少政治分化，鼓励国民接受整合国内人力资源与跨国公司投资计划的发展战略，并以最大经济效用为着眼点鼓励国内和国外的投资和竞争。②

此外，中国作为从传统计划经济体制向市场经济体制转型的国家，其经济自由化和市场化的步伐也减少了中国和东盟国家特别是其中的资本主义成员在经济体制上的差别。作为改革开放的成果，中国经济自由度不断提升。根据弗雷泽研究所《世界经济自由年度报告》，中国经济自由度指数1980年为3.9，2001年达到5.5，自由度提高了约40%。③加入WTO以来，中国经济自由度及其国际排名节节上升，见表4-3。排在中国后面的国家中大部分是属于美国和欧盟承认的市场经济国家。

表4-3 中国经济自由度指数及其排名

年份	经济自由度指数	排名（参评国家数）
2001	5.5	100（123）
2003	6.0	86（127）
2005	6.3	86（141）

资料来源：The Fraser Institute, *Economic Freedom of the World*, Annual Report, 2003, 2005, 2007。

根据国际制度选择的交易成本模型中的假说2，国家同质性程度越高，缔约国越有可能选择制度化水平较高的国际制度形式。就此而言，由于中国和东盟国家之间的同质性不断增强，中国在21世纪初具有了更多的可能建立FTA这一制度化水平较高的国际制度形式。

三 透明度

透明度是指国内政治体系内外的行为体能够通过法律、政治和制度结

---

① 罗伯特·吉尔平：《全球政治经济学》，杨宇光、杨炯译，上海世纪出版集团，2003，第348—350页。
② 冯毅：《政治制度、经济增长与民主发展：以亚太地区为例》，载布鲁斯·梅斯奎塔、希尔顿·鲁特编《繁荣的治理之道》，中国人民大学出版社，2007，第200—204页。
③ 经济自由度指数区间为[0,10]，指数值越大，表示经济自由度越高。

构获得关于政府和社会内部特点的信息。[1] 在传统的社会主义计划经济体制下，对外贸易决策封闭于官僚机构的小圈子内。随着中国经济中市场导向成分的迅速提高，计划性受到了削弱。首先是行政体制的改革。1987年，中国共产党第十三次全国代表大会提出了下放权力、政企分开、加强行政立法、建立公务员制度的改革任务。1992年，中国共产党第十四次全国代表大会提出政企分开、强化审计和经济监督等要求。1993年，启动了第三轮政府机构改革，将国务院组成部门、直属机构从86个减少到59个，人员减少20%。中国还对计划体制进行了逐步改革，逐步建立市场体系。1988年国务院发布了《关于深化物资体制改革的方案》，减少了指令性计划分配物资的种类。1992年出台《价格管理目录》，中央直接管理价格的商品由737种减少为89种。"到1997年，实行指令性计划管理的工业品只余12种，仅占全国工业生产总值的4.1%。"[2] 1993年，全国人大常委会通过《中华人民共和国公司法》，对市场经济中的经济主体进行规范。1993年11月中共中央颁布《中共中央关于建立社会主义市场经济体制若干问题的决定》，提出要"建立适应市场经济要求，产权清晰、责任明确、政企分开、管理科学的现代企业制度"。1993年12月，国务院又出台了《关于进一步改革外汇管理体制的通知》，"实现经常项目（主要包括贸易和非贸易项下的经营性支付）下人民币可竞争"。1995年，全国人大常委会通过《中华人民共和国中国人民银行法》，以"保证国家货币政策的正确制定和执行，建立和完善中央银行宏观调控系统，加强对金融业的监督管理"。此外，对外贸易体制也逐渐放开。1988年2月，国务院出台《关于加快和深化对外贸易体制改革若干问题的决定》，要求"全面推行对外贸易承包经营责任制"。1990年12月，国务院发布《关于进一步改革和完善对外贸易体制若干问题的决定》，要求"进一步改革和完善对外贸易体制，以提高出口商品质量、经济效益为中心，努力扩大出口，调整进口结构，持续、稳定、协调地发展对外贸易"。

到了20世纪90年代中期，中国的宏观经济改革取得了重大进展，不过从所有制的基础来看，国有经济仍在事实上是"稀缺经济资源的主要支配

---

[1] Bernard Finel and Kristin Lord, "The Surprising Logic of Transparency," *International Studies Quarterly*, Vol. 43, No. 2, 1999, p. 316.

[2] 国家发展改革委经济体制与管理研究所：《改革开放三十年：从历史走向未来：中国经济体制改革若干历史经验研究》，人民出版社，2008，第38页。

者","改革的大关并没有过"。① 宏观调控和产业政策在很大程度上替代了指令性计划的功能,关税、许可证、配额和汇率等市场手段开始启动并反映了国家在发展规划中的总体意图。除了实现再分配目标外,中国还赋予对外贸易以多重目标,如实现迅速的增长和工业化、吸引外国资本、提高商品质量和技术水平、配合产业政策促进结构调整等。② 这种"国家积极主义"（state activism）思想使中国不可能将对外贸易决策过程完全公开化、透明化。此外在计划和市场双重体制下,"利用公共权力敛财肥私的'寻租活动'日益猖獗,行政腐败广泛蔓延",③ 也进一步增加了经济决策的不透明度。自1985年由国家物价局和国家物资局发出的《关于放开工业生产资料超产自销产品价格的通知》开始推行价格双轨制,使价格信号扭曲和僵化,导致"官倒"、"卖批文"等现象,使一些有权力背景的人从寻租活动中得益。④ 在90年代初,中国的政府计划被贸易伙伴国批评为不透明的体制的"内核",但当时中国GATT谈判代表团坚持认为:"不公布年度进出口计划符合关贸总协定第十条,因为这些计划包括商业机密,透露的结果将会损害国家和有关企业的合法商业利益。"⑤

自90年代中期以来,中国的改革进入"整体推进"阶段。⑥ 首先是行政体制的改革方面。1997年,中国共产党第十五次全国代表大会明确提出了机构改革的任务,"要按照社会主义市场经济的要求……实现政企分开……根据精简、统一、效能的原则进行机构改革,建立办事高效、运转协调、行为规范的行政管理体系……实现国家机构组织、职能、编制、工作程序的法定化,严格控制机构膨胀,坚决裁减冗员"。⑦ 1998年中国进行了力度最大的第四轮行政体制的改革,将国务院的组成部门由40个削减整合为29个,政府机关的编制人数也减少了半数以上。2003年再次进行政府机构改革,国务院职能部门整合为28个,"按照'决策、执行、监督'的权力制衡要求,加强了监管职能,突出了宏观调控"。⑧ 在市场体系建设方面也有

---

① 吴敬琏:《当代中国经济改革》,上海远东出版社,1999,第78页。
② 盛斌:《中国对外贸易政策的政治经济分析》,上海人民出版社,2002,第147—148页。
③ 吴敬琏:《当代中国经济改革》,第68页。
④ 吴敬琏:《当代中国经济改革》,第66页。
⑤ 盛斌:《中国对外贸易政策的政治经济分析》,第256页。
⑥ 吴敬琏:《当代中国经济改革教程》,上海远东出版社,2010,第63页。
⑦ 中共中央文献研究室:《十五大以来重要文献选编（上）》,人民出版社,2000,第33页。
⑧ 国家发展改革委经济体制与管理研究所:《改革开放三十年:从历史走向未来:中国经济体制改革若干历史经验研究》,第45页。

了更大的进步。1998年通过的《中华人民共和国宪法修正案》确定"国家在社会主义初级阶段，坚持公有制为主体、多种所有制经济共同发展的基本经济制度。……非公有制经济，是社会主义市场经济的重要组成部分"。中共中央还在1999年发布了《中共中央关于国有企业改革和发展若干重大问题的决定》，提出要"使国有企业形成适应市场经济要求的管理体制和经营体制"。同年，人大常委会通过《中华人民共和国个人独资企业法》，对个人独资企业的行为进行规范，对个人独资企业投资人和债权人的合法权益进行保护，以"促进社会主义市场经济的发展"。随着改革的整体推进，外贸体制改革也深入推进，特别是为了适应加入WTO的要求，中国对外贸易政策的透明度显著提高。中国取消了对外贸企业的指令性计划，注意和完善外贸经营权审批制度的透明性；大幅度减少了较不透明的非关税壁垒，实行配额、许可证的招标、拍卖或规范化分配办法；对进口关税确定税目的程序、制定和调整关税率的程序进行了立法，并在政府公告中公布与关税有关的法律和法规。到2001年底，中国已批准外商投资企业39万多个，出口额和进口额占全国比重超50%。[①] 从1998年起，有关中国关税政策和立法的所有信息均可在国际互联网上查询获得。[②]

　　国际制度选择的交易成本模型中的假说3表明，透明度越高，缔约国越有可能选择制度化水平较高的国际制度形式。随着对外贸易政策透明度的提高，与20世纪90年代相比，中国在21世纪初更有可能选择制度化水平更高的区域经济合作形式。

四　资产专用性

　　资产专用性包括物资资产专用性、人力资产专用性和地点专用性。就区域经济合作而言，资产专用性首先表现为地点专用性。根据国际贸易的引力模型，一组国家之间的贸易量与它们之间的地理距离成反比。如果两国的距离增加1%，那么它们之间的贸易就会下降0.7%—1%。由于采集的数据非常丰富，这一模型的标准误差很小。此外，产业集中现象和相对价差分析也都证明了距离的重要作用。[③] 从这一视角看，东盟国家作为中国的

---

① 国家发展改革委经济体制与管理研究所：《改革开放三十年：从历史走向未来：中国经济体制改革若干历史经验研究》，第43页。
② 宫占奎等：《APEC运作机制研究》，第225页。
③ 〔美〕杰夫里·弗兰克：《经济全球化》，载约瑟夫·奈、约翰·唐纳胡主编《全球化世界的治理》，王勇等译，世界知识出版社，2003，第47页。

近邻,成为中国建立 FTA 的首选对象之一。中国的周边自然环境和政治环境均较为复杂。西、北部的油气丰富,但自然条件较差,接壤国家大部分为内陆国,经济结构较为单一,发展受到很大的限制。同样由于自然条件的限制,中国西、北部经济发展相对落后,在维持与西、北邻国稳定关系的基础上,中国很难在这些关系中获得经济发展的有利外部条件。而东、南邻国与西、北邻国相比具有更高的发展水平或发展潜力,它们的经济结构与中国形成较好的互补或竞争。中国与部分东盟国家在贸易上互补,与部分东盟国家有竞争,而新加坡、文莱等富裕国家又能够作为中国的外国资本来源。与东盟经济联系的加深,不仅能促进中国经济的发展,还能减轻中国经济对西方国家资本和市场的依赖。

除了经济上的重要性,地理距离在政治和安全上也具有重要的意义。中国地处东亚,中国的战略利益也集中在东亚。中国要发展成为大国,首先需要发展成为区域性大国。正如中国总理温家宝在东亚峰会领袖对话会议上所强调的:"中国的发展离不开世界,更离不开东亚。"[①] 80 年代后期以来,中国与西、北邻国的关系趋于稳定:边界问题基本解决,区域内政治权力竞争较弱;虽然在西部边界还存在安全问题,但地缘政治的因素并不十分明显。在东、南方向上,中国与许多国家隔海相望,这些国家在 70—80 年代以来取得了经济上的成就,使这一地区成为全球经济瞩目的焦点,同样也是战后美国施加政治和经济影响力的焦点之一。这些因素与领土争端及其他一些历史遗留问题一起,使东亚政治经济环境暗流涌动。中国奉行了"与邻为善、以邻为伴"和"睦邻、安邻、富邻"的外交政策,努力拉近中国与周边国家的关系,以便为自身的发展创造良好的周边环境。

东盟国家对中国的资产专用性还表现为一定程度上的人力资产专用性。这就是在东南亚国家的海外华人商业网络。海外华人商业网络由资本流通、合资经营、婚姻关系、政治需要和共同文化以及共同的商业道德联系在一起。大型海外华人企业通过共同承担股份和其他机制,相互合作、相互促进,这些企业又与作为中间商的中小型零售和批发企业联系在一起。[②] 东南亚华商人数众多、资本雄厚,据统计,华人上市公司约占东南亚地区证券

---

① 《中国的和平发展与东亚的机遇——温家宝总理在东亚峰会领袖对话会议上的演讲》,见新华网 http://news.xinhuanet.com/world/2005-12/12/content_3910057.htm,最后访问时间:2016 年 6 月 16 日。

② 〔美〕彼得·卡赞斯坦:《地区构成的世界》,秦亚青、魏玲译,北京大学出版社,2007,第 71 页。

交易市场上市企业数量的七成。① 尽管统计数字不尽相同，华人大约控制了马来西亚、印度尼西亚和泰国80%的企业，菲律宾40%的企业。不仅是商界，华人在东南亚国家的政界也具有相当的影响力。他们其中许多本身就是政府成员或国会议员，有些则是与政府官员或议员私交甚好的朋友，因此他们作为重要的利益集团，对东南亚社会和国家的决策能够产生有效的影响。②

与东南亚当地的商人相比，华商对中国的政治环境和经济环境有着更好的了解，因而他们在本国与中国商业往来的联系成为东盟国家与中国经济往来的重要组成部分。东南亚国家的对华投资大部分来自于东南亚华商。自20世纪80年代中期起，中国大陆的合同投资和实际投资中，大约五分之四来自中华圈内的产业网络。据不完全统计，在1997年之前，东南亚国家对华投资超过98%来自当地的华人企业，至2003年6月，这一数据仍保持在70%左右。③

作为中国第二代领导人的核心，邓小平意识到了华人华侨是中国发展的"独特机遇"："对于中国来说，大发展的机遇并不多。中国与世界各国不同，有着自己独特的机遇，比如，我们有几千万爱国同胞在海外，他们对祖国做出了很多贡献"。④ 改革开放以来，中国政府健全了涉侨法律体系。1980年颁布《中华人民共和国国籍法》，鼓励华侨自愿加入侨居国国籍。1982年也将"保护华侨的正当权益和利益，保护归侨和侨眷的合法权利和利益"在《中华人民共和国宪法》中进行了明确。此后国家又颁布《中华人民共和国归侨侨眷权益保护法》，对归侨侨眷实行"一视同仁，不得歧视，根据特点，适当照顾"的对待方针。1997年亚洲金融危机之后，海外华人与中国大陆的关系更加密切，形成了亚洲商业网络进一步扩展的新阶段。此外，中国积极发展与侨胞间的文化联系。2000年，中国侨联和侨媒共同举办的"世界华人学生作文大赛"，以增强海外年轻华人对祖籍国历史文化的了解。国侨办于2001年举办了"文化中国之旅"活动，邀请海外华侨华人文化社团来华参观，以增强他们对中华文化的认知。同年，国侨办和海交会还共同举办了首次世界华侨华人社团联谊大会。在经济联系方面，中国也积极构建交流平台。如2004年，国侨办创办了"海外华裔青年企业家中国经济高级研修班"，以加强与海外华裔青年企业家的联系，帮助他们在中国投资兴业。

根据国际制度选择的交易成本模型中的假说4，资产专用性程度越高，

---

① 庄国土：《东亚华人社会的形成和发展》，厦门大学出版社，2009，第417页。
② 王望波：《中国-东盟自由贸易区中的东南亚华商》，《南洋问题研究》2007年第3期。
③ 张鑫炜：《东盟国家在华投资的现状及前景展望》，《国际经济合作》2003年第12期。
④ 邓小平：《邓小平论侨务》，中央文献出版社，2001，第12页。

缔约国越有可能选择制度化水平较高的国际制度形式。相对于中国的多数贸易伙伴，包括多数 APEC 成员，东盟国家对中国具有了更多的地点专用性和人力资产专用性。① 在区域合作伙伴中，中国最有可能和东盟国家建立制度化水平较高的区域经济合作机制。

五　不确定性

经过几十年的高速增长，东亚地区在 20 世纪 80 年代末 90 年代初已成为世界上最具经济活力的地区。东亚国家所取得的经济成就被称为"东亚奇迹"。中国正是在这样"一片大好"的区域经济形势下参与 APEC 的。但到 1997 年夏天，东亚经济遭受了严重金融震荡的沉重打击。东盟国家的损失尤其严重。1998 年东盟 5 国（印尼、马来西亚、菲律宾、新加坡、泰国）的 GDP 缩小了 40%。1994 年东盟与中国的 GDP 按时值计算几乎相等，而到 1998 年则仅为中国的 44%。② 虽然中国在金融危机中的行动得到了东盟国家的肯定，但这场危机仍然加深了东盟国家对其在经济上和中国竞争能力的焦虑。中国加入 WTO 使东盟的担忧进一步加剧。特别由于中国和东盟都依赖于相同的第三国市场，并且出口许多相同的产品，东盟国家认为它们正在失去工作、贸易和投资机会，而这些机会转向了中国。随着中国经济影响力的扩大，东盟更加担心中国在经济和政治上取得在该地区的统治地位。③ 此外，虽然中国经济避免了 1997 年金融危机的冲击，但随着中国经济自由化进程的加速进行，这类危机在此后发生的概率只会增加。因此，东盟经济保持稳定和强大符合中国的利益。

除了经济上的不确定性外，政治上的不确定性也会引起东盟国家对中国崛起的疑惧。新加坡官员许通美曾直言："中国的邻国希望当中国成为经济超级大国时，它不会成为区域的安全威胁。"④ 中国此前在 70 年代曾对周边国家采取过"输出革命"方针，对这些国家国内的共产党的活动进行过支持，也让东盟国家忌惮中国力量的崛起和扩张。而由于地理位置上的接近，东南亚各国有大量的华人华侨，他们在新加坡、菲律宾、缅甸和泰国融入当地的程度较高；但在伊斯兰教的印度尼西亚和马来西亚，曾经发生

---

① 由于中国对外贸易涉及多种货物，物质资产专用性很难在此加以衡量。
② 盛斌、殷晓红：《APEC 发展的政治经济分析》，第 163 页。
③ Alice D. Ba, "China and ASEAN: Renavigating Relations for a 21st - Century Asia," *Asian Survey*, Vol. 43, No. 4, 2003, p. 638.
④ 许通美：《美国与东亚：冲突与合作》，中央编译出版社，1999，第 77 页。

过较激烈的排华事件,且至今仍存在着不同程度的歧视华人的经济、政治和文化政策。[①] 中国和东盟一些国家在南海问题上也存在争端,而领海争端的问题基本上是"无解"的。尽管2002年中国与东盟达成了《南海各方行为宣言》,但越南、马来西亚和菲律宾仍在有争议的南沙岛屿设立油气招标区,在国际上公开招标,并通过立法或登岛等行为宣示"主权";而中国在领海问题上也不会牺牲自己的主权。为了维护一个稳定的周边环境,中国有必要进一步消除东盟的担忧。

在艾丽丝·芭(Alice Ba)看来,中国和东盟建立伙伴关系之所以具有重要的价值,不仅有其经济上的原因,而且还有政治上的因素,就是中美关系中持续出现的不确定性。不确定性主要由于双方关系中问题的复杂性:首先,中美在意识形态上存在差别,由于冷战中社会主义阵营与资本主义阵营的对立,使它们对相互的意图都有较大的存疑;其次,台湾是中美关系的敏感问题;再次,分别作为地区性大国和全球性大国,中美需要在许多诸如环境保护、核不扩散等方面进行合作;复次,中美经济存在较大的互补性(中国依靠出口拉动经济增长,而美国有巨大的消费能力),但这同时也带来金融和贸易失衡的问题;最后中国的发展使其必然在亚太地区与美国产生实力碰撞。2001年刚刚上台的小布什政府将中国视为一个潜在的竞争对手,并和中国发生了"撞机事件"等多次摩擦。但在"9·11"事件发生后,中美关系一度因为中国对反恐行动的支持而得到和缓:中国在联合国安理会对美国的支持,同美国交换反恐方面的情报,粉碎与基地组织有联系的在中国的组织,并支持美国在阿富汗的军事行动。[②] 并且在朝核问题上,中美也就朝鲜半岛无核化与和平解决达成一致。在台湾问题上,美国总统小布什也一再公开表示对"台独"的反对。虽然反恐战争为中美关系转向稳定提供了重要的机遇,但中国仍不可避免担心美国以反恐的理由来加强在中亚和东南亚的战略存在。[③] 且美国在东南亚的存在同时又受到一些东盟国家的欢迎,它们基于维持东南亚地区均势的目的,希望美国能在这一地区对中国、日本等区域性大国进行力量上的制衡。李光耀曾称"日本和东盟都不能同中国形成势均力敌的局面。如果使美国参与亚洲事务,

---

[①] 庄国土:《东亚华人社会的形成和发展》,第257页。

[②] 张蕴岭:《中国对外关系:回顾与思考(1949—2009)》,社会科学文献出版社,2009,第264页。

[③] Alice D. Ba, "China and ASEAN: Renavigating Relations for a 21st - Century Asia," *Asian Survey*, Vol. 43, No. 4, 2003, p. 641.

加上日本的经济实力，就可以保持平衡"。[①]

这样，中国在世纪之交的几年，由于亚洲金融危机、加入 WTO 和中美间的竞争，与周边国家尤其是东盟国家的关系中面临的不确定性增加了。根据国际制度选择的交易成本模型中的假说 5，即"不确定性越大，缔约国越有可能选择制度化水平较高的国际制度形式"，中国更有可能在此时建立制度化水平更高的区域治理结构。

六 交易频率

自 20 世纪 90 年代初以来，中国与东盟贸易额大幅增长。从图 4-4 中可以看出，自 1995 年起，中国与东盟国家间的贸易增长率除 1998 年亚洲金融危机时期以外，均维持在正值，在 1995 年、2000 年、2003 年的贸易增长率甚至超过了 40%。

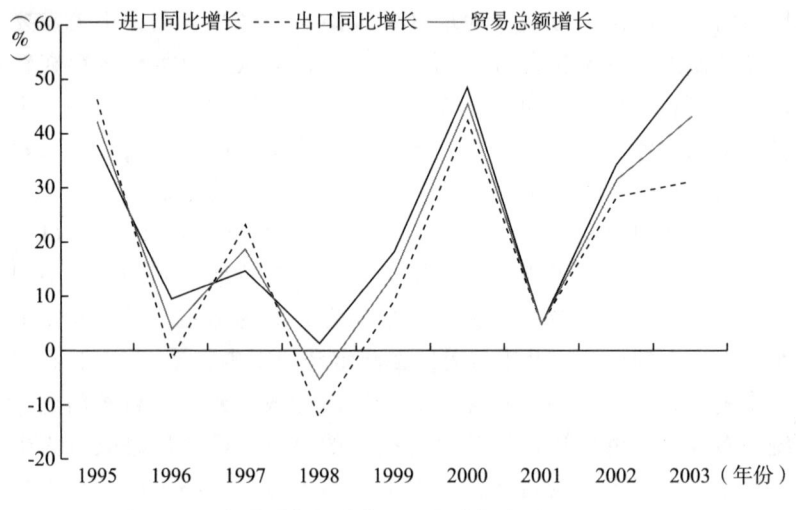

图 4-4 中国对东盟进出口贸易增长率（1995—2003）

资料来源：中华人民共和国商务部 http://data.mofcom.gov.cn/channel/includes/list.shtml?channel=mysj&visit=A。

随着中国与东盟贸易额的增长，其贸易额在各自对外贸易总额中的比重不断提升。如表 4-4 所示，从 1994 年到 2003 年间，中国与东盟国家间的进出口贸易额都有大幅度的增长。根据中国海关统计，1990-2005 年间，中国与东盟贸易的总额年均增长 22%，比同期中国整体对外贸易进出口总

[①] 王根礼、周天珍：《外国首脑论中国》，红旗出版社，1998，第 107 页。

额的年均增长高出 4 个百分点。根据东盟方面的统计,1993－2001 年间,东盟与中国贸易额年均增长达到 23%,比同期东盟整体外贸年均增长高出 17 个百分点。2000 年以来,中国和东盟的贸易额更是一年上一个台阶。表 4－4 中的数据也显示,中国对东盟贸易总额占中国对外贸易总额的比例也逐年攀升,从 1994 年的 6.06% 增加到了 2003 年的 9.20%。2004 年,中国与东盟双边贸易额达到了 1059 亿美元,比上年增长了 35%,提前一年实现了中国提出的双边贸易额突破 1000 亿美元的目标。中国和东盟已经互为第四大贸易伙伴。[①]

表 4－4 中国对东盟进出口贸易 (1994—2008)

单位:亿美元

年份	进口	占总进口比例	出口	占总出口比例	贸易总额	贸易总额占中国对外贸易的比重
1994	71.80	6.2%	71.61	6.0%	143.40	6.06%
1995	99.01	7.5%	104.74	7.0%	203.75	7.25%
1996	108.50	7.8%	103.08	6.8%	203.75	7.30%
1997	124.55	8.7%	127.09	7.0%	251.64	7.74%
1998	126.34	9.0%	111.64	6.1%	237.98	7.35%
1999	149.27	9.0%	121.75	6.2%	271.01	7.52%
2000	221.81	9.9%	173.41	7.0%	395.22	8.33%
2001	232.29	9.5%	183.85	6.9%	416.15	8.17%
2002	311.97	10.6%	235.84	7.2%	547.81	8.82%
2003	473.28	11.5%	309.27	7.1%	782.55	9.20%

资料来源:中华人民共和国商务部,http://data.mofcom.gov.cn/channel/includes/list.shtml?channel=mysj&visit=A;东盟－中国中心,http://www.asean-china-center.org/english/2014-06/03/c_133380198.htm。

中国与东盟贸易的增加,主要是工业品贸易的增长。如表 4－5 所示,1993 年东盟对中国的主要出口产品是石油和木材等初级产品,中国对东盟的主要出口产品则是电力器械和办公设备等制造业产品。此后中国的制造业进一步加速发展,2001 年中国的对外出口贸易的主要产品是服装及衣着附件、电力机械、器具及其电气零件、电信及声音的录制及重放装置设备、

[①] 中国东盟自由贸易网:http://www.chinaaseantrade.com,最后访问时间:2016 年 6 月 26 日。

办公用机械及自动数据处理设备，鞋靴及杂项制品等工业品。[①] 而东盟国家的加工业也取得了较大发展，到 2002 年伊始，电力机械、办公设备已经成为双边贸易的主要产品。

表 4-5　中国-东盟贸易结构

	1993 年		2002 年	
	产品	比例	产品	比例
东盟对中国出口	石油	32.3%	电力机械	30.4%
	木柴	22.6%	办公设备	13.3%
	食用油脂	8.4%	石油	7.8%
中国对东盟出口	电力机械	11.1%	电力机械	15.0%
	办公设备	9.7%	办公设备	14.0%
	石油	9.0%	电信设备	12.0%

资料来源：黄晓玲：《中国主要对外经济贸易伙伴》，对外经济贸易大学出版社，2005，第 444 页。

国际制度选择的交易成本模型中的假说 6 表明，交易频率越高，缔约国越有可能选择制度化水平较高的国际制度形式。与 20 世纪 90 年代初相比，中国更有可能在 21 世纪初和东盟国家建立 FTA 这样制度化水平较高的制度形式。

[①] 根据商务部网站数据整理，http://data.mofcom.gov.cn/channel/includes/list.shtml?channel=mysj&visit=A。

第五章 "10+3"机制与东亚峰会的制度设计

第一节 问题的提出

自20世纪90年代起,在经济全球化不断深入发展的大背景下,东亚地区兴起了形式多样的合作机制。1990年12月,马来西亚总理马哈蒂尔·穆罕默德(Datuk Seri Mahathir Bin Mohamad)提出了建立"东亚经济集团"(East Asia Economic Group, EAEG)的建议。而后,为了淡化集团化的色彩,马哈蒂尔将其设想降格为"东亚经济核心论坛"(East Asia Economic Caucus, EAEC)。但是由于美国强烈反对,以及美国在东亚的盟国日本和韩国态度消极,这一设想未能付诸实践。直到1997年亚洲金融危机爆发,东亚地区的合作进程才得以加快。1997年12月15日,第一次东盟与中日韩领导人非正式会议在马来西亚首都吉隆坡举行,会议的主题是"21世纪东亚的前景、东亚金融危机、深化地区联系"。1999年11月,在菲律宾首都马尼拉举行的第三次"10+3"领导人会议上,地区领导人就推动东亚合作的原则、方向和重点领域达成共识,并首次发表了《东亚合作联合声明》。此后,"10+3"机制成为东亚地区各国开展对话与合作的主渠道。[1]

除"10+3"机制外,东亚国家为展开地区合作,还建立起了东亚峰会(East Asia Summit, EAS)这一重要的多边制度安排。2004年6月21日,中国外交部长李肇星与东盟10国外长在中国青岛举行非正式会议;同年7月1日,东盟和中日韩三国外交部长在印尼首都雅加达召开会议。在两次会议中,与会外交部长均表示支持适时召开东亚峰会。随后,2004年11月30日,"10+3"领导人会议在老挝首都万象举行,会议正式宣布定于2005年召开东亚峰会。2005年12月14日,东盟10国和中国、日本、韩国、印度、澳大利亚、新西兰6国的国家元首或政府首脑在马来西亚首都吉隆坡举行首

---

[1] 张蕴岭:《对东亚合作发展的再认识》,《当代亚太》2008年第1期,第5页。

届东亚峰会。与会领导人签署了《东亚峰会吉隆坡宣言》,同意将东亚峰会建成一个以东盟为主导的开放、包容、透明和外向型的论坛,而且表示东亚峰会能够在本地区共同体建设的过程中发挥重要作用,东亚峰会机制正式启动。[①] 虽然俄罗斯也提出了加入申请,但东盟却以俄罗斯与东盟的实质性关系不够密切为由,婉言拒绝。俄罗斯总统仅以会议主办方嘉宾的身份,参加了会议的前半部分。经过几年的酝酿,作为东亚峰会"非东亚化"进程的继续,美国和俄罗斯于2011年11月正式加入东亚峰会,东亚峰会实现了扩容,由原来的"10+6"变为"10+8"。由于美国和俄罗斯在东亚地区权力结构中的地位差异,东亚峰会的扩容主要是美国与东亚国家互动的结果。美国总统奥巴马的如期赴会和俄罗斯总统梅德韦杰夫的缺席,在一定程度上反映了东亚峰会扩容的实质在于美国的加入。

作为东亚地区两个重要的国际制度安排,"10+3"机制与东亚峰会之间还是存在一些制度设计上的差异。这些差异主要体现在成员范围、集中程度与灵活性三个维度上。"10+3"机制的成员范围为东亚13国,在地理范畴上具有明显的限制,而东亚峰会还包括了域外的5个国家,更具有开放性。在集中程度上,"10+3"机制为领导人会议建立了多个支撑机制,而东亚峰会主要仅限于参与国国家领导人一年举行一次集体会议,制度化水平相对较低。在灵活性上,虽然"10+3"机制和东亚峰会的成果或共识都主要以约束性较低的联合声明和宣言的形式展现,但是在"10+3"机制下各个成员国已达成一些具有约束力的协议,并作为一种机制持续运行,不断完善。总的来看,"10+3"机制自成立以来,在金融危机的救助、地区货币金融的合作以及粮食安全等方面取得了丰硕的成果。而东亚峰会仅仅是一个参与国领导人对相关问题各自发表看法的清谈馆,具体落实的措施或实质性的收获极少。

有意思的是,东亚峰会的产生与"10+3"机制有着紧密的关系。1998年12月在韩国总统金大中的提议下,由各国学者组建的"东亚展望小组"(East Asia Vision Group, EAVG)成立,负责就东亚合作的前景和规划提出建议。2001年该小组向第五届"10+3"领导人会议提交了名为《迈向东亚共同体——和平、繁荣、进步的地区》的报告,建议将"东亚共同体"建设作为东亚合作的长期目标,并提出了一系列具体建议和措施,其中重要

[①] Kuala Lumpur Declaration on the East Asia Summit Kuala Lumpur, 14 December. 2005, http://asean. org/?static_post = kuala - lumpur - declaration - on - the - east - asia - summit - kuala - lumpur – 14 – december – 2005,最后访问时间:2016年6月13日。

第五章 "10+3"机制与东亚峰会的制度设计

的一项就是将"10+3"转变为东亚峰会,与东亚合作进程的机制化一起成为沟通、合作的常规渠道。① 2002年,"10+3"领导人会议通过了《东亚研究小组最终报告》。不过,"10+3"机制成员国的领导人其实对将"10+3"逐步演变为东亚峰会的建议并没有形成共识。但在2004年年末,东盟领导人却决定次年在马来西亚召开东亚峰会,这一决定也得到中日韩三国的支持。不过,此后的政治合作进程并没有像"东亚展望小组"所建议的那样,即将"10+3"顺利地升级为东亚峰会,并将其替代。2004年11月,"10+3"万象领导人会议结束后,声明中曾叙述道:"我们一致同意将'10+3'领导人会议转变为东亚峰会。"而就在这份声明在向媒体和公众发表之后不久,又发布了一个修改版——"我们同意2005年在马来西亚召开东亚峰会",取消了将"10+3"转变为东亚峰会的表述,第二份权威性的主席声明也放弃了"转变"的提法。这意味着东亚峰会不一定会取代"10+3",也不一定与"10+3"拥有相同的成员范围。② 后来实际情况的发展正是如此,印度、澳大利亚、新西兰先后签署了《东南亚友好合作条约》,拥有了加入东亚峰会的资格,并成为东亚峰会的创始会员国。一直倡导东亚合作的马来西亚前总理马哈蒂尔不免失望地表示,域外国家的加入,代表的不是东亚而是美欧国家的立场,所谓的东亚峰会,其原意已经变质。③ 2005年12月,第九届"10+3"领导人会议发表的《吉隆坡宣言》则指出:"'10+3'是实现东亚共同体的主要手段,这一框架与区域内其他论坛和机制相辅相成,是整个地区框架不可分割的一部分。"④ 这一表述肯定了"10+3"作为东亚合作主渠道的地位,同时也就意味着放弃了将东亚峰会作为"10+3"升级版的设想。东亚峰会成为与"10+3"机制平行运行的另一个东亚合作新机制。也有学者提出,东亚峰会与"10+3"机制就是一种"胡桃模

---

① East Asian Vision Report, "Toward East Asian Community—Region of Peace, Prosperity and Progress," 2001, 转引自张蕴岭《东亚合作与共同体建设:路径及方式》,《东南亚纵横》2008年第11期,第3页。
② 〔菲〕鲁道夫·C. 塞维里诺:《东南亚共同体建设探源——来自东盟前任秘书长的洞见》,王玉主等译,社会科学文献出版社,2012,第229~230页。
③ 孟青、管克江、孙秀萍:《日本竟想当东亚领袖》,《环球时报》2005年12月12日,http://www.people.com.cn/GB/paper68/16385/1446010.html,最后访问时间:2016年6月14日。
④ Kuala Lumpur Declaration on the ASEAN Plus Three Summit Kuala Lumpur, 12 December 2005, http://asean.org/?static_post=kuala-lumpur-declaration-on-the-asean-plus-three-summit-kuala-lumpur-12-december-2005,最后访问时间:2016年6月13日。

型",即东亚峰会作为外壳包裹住作为内核的"10+3"机制。[1]

为何本来意在建设成为"10+3"机制升级版的东亚峰会,没有继续走向东亚共同体,而是向域外扩大,并降低了对参与国家的约束性,与东亚共同体的目标渐行渐远?并且,从集中性这一制度形式的划分标准来看,为何东亚峰会的制度化水平不仅没有提高,反而降低?

本章将在既有解释的基础上,运用"国际制度理性设计"的分析框架,从制度设计的视角为上述问题作出解释,并且进一步分析"10+3"机制与东亚峰会的联系以及中国在地区合作中的战略选择。

第二节　既有的文献及其不足

对于为何东亚峰会没有成为"10+3"机制的升级版,并继续向东亚共同体迈进,而是向域外扩大,并降低了集中性,仅仅维持了一种论坛性质,既有的研究给出了以下几种观点。

首先,从宏观上来看,东亚的地区合作是一种不同于旧地区主义的新地区主义。诺曼·帕尔曼(NormanPalmer)最早使用"新地区主义"一词描述亚太地区的合作进程。[2]而新地区主义最显著的一个特点就是"开放的地区主义"。[3]时任中国外交部副部长王毅也曾指出,东亚合作要"奉行开放的地区主义,不排斥美国和其他域外国家,注重与它们加强对话与协调,相互尊重彼此的利益,不断寻求和扩大新的利益汇合点"。[4]有学者也认为,对东亚地区而言,由于大多数国家仍处在发展阶段,在资金、技术、市场等各方面严重依赖发达国家,因此,在东亚共同体的建设中明确体现开放性,更加符合东亚大多数国家的利益。"一方面,不能以将某些国家排除在外作为共同体建设的目的取向之一……另一方面,积极与东亚地区外的国家或组织建立起有效的联系与沟通机制或管道,通过地区合作与地区外合

---

[1] 苏浩:《胡桃模型:"10+3"与东亚峰会双层区域合作结构分析》,《世界经济与政治》2008年第10期,第33页。

[2] Norman D. Palmer, *The New Regionalism in Asia and Pacific*, Mass: Lexington Books, 1991, pp. 1–19.

[3] Paul Bowles, "ASEAN, AFTA and the 'New Regionalism'," *Pacific Affairs*, Vol. 70, No. 2, 1997, p. 224.

[4] 王毅:《全球化进程中的亚洲区域合作》,《环球时报》2004年4月30日,http://www.people.com.cn/GB/paper68/11912/1073361.html,最后访问时间:2016年6月14日。

作的双向互动,更好地促进东亚各国经济社会的发展。"[1] 东亚地区主义应由开放地区主义、灵活性和自由化等原则引导,[2] "比如,它在推进地区内部合作和一体化的同时,也鼓励单个成员国或者次区域集团发展同外部国家的双边或次地区合作关系"。[3] 但是,也有学者提出了相反的看法。"东亚共同体的建设无论在概念内涵上,还是在集体认同以及现实的文化身份和物质利益考量上,都具有特定的地区内涵。也就是说,东亚共同体建设不可能遵循'开放的地区主义',而应该是地地道道的'东亚地区主义'"。[4] "地区主义的'开放性'不能脱离地理因素的支撑,东亚地区主义的'开放性'也是如此","无限制的'泛东亚化'或者'非东亚化'明显背离开放东亚合作空间的发展潮流"。[5]

其次,从中观上来看,提高东亚地区合作的制度化水平,建设东亚共同体,目前仍面临许多困难。第一,领导权问题:在东亚的地区合作中,一直是东盟在发挥主导作用,但是,"随着东亚合作向区域一体化的纵深发展,东盟日益显现出推动能力与意愿的明显不足"。[6] 而在这一情况下,又没有新的国家担当领导。"东亚合作缺乏强首,即缺乏大国主导与合作,特别是缺乏中日之间的合作……这应是阻碍东亚一体化的最主要的因素。"[7] 第二,历史问题:中日韩关系的好坏对东亚共同体的建设具有直接且重要的影响,而日本对二战的侵略历史迟迟不能摆正态度,这无疑对中日和日韩关系造成不利影响。第三,领土问题:目前东亚地区的领土争端包括中日钓鱼岛争端、日韩独(竹)岛争端,中日东海争端,中国与越南、菲律宾等国在南海的争端等。"领土争论容易引发东亚地区危机,从而会破坏东亚地区整体的安宁和稳定。东亚地区没有和平与稳定的环境,东亚共同体的建立就是一句空话。"[8] 第四,观念问题:目前由于各国在宗教、文化方

---

[1] 郭定平主编《东亚共同体建设的理论与实践》,复旦大学出版社,2008,第29—30页。
[2] Mark Hong, "ASEAN Community Building in the Context of East Asian Regionalism," Paper Presented on NEAT II, p. 11.
[3] 张蕴岭:《东亚合作和共同体建设:路径及方式》,《东南亚纵横》2008年第11期,第4页。
[4] 刘贞晔:《"东亚共同体"不可能是"开放的地区主义"》,《世界经济与政治》2008年第10期,第39页。
[5] 秦治来:《准确理解地区主义的"开放性"——以东亚地区合作为例》,《世界经济与政治》2008年第12期,第74页。
[6] 金熙德:《东亚合作的进展、问题与展望》,《世界经济与政治》2009年第1期,第52页。
[7] 陈峰君、祁建华主编《新地区主义与东亚合作》,中国经济出版社,2007,第231页。
[8] 郭定平主编《东亚共同体建设的理论与实践》,第153—172页、第327页。

面的多样性和异质性较大,缺乏高度的文化认同感,共同价值基础也相对薄弱,阻碍了相互信任程度的提升。① 并且,当老一代的具有较强的区域主义意识的东亚政治家,比如马哈蒂尔、金大中等,淡出或离开政治舞台后,新一代政治家可能更多的是考虑现实的国家利益,谈起东亚合作,他们强调的更多的是现实利益,缺少区域理念。② 此外,东亚地区各个国家在政治制度、意识形态、发展水平等方面差异太大,难以协调,以及经济整合程度低等方面的问题,也是阻碍东亚一体化进程的关键因素。③

最后,从微观上来看,这是有关各国基于对现实的战略考量而理性选择的结果。究竟东亚峰会采取何种制度设计,取决于东盟和中日韩利益的折冲。各方妥协的结果是澳、新、印三个域外国家也加入了东亚峰会,因而"包容"和"开放"等术语出现在峰会的公开文件中。④ 在最初的东亚峰会构想提出后,东盟各国忧虑一旦东亚峰会获得成功,"10+3"机制的地位和作用就有可能下降。并且,若东盟各国以单个成员国的身份参加东亚峰会以后,力量将会削弱。这都会使东盟对东亚合作的主导权丧失,今后的东亚合作将会被区域内的大国所主导。⑤ 因此,东盟放弃了将"10+3"峰会升级到东亚峰会的想法,并紧握住了对东亚峰会的控制权,同时,把更多的大国拉入东亚峰会,实施"大国平衡"策略。⑥ 例如,印尼总统苏西洛·班邦·尤多约诺(Susilo Bambang Yudhoyono)在2005年4月访问澳大利亚和新西兰时表示这两国应该包含在东亚峰会之中;新加坡明确表示一个开放的东亚峰会可能会带来的好处,以此来支持印度的加入。⑦ 东盟秘书长坦承,东盟需要印度来平衡东北亚。⑧ 为了平衡中国的力量,日本积极说

---

① 宋均营、虞少华:《对"东亚共同体"建设的再思考》,《国际问题研究》2014年第2期,第32—33页;乔林生:《"东亚共同体"的构建与中国的作用》,《外交评论》2006年第6期,第32页。
② 张蕴岭:《东亚合作之路该如何走?》,《外交评论》2009年第2期,第4页。
③ 邵峰:《东亚共同体的可行性分析与中国的战略》,《世界经济与政治》2008年第10期,第24页。
④ David Camroux, "Regionalism in Asia as Disguised Multilateralism: A Critical Analysis of the East Asia Summit and the Trans-Pacific Partnership," *The International Spectator*, Vol. 47, No. 1, 2012, p. 102.
⑤ 刘昌黎:《东亚共同体问题初探》,《国际问题研究》2007年第2期,第58页。
⑥ 张铁根:《东亚峰会吸收美俄参加及其影响》,《亚非纵横》2010年第5期,第10页。
⑦ Jae Cheol Kim, "Politics of Regionalism in East Asia: the Case of the East Asia Summit," *Asian Perspective*, Vol. 34, No. 3, 2010, p. 123.
⑧ 〔菲〕鲁道夫·C. 塞维里诺:《东南亚共同体建设探源——来自东盟前任秘书长的洞见》,第172页。

服东盟让东亚峰会不仅限于东亚,并且在促成扩容的过程中发挥了领导作用。例如,日本首相小泉纯一郎2002年在新加坡的一次演讲中,就首次表明了希望让同为美国盟国的澳、新两国加入东亚的合作进程。[1] 而中国也愿意在更大的平台上开展地区合作,并且中国一直对东亚地区合作持开放、透明、包容的立场,不削弱、不排挤他国。

此外,东亚峰会的非东亚化也符合域外大国的东亚战略。印度参与峰会符合其"东看政策"的精神内核,[2] 澳、新两国也认为,除西方以外,东亚合作对它们的发展也很重要,经贸利益是澳新两国参与东亚峰会的主要动力。[3] 当然,俄罗斯也想在其中分一杯羹。而另一个关键性的国家——美国,鉴于其在东亚的重大利益,不可能自外于东亚一体化进程。[4] 对任何排除美国的地区合作机制设计,美国都会加以警惕乃至反对。在2004年至2005年东亚峰会制度设计的"关键节点"上,美国对以东亚13国为基础的东亚共同体建设一度充满忧虑。但由于美国潜移默化的影响和东亚各国内部错综复杂的矛盾,排除美国成员资格的"10+3"并没有成功地实现制度升级,而新出现的东亚峰会则包括了澳大利亚和新西兰这样既是东亚"域外国家"又是美国盟国的成员。美国对东亚峰会也由原来的冷漠和抵触态度转变为一定程度上的欢迎态度。[5] 但由于美国没有签署《东南亚友好合作条约》而不具备加入东亚峰会的条件,也由于反恐战争使美国的战略关注集中在中东地区,美国并没有积极争取成为东亚峰会的成员,甚至不愿成为观察员国。奥巴马政府上台后,在国际金融危机发生后全球权力结构和地区权力结构变化趋势凸现的背景下,美国高调宣布"重返东南亚",积极寻求加入东亚峰会。[6] 2009年7月,美国国务卿希拉里代表美国政府与东盟国家外长签署美国加入《东南亚友好合作条约》的文件,为美国加入东亚

---

[1] Malcolm Cook, "The United States and the East Asia Summit: Finding the Proper Home," *Contemporary Southeast Asia: A Journal of International and Strategic Affairs*, Vol. 30, No. 2, 2008, p. 302.
[2] 蓝建学:《东亚峰会:东亚合作的新起点》,《半月谈》2005年第23期,第86页。
[3] 蓝建学:《东亚峰会:东亚合作的新起点》,《半月谈》2005年第23期,第86页。
[4] 关于美国与东亚一体化的关系,参见吴心伯《美国与东亚一体化》,《国际问题研究》2007年第5期;林利民:《美国与东亚一体化的关系析论》,《现代国际关系》2007年第11期;张小明:《美国是东亚区域合作的推动者还是阻碍者?》,《世界经济与政治》2010年第7期。
[5] 任晓:《论东亚峰会及与美国的关系》,《国际问题研究》2007年第5期,第51页。
[6] 王光厚:《美国与东亚峰会》,《国际论坛》2011年第6期,第29页。

峰会扫清了障碍。2011 年 11 月，美国总统奥巴马首次出席了东亚峰会。

由此可见，既有的研究对本章提出的问题提供了一些解释。但是，这些解释没有一个完整的理论体系，是相对零散的。并且，其中关于为何最终东亚峰会的集中化程度相较于"10 + 3"机制更低，既有研究只是从东亚共同体建设的角度进行了解释，没有明确回应该问题，更没有直接将东亚峰会与"10 + 3"机制进行比较。鉴于此，本章将运用国际制度的理性设计模型，对"10 + 3"机制和东亚峰会在成员限制、集中程度和灵活性问题上的差异提供解释。

第三节 "10 + 3"机制和东亚峰会在制度设计上的特点

作为一种国际制度安排，"10 + 3"机制和东亚峰会均是东亚国家有意识地加以设计的结果。芭芭拉·凯里迈诺斯、查尔斯·利普森和邓肯·斯奈德尔在国际制度的理性设计模型中提出了国际制度在形式设计上需要考察的五个维度，即成员资格、议题范围、集中程度、灵活性和控制。① 从这些维度来看，"10 + 3"机制和东亚峰会的制度设计分别具有如下的特点：

一 成员资格

"10 + 3"机制的成员包括东南亚国家联盟的十个国家（文莱、柬埔寨、印度尼西亚、老挝、马来西亚、缅甸、菲律宾、新加坡、泰国、越南），以及东北亚的中国、日本、韩国三个国家。也就是说，作为东亚地区合作重要机制之一的"10 + 3"机制，其成员范围仅限于东亚国家，是名副其实的"东亚"合作机制。

与其名称不大相符的是，东亚峰会的成员从成立之初就包含了三个非东亚地区的国家，即南亚的印度和大洋洲的澳大利亚、新西兰。并且，东亚峰会又于 2011 年增加了欧洲的俄罗斯和北美洲的美国两个国家。如图 5 - 1 所示，这种成员构成跨越了东亚地区、南亚地区以及亚洲之外的大洋洲、欧洲及北美洲地区，具有跨地区主义的特点。因此，东亚峰会既不是欧盟那样的地区制度，也不是亚欧会议那样的地区间制度。

---

① Barbara Koremenos, Charles Lipson, and Duncan Snidal, "The Rational Design of International Institutions," *International Organization*, Vol. 55, No. 4, 2001, pp. 761 - 799.

第五章 "10+3"机制与东亚峰会的制度设计

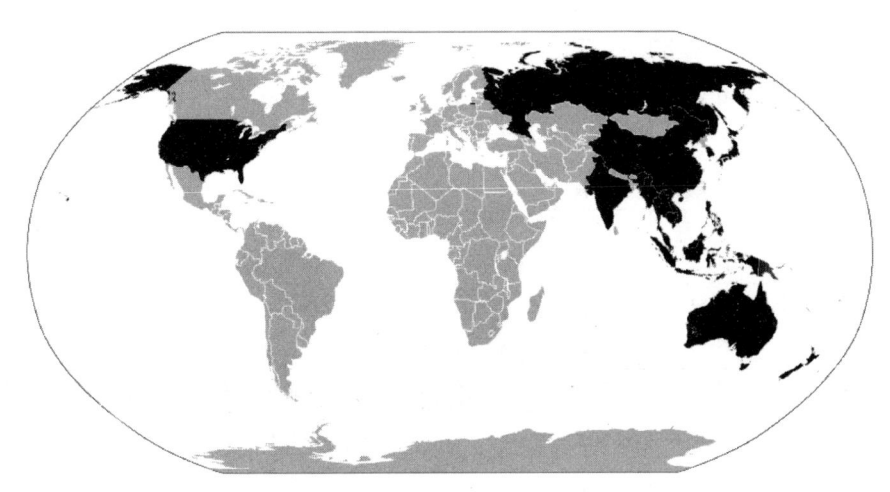

图 5-1 东亚峰会成员国分布图
资料来源：维基百科 http://en.wikipedia.org/wiki/East_Asia_Summit。

二 议题范围

由于"10+3"机制是在亚洲金融危机的背景下建立起来的，因此克服金融危机、加强货币与金融合作、完善金融监管体制、恢复经济增长、促进地区的安全与稳定是其主要议题。随着地区经济的复苏、信心的增强，"10+3"机制的议题扩展到贸易和投资、基础设施与人力资源开发、气候变化、灾害管理、粮食和能源安全、公共卫生，以及教育等方面的合作问题。[1] 如同"10+3"机制，东亚峰会的议题基本也限于非安全和非传统安全领域。在2005年首届东亚峰会上，与会各国签署了《吉隆坡宣言》，就共同感兴趣和关切的战略、政治和经济问题进行对话。[2] 第二届东亚峰会进一步确定了五大重点合作领域——能源、金融、教育、禽流感和减灾，后来随着国际和地区形势的变化，合作议题又有所调整。如表5-1所示，前五届东亚峰会所讨论的核心议题涉及公共卫生、能源、气候变化、金融危机、经济复苏与可持续发展等。

---

[1] 中国外交部网站：http://www.fmprc.gov.cn/web/gjhdq_676201/gjhdqzz_681964/lhg_682542/jbqk_682544/，最后访问时间：2016年6月13日。

[2] Kuala Lumpur Declaration on the East Asia Summit, Kuala Lumpur, 14 December 2005, http://www.aseansec.org/23298.htm，最后访问时间：2016年6月13日。

表 5-1　历届东亚峰会的主要议题

	时间	地点	议题
一	2005年12月14日	马来西亚吉隆坡	经贸、金融、能源、禽流感
二	2007年1月15日	菲律宾宿务	能源、金融、教育、禽流感和减灾
三	2007年11月21日	新加坡	能源、环境、气候变化和可持续发展
四	2009年10月25日	泰国华欣	应对国际金融危机、气候变化、灾害管理、粮食和能源安全
五	2010年10月31日	越南河内	经济复苏与可持续发展
六	2011年11月19日	印度尼西亚巴厘岛	财金、能源、教育、流行疾病和灾害管理
七	2012年11月20日	柬埔寨金边	可持续发展、缩小地区差异、疾病控制
八	2013年10月10日	文莱斯里巴加湾	粮食及能源安全、气候变化、疾病控制和灾害管理
九	2014年11月13日	缅甸内比都	气候变化、灾害管理和疾病控制、恐怖主义和极端组织
十	2015年11月22日	马来西亚吉隆坡	极端主义、信息与通信安全、疾病控制、海上合作

资料来源：中国外交部网站：http://www.fmprc.gov.cn/web/gjhdq_676201/gjhdqzz_681964/dyfheas_682566/jbqk_682568/；东盟秘书处网站：http://asean.org/asean/external-relations/east-asia-summit-eas/，最后访问时间：2016年6月13日。

三　集中程度

在是否存在集中机构来收集、传播信息和监督讨价还价过程的维度上，"10+3"机制已建立了65个对话与合作机制，形成了以领导人会议为核心，以部长会议、高官会、东盟常驻代表委员会与中日韩驻东盟大使会议和工作组会议为支撑的合作体系，如图5-2所示。其中，领导人会议是最高层级机制，每年举行一次，主要对"10+3"的发展做出战略规划和指导；17个部长级会议机制（包括外交、财政、经济、卫生、文化、农林、能源、旅游、劳动等）负责相关领域政策规划和协调；高官会负责政策沟通；中日韩驻东盟大使会议负责就合作具体问题进行协调。此外，"10+3"框架下还建有官、产、学共同参与的东亚论坛（East Asia Forum, EAF）及二轨的东亚思想库网络（Network of East Asian Think Tanks, NEAT），为"10+3"合作提供智力支撑。

作为一个年度领导人会议机制，东亚峰会仅初步形成了经贸、能源、环境、教育部长的定期会晤机制，正式的各领域和各层级支撑机制尚未建立。峰会主要通过外长工作午餐会或非正式磋商以及高官特别磋商，就峰会后续行动及其未来发展方向交换意见。①

领导人会议

部长会议、高官会、
东盟常驻代表委员会、
中日韩驻东盟大使会议、
工作组会议

东亚论坛、东亚思想库
网络

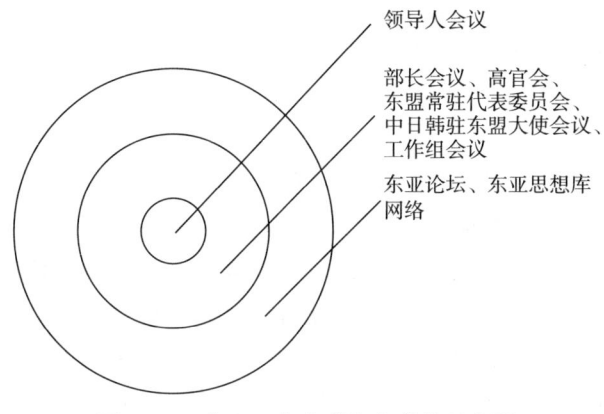

图 5－2 "10＋3" 机制组织结构示意图

四 灵活性

在可否不受制度束缚或变更不合时宜的条款的维度上,"10＋3"机制是在平等的基础上采取协商一致的做法。例如,1999年第三届会议发表的《东亚合作联合声明》、2005年第九届会议通过的《关于东盟与中日韩领导人会议的吉隆坡宣言》、2009年第十二届会议发表的《"10＋3"粮食安全和生物能源开发合作华欣声明》等其他声明及宣言,均属于非正式协议,不具有约束性。同样,东亚峰会基本采取的也是共同审议、交换看法、达成共识的做法。例如2005年首届东亚峰会与会领导人签署的《关于东亚峰会的吉隆坡宣言》和《关于预防、控制和应对禽流感的东亚峰会宣言》、2007年第三届峰会通过的《气候变化、能源和环境新加坡宣言》、2012年第七届峰会发表的《关于疟疾防控和应对疟疾抗药性区域合作宣言》等,作为非正式协议不具有约束性,成员没有因此发生明显的政策趋同效应。

不过,随着合作的不断深入,"10＋3"机制下各成员国也达成了一些有一定约束力的协议。例如,2000年5月4日,为防范金融危机,加强区域货币合作,东盟十国与中日韩三国的财长在泰国清迈共同签署了建立区域性货币互换网络的协议,即《清迈倡议》(Chiang Mai Initiative)。《清迈倡议》主要包括两部分,一是扩大东盟互换协议(ASA)的数量与金额,

---

① 中国外交部网站：http://www.fmprc.gov.cn/web/gjhdq_676201/gjhdqzz_681964/lhg_682542/jbqk_682544/, http://www.fmprc.gov.cn/web/gjhdq_676201/gjhdqzz_681964/dyfheas_682566/jbqk_682568/, 最后访问时间：2016年6月13日。

二是建立中日韩与东盟国家的双边互换协议。《清迈倡议》是东亚货币金融合作中最重要的一项制度性成果，具有一定的约束性。之后为克服双边货币互换协议的结构松散，"10+3"进一步提出了"推动清迈倡议多边化"的目标。2009年5月"10+3"财长会议就清迈倡议多边化主要要素达成共识后，各成员国财长和央行行长以及香港金融管理局总裁宣布正式签署《清迈倡议多边化协议》（Chiang Mai Initiative Multilateralization Agreement）。2010年3月24日，该协议正式生效，"10+3"机制由此建立了一个融多边与统一管理于一体的区域性外汇储备库，通过多边互换协议的统一决策机制来解决区域内国际收支不平衡和短期流动性短缺等问题。另外，2011年10月7日，在第11届东盟与中日韩农林部长会上，东盟与中日韩的农林部长在印度尼西亚首都雅加达正式签署了东盟与中日韩《大米紧急储备协议》（ASEAN Plus Three Emergency Rice Reserve，APTERR）。该协议确定"10+3"各国共为该机制专储787000吨大米，以应对该地区源自自然灾害和人道主义援助对大米的紧急需求。

五 控制

"10+3"机制由谁主导存在一定的争议。东盟国家负责主办该机制中最主要的领导人会议，在"10+3"机制中占据重要位置。而中国在该机制中的倡议提出和资金支撑上，也发挥着至关重要的作用。同时，"10+3"机制的其他层级会议虽然多数仍在东盟国家召开，但也有部分会议曾在中日韩三国召开。例如，2002年5月财长会议在中国上海召开，同年8月在日本东京举行了题为"东亚发展倡议"的外交和经济双部长会议，2009年7月总干事会议在韩国首尔举行，同年11月第四届科技高官会在中国昆明召开。不过，从"10+3"机制的整体运行上看，仍然是东盟国家掌握着该机制的控制权。实际上，正是在东盟的主导下，"10+3"机制未能成功升级为东亚峰会。

同样，东亚峰会进程和运作也由东盟主导。有学者指出："东盟不仅在原有的'10+3'框架中扮演主角，在新的东亚峰会中仍然充当'驾驶员'的角色。可以说，没有东盟的设计、倡导和组织，就没有今天的东亚合作。"[①] 东盟的这种主导地位体现在三个方面，即：东亚峰会由东盟主席国

---

① 阮宗泽：《中国崛起与东亚国际秩序的转型：共有利益的拓展与塑造》，北京大学出版社，2007，第127页。

主办并担任主席，入会标准由东盟确定，"10+6"的成员构成也反映了东盟主要国家的偏好。其中，关于入会标准，东盟提出了三条：必须是东盟的全面对话国，必须加入《东南亚友好合作条约》，必须与东盟有着密切的经济贸易关系。

由上文可见，"10+3"机制与东亚峰会这两个制度在设计上的差异主要体现在成员范围、集中程度与灵活性三个维度上。从成员资格来看，"10+3"机制是一个地区性的制度安排，而东亚峰会是一个明显具有跨地区特点的制度安排，美国和俄罗斯的加入使其跨地区主义的色彩更加突出。从集中程度来看，"10+3"机制与东亚峰会相比，除了领导人会议外，还建立了多层次的支撑机制。从灵活性来看，参与方在东亚峰会中拥有较大的灵活性，而"10+3"机制下达成的部分协议对成员具有一定的约束力。

表5-2 东亚峰会与"10+3"机制的比较

维度	东亚峰会	10+3
成员资格	东盟10国、中国、日本、韩国、美国、俄罗斯、印度、澳大利亚、新西兰	东盟10国、中国、日本、韩国
议题范围	能源、金融、教育、禽流感和减灾	金融合作、贸易便利化、食品与能源安全、灾害管理、人文交流、缩小发展差距、乡村发展和扶贫、劳工运动、预防传染病、环境和可持续发展、打击跨国犯罪和反恐
集中程度	领导人会议	领导人会议、部长会议、高官会议和工作层会议
灵活性	共同审议、交换看法、达成共识	协商一致、《清迈倡议》、《清迈倡议多边化协议》、《大米紧急储备协议》
控制	东盟	东盟/中日韩

资料来源：笔者根据东盟网站 http://www.aseansec.org 和中国外交部网站 http://www.fmprc.gov.cn 资料整理，最后访问时间：2016年6月13日。

第四节 区域合作中的问题与区域性制度设计的差异

根据国际制度理性设计模型，制度进程的主导方会偏好于不同形式的制度安排，以有效应对其在国际合作中所面临的问题。这一部分从自变量的角度来考察"10+3"机制与东亚峰会在建立之前或建立之初相关国家所面对的不同的合作问题，以解释两者不同的制度设计。

一 不确定性

不确定性在国际制度理性设计模型中有三重含义：第一，对其他行为体行为的不确定，即不确定其他行为体是否会遵守协议；第二，对其他行为体偏好的不确定，即不确定其他国家的需求和动机；第三，世界状态的不确定，即不确定自己行为会带来何种结果，以及整个国际环境在技术上、经济上或政治上会如何发展。[1] 从这两个机制产生的背景上来看，"10+3"机制建立时比东亚峰会面临着更大的不确定性。这种不确定性主要体现在世界状态的不确定，以及由此带来的国家行为的不确定。

20世纪中后期，东亚地区先后出现了"日本经济奇迹"，由中国台湾、中国香港、韩国和新加坡组成的东亚"四小龙"以及由泰国、马来西亚等五个东南亚国家组成的"五小虎"的经济腾飞。以出口主导为主要发展模式的东亚"雁型经济发展方阵"带来了本区域国家共同快速发展，成为世界经济发展中的"神话"。但是，1997年爆发的金融危机横扫整个区域，高速发展的东亚经济体逐个倒下，"亚洲经济神话"就此终结。虽然这场没有硝烟的金融战争给东亚各经济体带来了巨大损害，但它却为东亚各国在危机中启动互助互利的对话与合作机制提供了历史性的动力。目前东亚最主要的合作机制——"10+3"机制就是在这一背景下产生的。在金融危机中，东亚各国面临着国内和国际经济、政治上极大的不确定性，以及其他国家将会采取何种措施的不确定性。

1997年2月，以索罗斯为代表的国际投机家在国际金融市场上首次大量抛售泰铢，造成泰铢波动，泰国股市下跌。面对巨大的贬值压力，泰国中央银行动用20亿美元的外汇储备进行干预，暂时平息风波。但是，从5月份起泰铢再次遭到严重冲击，商业银行和企业纷纷抛售泰铢，抢购美元，这导致泰铢与美元的比价降到10年来的最低点27∶1。面对冲击，泰国中央银行再次动用50亿美元外汇储备进行干预，将离岸拆借利率提高到1000％，并且禁止国内金融机构向外借出泰铢，希望止住泰铢的下跌趋势，却收效甚微。1997年6月下旬，泰国外汇市场再次出现剧烈波动，泰铢对美元的汇率猛跌至28∶1。在外汇储备仅剩80亿美元时，1997年7月2日泰国宣布央行不再干预汇市，放弃主要盯住美元的汇率制度，实行管理浮动

---

[1] Barbara Koremenos, Charles Lipson and Duncan Snidal, "The Rational Design of International Institutions," *International Organization*, Vol. 55, No. 4, 2001, pp. 778–779.

第五章 "10+3"机制与东亚峰会的制度设计

汇率制，泰铢随即大幅贬值，当天汇率就跌至32.6:1，贬值幅度高达30%。泰国金融危机爆发后，印尼、马来西亚、菲律宾等国的货币也成为国际炒家的攻击对象，外汇市场受到强烈冲击，纷纷宣布本币贬值，甚至金融体制、货币制度、市场机制较为健全的新加坡也宣布新元贬值，东南亚金融危机全面爆发。1997年10月，台湾当局从自身的利益出发，宣布新台币贬值，加剧了东南亚金融危机的广度和深度。与之相反，当国际投机家大量抛售港元时，香港特别行政区政府宣布坚决捍卫港元与美元的固定汇率，终于逼迫投机家从香港撤退，但香港也为此付出了巨大的经济损失。随后，金融危机继续向韩国和日本蔓延，韩元大幅贬值，日本股市、汇市狂跌，金融机构纷纷破产，最终演化成为亚洲金融危机。1998年5月，投资者在金融市场上又对东亚国家货币进行抛售，新加坡、马来西亚、泰国等国的股市、汇市纷纷下跌，日元在美国的干预下才止跌回稳。面对国际炒家对香港的第二轮冲击，香港特区政府动用了大量外汇储备再次维持了港元币值的稳定。从1998年下半年开始，亚洲金融危机向全球扩展，不同程度地波及到了俄罗斯、美国、南美、欧洲等国家和地区，造成股市下跌、货币贬值、金融机构濒临破产、出口下降等不利影响。[1]

在这场危机中，东亚各个国家货币不断贬值、股市剧烈波动，在经济上面临着极大的不确定性。同时，经济状况的恶化与崩溃，造成了东亚国内政治中的紧张局势，甚至引发了政治危机，使得政治上的不确定性加剧。

作为危机重灾区的印尼金融市场持续震荡，经济的急剧下滑导致社会矛盾加剧。自1998年2月下旬起，印度尼西亚每天都有学生举行集会和示威，从雅加达、万隆、泗水和日惹等大城市蔓延到全国许多中小城市，政治局势急剧动荡。1998年5月12日，印度尼西亚6名大学生在要求改革的示威运动中遭到枪杀。这一事件引发印尼国内针对华裔族群的社会暴乱。5月13日到15日，印尼雅加达等地发生严重骚乱，数千暴徒焚烧办公大楼、商店、住宅、汽车，有组织地针对华裔进行烧、杀、奸、掠。这场骚乱导致1200多人丧生（其中大部分是华人），5000多间华人商店和住宅惨遭烧毁。[2] 而这场"五月骚乱"的直接导火索就是1997年爆发的亚洲金融危机。

---

[1] 宋新宁、田野：《国际政治经济学概论》，中国人民大学出版社，2015，第154—157页。
[2] 人民网：《针对华裔烧杀掠夺，世界舆论一片哗然》，http://military.people.com.cn/GB/1077/52987/5775370.html 最后访问时间：2016年6月23日；人民网：1998年5月13日《印尼发生有组织地迫害华人、强奸华人妇女的事件》，http://www.people.com.cn/GB/historic/0513/6279.html，最后访问时间：2016年6月23日。

印尼在这场危机中遭到重创，持续 30 年的繁荣毁于一旦，货币大幅度贬值，失业人数激增，燃油和粮食价格暴涨，人民生活水平急剧下降，民怨沸腾。为了转移民众视线、强行实施军管、延长家族统治，以苏哈托女婿、陆军战略后备部队司令普拉博沃中将为代表的苏氏家族和军方内部若干人等，策划了这场枪杀学生、残害华人、挑动种族矛盾的阴谋。这场骚乱不仅给印尼的国家经济和社会运转造成了巨大损失，还进一步演化成为一场变革运动，1998 年 5 月 21 日迫使在印尼执政 31 年的苏哈托总统辞职，苏氏家族势力随之土崩瓦解。[①]

当金融危机在泰国爆发后，为了避免危机进一步恶化，IMF 迅速启动了对危机国家的救援计划。1997 年 8 月起，以 IMF 为主导的国际金融组织先后向泰国提供 171 亿美元、向印度尼西亚提供 366 亿美元、向韩国提供 582 亿美元的贷款或援助资金。IMF 的介入使得遭受危机的国家外汇市场得到了支撑，在减轻危机的程度和抑制危机向国际市场的蔓延上起到了一定的积极作用。但是，IMF 在救援中严苛的附加条件，如给各个陷入危机国家的通货膨胀率、经济增长、经常项目逆差、国家外汇储备等宏观指标做出硬性规定，要求其进一步开放金融市场，实行紧缩的财政政策和货币政策等，给危机国带来了巨大的痛苦，造成了一系列的负面效果。

另外，掌握金融霸权的美国不仅没有承担起应尽的国际义务，反而利用自身的优势从危机中攫取大量的经济和政治利益。在亚洲金融危机中，美国进一步加大了东亚国家政治上对它的依赖，使潜在的国际竞争对手遭到削弱，获得了国际政治上的收益。美国政府和企业还从危机中获得了巨大的经济收益，表现在：吸收了原本投资于亚洲的资金，使亚洲的大量资本流入美国金融市场；有利于控制美国国内的通货膨胀，保持较低的利率水平，促进国内的投资和消费；美国金融投机家和金融集团在投机和廉价的跨国收购中均获得了巨额收益。然而，在获取大量政治、经济收益的同时，美国金融霸权对国际金融体系的稳定并没有承担相应的责任。亚洲金融危机爆发后，面对国际社会限制对冲基金投机活动的要求，美国政府却以资本国际化、资本自由流动、放宽限制符合国际经济规则等理由拒绝干涉。并且，美国政府并不认为是亚洲金融市场开放过快导致了金融危机，相反在危机后企图迫使新兴国家的金融市场进一步开放，以提高发展中国

[①]《印尼"五月骚乱"15 周年，记取教训扼杀腐败文化》，http://www.china.com.cn/international/txt/2013-05/15/content_28827884.htm，最后访问时间：2016 年 6 月 23 日。

家金融机构的效率，减少腐败的发生。1997年8月，在东京召开的救援泰国的国际会议上，国际社会承诺为其提供160亿美元的救援资金，而美国拒绝参与其中，分文未出。当危机继续深入发展，美国担心会对全球金融造成严重打击，从而波及美国的金融市场以及商品出口，才转变态度，加入救援。1997年12月，针对韩国爆发的金融危机，美国将各银行的贷款延期，并把短期债务转化为长期债务。另外，在危机期间美国向韩国和印尼分别提供了50亿和30亿美元的直接贷款。当然这些行动和贷款与美国在国际货币金融体系中的地位远不成正比。

IMF在亚洲金融危机救助中采取的不当措施，以及美国在救助中的拖延或缺位，进一步加剧了亚洲国家对经济复苏预期的不确定性。1997年爆发的亚洲金融危机，直到1999年下半年才逐步退却，东亚国家的经济遭受了极大的损失。泰国的GDP增速由1996年的约5.65%，下降到1997年的约-2.75%，1998年继续下降到约-7.63%。印度尼西亚1998年的GDP比1997年下降了约13.13%，马来西亚下降了约7.36%，韩国下降了约5.71%，中国香港地区也下降了约5.88%（见表5-3）。

表5-3 部分东亚国家或地区GDP变化率（1996—1999）

单位：%

国家/地区	1996年	1997年	1998年	1999年
日本	2.610055	1.595629	-2.00315	-0.19934
韩国	7.185917	5.766741	-5.7139	10.73059
中国香港	4.258471	5.099647	-5.88264	2.506672
印度尼西亚	7.642786	4.699873	-13.1267	0.79113
马来西亚	10.0027	7.322743	-7.35942	6.13761
菲律宾	5.845873	5.185362	-0.57672	3.081927
新加坡	7.531934	8.291118	-2.22523	6.095204
泰国	5.652374	-2.75359	-7.63373	4.572298
文莱	2.878318	-1.47117	-0.55851	3.052157
越南	9.340017	8.152084	5.764455	4.773587
老挝	6.928324	6.872091	3.967608	7.306376
缅甸	6.442715	5.651583	5.866213	10.94513
柬埔寨	5.412339	5.619793	5.009033	11.90976

资料来源：世界银行数据库，http://data.worldbank.org.cn/。

由此可见，在亚洲金融危机的背景下，"10+3"机制的成立面临着世界状态极大的不确定性。经济全球化使国家与国家之间的经济联系更加紧密,特别是在金融领域,某个国家的金融政策会直接影响到其他国家。因而,其他国家在金融危机中采取何种政策应对危机,对本国至关重要。由于各个国家国内和国际经济和政治环境的不确定,各个国家行为的不确定性也随之增加。"没有各经济体之间的积极配合与协调互助,还可能导致金融危机的进一步扩散和恶化。事实上,危机爆发后东亚主要经济体之间形成的货币贬值的'恶性攀比',本身即是恶化金融危机的重要原因。"① 因此,"10+3"机制成立之初,成员国都将注意力放在了加强金融、货币政策的协调与合作。1997年12月首次"10+3"领导人会议的主题之一就是"保持地区经济稳定方面的合作";次年12月第二届会议又将"加强地区经济恢复方面的合作"作为主题;1999年11月,东盟十国与中日韩三国领导人在菲律宾首都马尼拉通过了《东亚合作的共同声明》,同意加强金融、货币和财政政策的对话、协调和合作。②

然而,就东亚峰会的成立背景来看,并没有经历明显的政治、经济危机,仅面对在公共卫生领域爆发的全球性禽流感。疫情的控制虽然也存在一定的不确定性,这一不确定性主要体现在医疗技术上的不确定性,此类不确定性明显没有金融危机中政治和经济的不确定性那么大。同时,各国比较容易在疫情问题上达成共识,2005年12月14日,在首届东亚峰会上,与会各国发布了《关于预防、控制和应对禽流感的吉隆坡宣言》。宣言称:"各国将全面完善防控新发传染病的国家政策;控制和根除各国家禽的禽流感以减少风险;在与会国间相互提供一切可能的支持;加强国家和地区等各层面的协调;签署国家和多边组织间信息共享协议,确保在流感大流行爆发前或爆发时进行有效、及时和实质性的沟通;在疫苗及抗病毒药物的监理、研发、生产等方面,加强东盟成员国内部、各与会国之间以及各国和世界卫生组织等国际组织之间的合作。"③

根据国际制度理性设计模型中的假说C1和假说C2,世界状态和行为的

---

① 江瑞平:《构建中的东亚共同体:经济基础与政治障碍》,《世界经济与政治》2004年第9期,第63页。
② 中国外交部网站,http://www.fmprc.gov.cn/web/gjhdq_676201/gjhdqzz_681964/lhg_682542/jbqk_682544/,最后访问时间:2016年6月24日。
③ East Asia Summit Declaration on Avian Influenza Prevention, Control and Response Kuala Lumpur, 14 December 2005, http://asean.org/?static_post=east-asia-summit-declaration-on-avian-influenza-prevention-control-and-response-kuala-lumpur-14-december-2005,最后访问时间:2016年6月23日。

不确定性越大时，集中程度越高。当国家对世界状态不确定时，所有的参与者都会从收集和管理信息的共同努力中受益。当某个或某些国家对其他国家的行为不确定时，就无法达成互惠双赢的结果。集中程度提高后，他们可以知道其他国家会如何行动，以及为何这样行动，并且能够知道对方的不合作行为是故意的还是情有可原的。[1] 因此，由于"10+3"机制建立时比东亚峰会面临更大的不确定性，进程的主导方和参与国倾向于在"10+3"机制中构建更具集中性的制度框架，以降低这种不确定性，提高自己对局势判断的准确性，使合作更容易达成和维持。而对东亚峰会而言，参与各方缺乏这一动力来增强该制度的集中性，因而它仅维持了论坛的性质。

二　分配问题

当合作协议有多种可能的实现方式时，就会出现分配性问题，即行为体会考虑自己所倾向的选择与别人所倾向的选择之间的差异。[2] 在开展地区合作的过程中，东亚国家之间不可避免地会面临着一定程度上的分配问题，这些分配问题既有经济利益上的分配，也有政治利益上的分配。并且，随着中国经济的发展和政治影响力的提升，东亚地区的分配问题越发凸显。

中国在亚洲金融危机中表现出的"负责任"态度，赢得了东盟国家的广泛的认可和信任。随着"10+3"机制的建立以及东盟国家经济从金融危机中的逐步复苏，中国与东盟国家之间的经贸关系不断深入发展。2002年11月，在第六次中国-东盟领导人会议上，朱镕基总理和东盟10国领导人在柬埔寨首都金边签署了《中国与东盟全面经济合作框架协议》，中国-东盟自由贸易区的建立进程正式启动。尽管中国与东盟双方都从双边贸易的发展中获得了巨大收益，然而，谁在其中获得了更大的收益也不可避免地受到双方的关注。自1996年"10+3"机制建立前到2005年东亚峰会成立，中国对东盟的出口和进口均明显呈上升趋势，如图5-3所示。

从具体统计数字上看，1996年中国对东盟的出口额仅约为92亿美元，到2005年这一数值已增长到约611亿美元，是1996年的6.6倍。同样，中国对东盟的进口也增长迅速，1996年进口额约为75亿美元，2005年已增长到约523亿美元，十年间增长了近6倍（见表5-4）。不过，在双边进出口

---

[1] Barbara Koremenos, Charles Lipson and Duncan Snidal, "The Rational Design of International Institutions," *International Organization*, Vol. 55, No. 4, 2001, pp. 787-788.

[2] Barbara Koremenos, Charles Lipson, and Duncan Snidal, "The Rational Design of International Institutions," *International Organization*, Vol. 55, No. 4, 2001, p. 775.

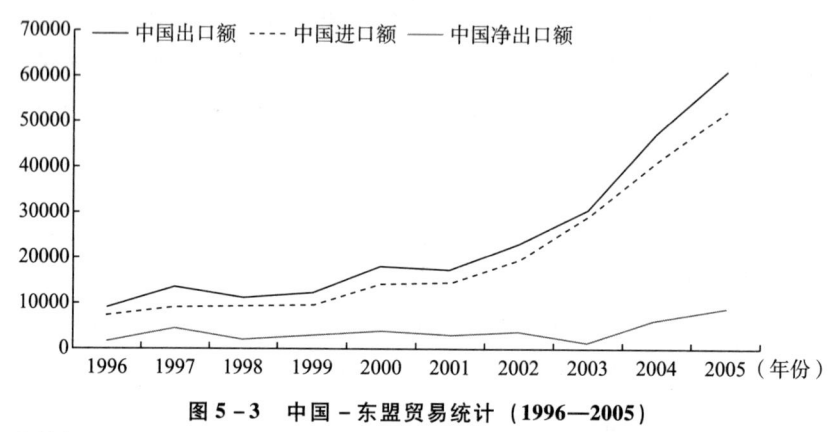

图 5-3 中国-东盟贸易统计（1996—2005）

资料来源：The ASEAN Secretariat, *ASEAN Statistical Yearbook* 2008, pp. 82-87。

贸易共同增长的同时，中国一直保持了对东盟贸易的顺差，且这一差值从 2003 年至 2005 年有明显扩大的趋势。1996 年中国对东盟贸易的净出口额约为 17 亿美元，2000 年增长到约 40 亿美元，2004 年在前一年增幅下降的基础上猛增 319.4%，约为 64 亿美元，2005 年净出口额继续增长到约 89 亿美元（见表 5-4）。中国对东盟净出口额的增长，让东盟感到自己相对于中国只获得了较小一部分的收益，且这种不平衡感随着贸易差值的扩大而增强。

表 5-4 中国-东盟贸易统计（1996—2005）

单位：百万美元

	1996 年	1997 年	1998 年	1999 年	2000 年	2001 年	2002 年	2003 年	2004 年	2005 年
中国出口额	9217.6	13482.9	11211.5	12331.7	18137.0	17399.2	23212.2	30577.0	47714.2	61136.1
中国进口额	7474.1	9167.9	9202.6	9590.8	14178.9	14516.0	19547.5	29059.9	41351.8	52257.5
中国净出口额	1743.5	4315.0	2008.9	2740.9	3958.1	2883.2	3664.7	1517.1	6362.4	8878.6
中国净出口额增幅	87.8%	147.5%	-53.4%	36.4%	44.4%	-27.2%	27.1%	-58.6%	319.4%	39.5%
中国进出口总额	16691.7	22650.8	20414.1	21922.5	32315.9	31915.2	42759.7	59636.9	89066.0	113393.6
中国进出口总额增幅	25.20%	35.7%	-9.9%	7.4%	47.4%	-1.2%	34.0%	39.5%	49.3%	27.3%

注：此处中国与东盟的贸易数据仅指中国内地，不包括港澳台地区。

资料来源：The ASEAN Secretariat, *ASEAN Statistical Yearbook* 2008, pp. 82-87。

第五章 "10+3"机制与东亚峰会的制度设计

在东亚峰会成立之时，中国与东盟之间除了经济利益上的分配问题较20世纪90年代后期愈发严重，政治利益上的分配问题也同样开始显现。尽管东盟是"10+3"机制中主要会议的主办方，也掌握着该机制的主导权，但是自1997年以来，中国也在包括"10+3"机制在内的东亚地区合作中发挥着积极的推动作用，特别是在贸易合作、货币金融合作等实质性合作领域中的制度建设方面。1998年12月，时任国家副主席胡锦涛在第二次东盟与中日韩领导人非正式会晤和东盟与中国领导人非正式会晤中，建议在现有的框架中开展副财长和央行副行长级对话，并根据需要适时建立专家小组。这一建议得到与会领导人一致同意，从而使得东亚地区第一次建立了高层职能部门之间的对话与协商机制。2000年9月，在第四次东盟与中国领导人会议上，中国国务院总理朱镕基提出了建立中国－东盟自由贸易区的建议，得到东盟有关国家的赞同，并于2002年11月第六次"10+3"领导人会议期间在柬埔寨首都金边正式启动。2001年11月14日，朱镕基在柬埔寨金边出席"10+3"会议期间，主持了日本首相小泉纯一郎、韩国总理金硕珠参加的中日韩三国领导人会谈。会上，朱镕基总理正式提出了建立中日韩三国自由贸易区的设想。这些倡议都反映了中国在东亚合作中的积极角色。随着中国在全球权力结构和地区权力结构中的地位进一步上升，东盟更加担心自己在东亚合作中的地位边缘化。在由东亚合作而产生的政治利益的分配上，东盟认为中国获得了更为长远的政治和战略收益。

此外，随着东亚国家海洋主权意识的提升，中国与东盟有关国家在南海问题上的矛盾也从20世纪初开始凸显。自2001年1月15日起，4艘中国渔船在黄岩岛与菲律宾海军军舰及侦察机持续对峙两周。2003年4月，菲律宾在中业岛举行"设立卡拉延市25周年"纪念活动[①]，菲律宾海军派舰运送地方官员参加此次纪念活动。2004年4月19日，一艘越南海军船只搭载数十名首批旅游者前往南沙群岛参观旅游。中国及南海相关各方均表示强烈不满，认为越南此举背信弃义，破坏了该地区的和平与稳定。2005年年初，越南总理潘文凯访华前，越南在南沙争议岛屿上改建一条旧飞机跑道，中国外交部发言人对这一行为进行严厉批评。随后，越南又在其行政版图中将中国西沙群岛和南沙群岛作为两个行政县编入越南庆和省的区

---

① 卡拉延市是菲律宾在南沙群岛（菲方称"卡拉延群岛"）上所设置的行政区域，行政中心位于中业岛。中方未给予承认。

划版图。①

不仅仅是东盟，日本与中国之间也存在分配问题，并在21世纪初更加严重。日本领头的"雁形模式"在20世纪60至80年代塑造了东亚经济的高速增长，创造了"东亚奇迹"。哪怕进入90年代，在世界经济状况普遍低迷的情况下，东亚地区仍然保持了较高速度的经济增长。然而，1997年亚洲金融危机给东亚国家造成了重创。在这场危机中，中国挺身而出，发挥了一个区域性大国应有的作用。中国政府为了维护东亚地区的稳定，本着高度负责的态度，做出人民币坚持不贬值的重要决定，并为此承受了巨大的压力，付出了严重的代价。但是，此举对东亚地区经济的复苏以及全世界金融、经济的稳定和发展起到了重要作用。同时，中国政府积极采取措施，努力扩大内需，刺激经济增长，保持国内经济的健康和稳定增长，对带动地区经济的复苏发挥了重要作用。并且，中国还向泰国等危机国家提供了总额超过40亿美元的援助。② 中国在这场危机救助中的积极贡献是有目共睹的，"负责任的大国"称号当之无愧，赢得了东盟国家和国际社会的广泛赞誉。这无疑对一直以东亚政治和经济领导者自居的日本造成了心理上的不适应。

更重要的是，在亚洲金融危机之后，中国逐步代替日本成为了东亚地区经济增长的"火车头"。危机之后，在中国经济的带动下，东亚各国的经济再次恢复了增长势头。2001年5月，日本官方发表的《2001年贸易白皮书》中首次承认：日本充当亚洲经济发展领头雁的"雁形结构"发展势态已经被打破，取而代之的是急速增长的中国经济。③ 这一评论虽然略有夸大，但是毫无疑问，危机之后，特别是进入21世纪之后，随着中国加入WTO而更加深刻地融入到国际分工中，中国经济的发展对东亚地区已有着举足轻重的作用。尽管在21世纪初中日在GDP总量上还存在较大差距，但是中国惊人的经济增长速度也让日本感到担忧，中国总有一天会动摇其自身GDP全球第二、亚洲第一的地位。④ 图5-4反映了1997—2005年间中国和日本GDP及其增长率。在日本看来，崛起的中国已成为它强劲的竞争对

---

① 国家海洋信息中心：南海大事记（2000—2009），南海信息网，http://www.nanhaixinxi.org.cn/nhdsj/nhdsj_2000_2009/201203/t20120315_21141.html，最后访问时间2016年6月24日。
② 郭定平主编《东亚共同体建设的理论与实践》，第217页。
③ 杨虹：《新地区主义：中国与东亚共同发展》，中国社会科学出版社，2011，第244页。
④ 2010年日本名义GDP为54742亿美元，比中国少4044亿美元。中国首次超过日本，成为世界第二大经济体。

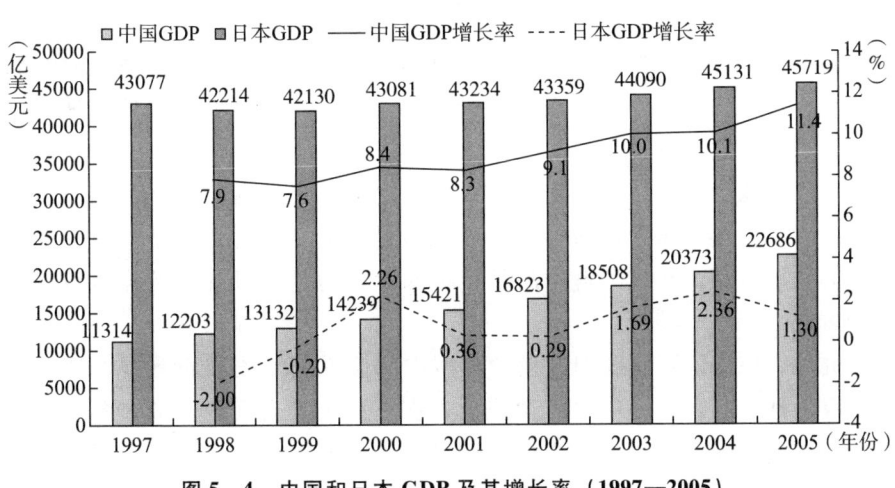

手，中国也极有可能代替它成为东亚经济合作的中心。

图 5-4　中国和日本 GDP 及其增长率（1997—2005）
资料来源：世界银行数据库，http://data.worldbank.org.cn/。

在 2005 年东亚峰会召开之前，中国与日本除了在经济地位和经济领导权上分配问题越发凸显，中日关于海洋领土争端日益加剧。2003 年 8 月 25 日，"日本青年社"成员登上钓鱼岛。中国外交部以及中国驻日本使馆分别奉命向日方进行了严正交涉，提出了强烈抗议。2004 年 3 月 24 日，来自中国大陆的冯锦华、张立昆等 7 名民间"保钓"人士，从浙江乐清市黄华港出发，登上钓鱼岛，宣示中国主权。随后，这 7 名"保钓"人士被日本海上保安厅扣留，经中国政府反复严正交涉，两日后从日本安全归来。此外，2003 年 8 月 19 日，中海油、中石化、壳牌公司、优尼科石油公司在北京人民大会堂签署了春晓气田联合开发合同。次年 6 月，日本外相川口顺子提出中日应合法开发东海资源，支持民间企业对东海资源进行勘探。7 月，日本派出测量船在中间线日方一侧探测资源。中国对此提出抗议。同时，日本组建了"推进大陆架调查议员联盟"，大幅增加对大陆架调查的经费支持，自民党工作组提出《为维护海洋权益的 9 项建议》，并设立由首相小泉纯一郎亲自领导的"海洋权益相关阁僚会议"。日本政府通过这些行动，加强了对中国海洋行动的监视，并使得中日东海油气争端进一步升级。[①]

根据国际制度理性设计模型中的假说 M3，分配问题越严重，国际制度的成员资格越具有包容性。行为体不仅会关注他们从合作中得到的直接收

---

① 郭定平主编《东亚共同体建设的理论与实践》，第 160—161 页。

益，还会关注相对收益，这会对合作的开展造成不利影响。而降低成员资格的限制，扩大参与成员的范围，零和博弈的属性就会降低。① 在上述"相对收益"观的支配下，原本主导东亚峰会进程的东盟需要引入域外国家，包括后来加入的美国，来平衡中国的影响力。日本同样对中国的快速崛起具有强烈的不适应感。为了"稀释"中国的影响力，阻遏中国崛起势头，日本将澳大利亚、新西兰和印度等国拉入东亚峰会。② 东亚峰会的发展反映了该地区对中国再度作为区域性与全球性力量兴起及其对地区结构意涵的关切。其发展进程，凸显了自冷战结束以来中日对地区领导权的竞争以及中国的崛起。③

此外，根据国际制度理性设计模型中的假说 F2，分配问题越严重，制度的灵活性越高。当一项协议达成后，在其后很长时间内都会对参与国家之间的利益分配产生影响。当分配问题越严重时，参与方就倾向于采用一种灵活性更高的制度形式，降低分配问题的严重性以及讨价还价的成本。④ 东亚峰会成立之时，制度进程的主导方——东盟、中国与日本之间的分配问题，较"10 + 3"机制成立之时更加严重。因此，制度的参与国倾向于在东亚峰会中采取一种灵活性更高的制度，减少对自身的约束性，降低未来产生对自己不利利益分配的可能性。东亚峰会关于疫情控制、能源安全、气候变化等方面的会议成果均以宣言、声明、行动计划等形式呈现，至今尚未达成具有实质性的、有约束力的协议或条约。

第五节 "10 + 3"机制与东亚峰会的联系及中国的地区战略

以上，我们运用国际制度理性设计模型分析了"10 + 3"机制和东亚峰会的差异以及产生这些差异的原因。接下来我们进一步对这两个制度之间的联系进行分析，并且以此为基础来探讨中国的地区战略。奥兰·扬

---

① Barbara Koremenos, Charles Lipson, and Duncan Snidal, "The Rational Design of International Institutions," *International Organization*, Vol. 55, No. 4, 2001, pp. 784 – 785.
② 乔林生：《"东亚共同体"的构建与中国的作用》，《外交评论》2006 年第 6 期，第 33 页。
③ Malcolm Cook, "The United States and the East Asia summit: Finding the Proper Home," *Contemporary Southeast Asia: A Journal of International and Strategic Affairs*, Vol. 30, No. 2, 2008, p. 302.
④ Barbara Koremenos, Charles Lipson, and Duncan Snidal, "The Rational Design of International Institutions," *International Organization*, Vol. 55, No. 4, 2001, p. 794.

第五章 "10+3"机制与东亚峰会的制度设计

(Oran Young)对不同制度之间的联系进行了四种类型的区分,即嵌入式(embedded)、集束式(clustered)、嵌套式(nested)和交叠式(overlapping)。① 由于嵌入式互动涉及国际社会整体的深层结构,并不涉及与地区层次上的制度互动,我们只需要关注后面三种情况。

虽然东亚峰会、"10+3"以及另外三个"10+1"在同一地点连续举行,但在机制运行上仍是各自独立的。正如奥兰·扬指出的:"一旦不同的制度安排建立起来,它们就具有自己的生命力……成功的集束通常需要在合作的起始阶段就采取决定性的行动。"若按照东亚展望小组2001年提出的最初构想,"10+3"年度首脑会议应发展为东亚峰会,"10+3"乃至三个"10+1"都会结合为一揽子的东亚峰会。但是,当2005年东盟有条件地同意吸纳印度、澳大利亚和新西兰而偏离了原有的制度设计时,东亚合作出现了"10+3"和东亚峰会之争。在中国、日本和东盟各有自己的制度偏好的情况下,各种制度的"集束式"互动已经失去了良机。美国加入东亚峰会后,东亚合作机制的"集束式"发展更难实现。

那么,"10+3"与东亚峰会在将来的互动是否会是"嵌套式"的,即那些功能规模、地理范畴或者其他相关标准有限的具体安排被置于更加广泛的制度框架中?由于东亚峰会比"10+3"的成员范围更加广泛,该种类型可能出现的情况就是将"10+3"嵌套于东亚峰会之下。一般而言,"嵌套式"发展的动力有两个,一是降低被嵌套制度的建立成本,二是提高被嵌套制度的合法性。② 由于"10+3"并非新制度,其建立早于东亚峰会,前一种动力并不存在。同时,"10+3"是基于地理和人文范畴的地区制度,是唯一的真正意义上的东亚国家间合作机制,③ 其合法性也强于作为跨地区制度的东亚峰会,因此后一种动力也不充分。

因此,就"10+3"机制和东亚峰会的情况来看,两者之间具有典型的"交叠式"特点,即单个机制成立的目的不同,但它们事实上互有交叉,从而对彼此产生了影响。一方面,东亚峰会作为东亚国家之间以及东亚国家与域外关系紧密的国家之间交流的平台,仍然保持松散的论坛性质;另一方面,"10+3"机制可以继续作为东亚合作乃至建立东亚共同体的主体框

---

① 〔美〕奥兰·扬:《世界事务中的治理》,陈玉刚、薄燕译,上海世纪出版集团,2007,第156—161页。
② 奥兰·扬:《世界事务中的治理》,第164—165页。
③ Takeshi Terada, "Constructing an 'East Asian' Concept and Growing Regional Identity: From EAEC to ASEAN + 3," *Pacific Review*, Vol. 16, No. 2, 2003, pp. 251–277.

架而存在。

自亚洲金融危机以来,中国在东亚地区合作的制度建设上投入了很大的沉淀成本,在东亚地区合作的发展方向上具有直接的利益关切。基于"10+3"机制与东亚峰会在制度设计上的不同特点以及两者的相互关系,中国可以有针对性地制定适当的地区合作战略。

东亚峰会的"10+6"机制已经包括了三个非东亚国家,扩容后的"10+8"机制使非东亚化的色彩更加明显。仅从更多的成员数目和更大的成员异质性来看,这些国家之间的合作面临着比"10+3"机制更大的困难。[1] 更何况东亚峰会第二次扩充的成员不是一般的"域外国家",而是以各种方式阻挠东亚一体化进程的美国。这样就提出了一个一体化进程中的老问题:扩大与深化之间的矛盾。美国加入东亚峰会,使对东亚一体化抱有期待的人们感到迷惘和失望。

1997年亚洲金融危机以来,中国在东亚地区合作中积极推进多边主义外交,在地区一体化进程中扮演了主要倡议者的角色。在中国看来,多边主义尤其是经济多边主义可能是减轻其亚洲邻国的疑虑、维持睦邻友好关系以及增强其地区影响力的最有效手段。[2] 作为东亚经济规模最大乃至整体实力最强的国家,东亚一体化的深化应该会提升中国在本地区的权力。按照这一逻辑,似乎"中国更偏爱排除美国的制度安排,以便使中国获得更大的影响力和灵活性"。[3] 美国加入东亚峰会不仅使东亚共同体的前景更加渺茫,而且使中国的地区战略遭遇新的挑战。有学者甚至认为,美国加入东亚峰会是美国遏制中国的重要环节,使中国周边环境有逆转趋势。[4]

然而,美国加入东亚峰会也没有改变东亚地区合作的方向。实际上,即使没有非东亚成员的"搅局",东亚一体化的前景也不容乐观。现今东亚共同体建设的滞后,固然与外部因素特别是美国因素有关,但最根本的障碍在于东亚自身。从体系层次来看,东亚并未脱离权力政治的逻辑,没有建立正式制度约束的传统,更没有形成类似欧洲认同那样的"亚洲认同"。更为重要却易于忽略的是,欧洲国家是在民族国家建设任务已经完成的基

---

[1] 关于行为体数目和异质性对合作的影响及其理论争论,参见 Robert Keohane and Elinor Ostrom, eds., *From Local Commons to Global Interdependence*, London: Sage, 1994。

[2] 王建伟:《中国多边外交理论与实践的演变》,《复旦国际关系评论》(第6辑),上海人民出版社,2006,第229页。

[3] Wang Ming, "The Great Recession and China's Policy toward Asian Regionalism," *Asian Survey*, Vol. 50, No. 3, 2010, p. 529.

[4] 张铁根:《东亚峰会吸收美俄参加及其影响》,《亚非纵横》2010年第5期,第7—11页。

础上去"超越威斯特伐利亚",而东亚的民族国家建设任务远未完成,国家主权依然具有强大的引力而备受珍视。在国家主导型的国内结构下,东亚的国家积极干预经济和社会发展,不愿社会行为体与其过多分享权力,对"欧盟式"超国家结构下产品和生产要素自由流动的政治后果充满警惕。正如迈尔斯·卡勒(Miles Kahler)所分析的:"受到东盟的影响,东亚区域制度的特点大都遵从了一种相同的样式。即使这些组织的永久秘书处存在,政府也不情愿把权威过多地授予这些组织。个人和公司在这些组织中没有直接的角色。例如,没有地区法庭使个人得以起诉违反地区协定的行为。"① 鉴于东亚一体化的内生困境,我们无需过高估计美国对东亚一体化的影响。

面对东亚地区的政治现实,与排他性的地区合作相比,开放的地区主义原则对中国更为有利。这不仅是向世界传达信号的需要,更是中国对国家利益权衡的结果。随着中国与世界相互依赖的加深,海外利益扩展与保护的重要性日益凸现。中国的一大部分利益集中于东亚地区,但这并不一定需要排他性的地区主义。首先,作为规模无与伦比的转型国家,中国政府需要集中处理国内事务。正如谢淑丽(Susan Shirk)所强调的,即使是中国的对外政策也扎根于国内治理的需要。② 国家治理的复杂性使中国不可能投入更多精力用于国际事务的治理,尽管两者之间的边界在全球化条件下不再那么清晰可见。建立排他性的地区一体化,显然会回到大国权力政治的游戏中,消耗中国有限的资源和能力。其次,随着世界霸权对领土规模的要求不断提高,区域治理结构对大国崛起的意义下降。例如美国的全球霸权在很大程度上依赖于在政治经济上的地区集中性及其有力整合,即美国本身就是一个大陆规模的民族国家。③ 美洲是否实现地区一体化,对美国霸权的确立和护持都无关痛痒。而欧洲一体化的重要意义与欧洲国家较小的人口和领土规模具有明显的相关性。再次,出于中国产业结构升级与经济现代化的需要,中国与发达国家合作深度仍有待加强。在实施区域化战略的同时,中国仍要以全球化战略来推动产业竞争力的提升和经济增长方式的转变。实际上,同处东亚的日本、韩国亦是如此,双边FTA的缔结对象反映了这一特点。第四,美国加入东亚峰会,可以为中美沟通增加一个

---

① Miles Kahler, "Weak Ties Don't Bind: Asia Needs Stronger Structures to Build Lasting Peace," *Global Asia*, Vol. 6, No. 2, 2011, p. 20.
② Susan Shirk, *China: Fragile Superpower*, Oxford and New York: Oxford University Press, 2007.
③ 〔意〕乔万尼·阿里吉:《亚当·斯密在北京——21世纪的谱系》,路爱国、黄平、许安结译,社会科学文献出版社,2009,第249页。

新的渠道，减少美国对"东亚合作可能撇开美国"的疑虑。正如查尔斯·格拉泽（Charles Glaser）所洞察的，鉴于中国和美国都享有常规武器和核武器的防御优势，两国冲突的潜在诱因不是国际体系的结构变化，而是地区性的问题。① 在这个意义上，东亚峰会可以作为一种机制来缓和中美两国在本地区的冲突，增强双方的政治与战略互信。

实际上，中国政府已经对美国在东亚合作中的作用表达了清晰的立场。中国总理温家宝在第五届东亚峰会上明确表示："中国欢迎俄罗斯、美国加入东亚峰会，希望两国发挥建设性作用。中方愿同各方共同努力，推动东亚合作达到更高水平。"② 面对东亚峰会的扩容，中国可以致力于保持东亚峰会的务虚性质，将其作为进行广泛的战略性对话的平台，同时坚持"10+3"机制的务实性质，积极稳妥扎实地推进"10+3"的各项合作。在主要的地区合作机制中，"10+3"机制和东亚峰会之间可以形成"内核"与"保护带"的关系，使两者间的竞争关系更多地转化为互补关系。

---

① Charles Glaser, *Rational Theory of International Politics*, Princeton: Princeton University Press, 2010, pp. 271-281.
② 《温家宝：东亚峰会应坚持既定宗旨、性质和原则》，http://news.xinhuanet.com/world/2010-10/30/c_12719112.htm，最后访问时间：2016年6月24日。

第六章　中美战略经济对话的制度设计

第一节　问题的提出

中美战略经济对话（Strategic Economic Dialogue，简称SED）机制启动于2006年8月，时任美国总统布什提议中美双方建立高层次的战略经济对话，旨在"讨论两国共同感兴趣和关切的双边和全球战略经济问题"[1]，得到时任中国国家主席胡锦涛的同意。

中美自建立外交关系以来，两国战略性对话从无到有，截止到中美战略经济对话启动时已经建立了60余个双边磋商对话机制[2]，其中在经贸领域影响力较大的有1979年建立起来的中美联合经济委员会（Joint Economic Committee，简称JEC），1983年建立的中美商业贸易联合委员会（Joint Commission on Commerce and Trade，简称JCCT）和2006年建立的中美战略经济对话。

中美联合经济委员会是中美之间最早的政策协调对话机制，成立于中美建交的次年，会议每年轮流在两国召开。它是建交以来两国经济交流机制的一个重要突破，由美国财政部和中国财政部共同举办，两国财长共同出席会议，集中于探讨中美双方对于宏观经济形势的见解、国内金融体制的改革以及两国财经政策的协调。在该机制下，中美两国财政金融部门的负责人可通过定期会晤进行部长级磋商、进行财经对话等方式，增强对彼此的情况和意图的了解，并就双方共同高度关注的金融改革、经济政策等议题进行讨论和协商。在形式安排上，中美联合经济委员会现在已经形成由中美联合经济委员会部长级会议、中美财经对话副部级会议和金融监管部门司局级的对话会议组成的三级会议体系。自中美战略经济对话启动以来，

---

[1] 《中美关于启动两国战略经济对话机制共同声明》，http://www.ce.cn/xwzx/gjss/gdxw/200609/21/t20060921_8652965.shtml，最后访问时间：2009年4月22日。

[2] 《纪念中美建交30周年》，http://www.china-embassy.org/chn/zt/7685938/t529960.htm，最后访问时间：2009年4月22日。

中美联合经济委员会的职能发生了转变,2007年4月19日,美国财政部助理部长克莱·楼瑞(Clay Lowery)便指出"此次会议的目的并非要产生突破性成果,而是讨论对双方都具有重要意义的宏观经济和发展议题"①,该机制逐渐从为达成双边经济合作成果的交流机制演变为商讨和发展议题的平台,为中美战略经济对话的顺利进行做好铺垫。虽然职能有所转变,但它对于中美双方增进对各自宏观经济政策的理解提供了稳定的制度平台,对中美经济的良性互动一直发挥着重要作用。

较之于中美经济联委会,中美商贸联委会成立的相对晚些,于1983年召开第一次会议。2003年12月,中国国务院总理温家宝访美时,两国领导人商定将中美商贸联委会会议的级别提升为副总理级,2004年起中方主席由中国副总理担任,美方主席由商务部长和贸易代表共同担任。在几十年的发展历程中,中美商贸联合会在具体的商贸层面搭建了两国的信息沟通平台,通过及时的政策交流和协调,极大地降低了自由贸易政策所具有的内在不稳定性,缓解了潜在的矛盾冲突,促进了双边经济关系的日益密切和中美经贸往来的健康发展。中美商贸联委会框架下已经有超过20个工作组,涉及贸易、投资、知识产权、产品安全、农业、工业和信息产业等领域。②

2006年建立的中美战略经济对话机制自启动以来以其规模之大、议题范围之广、政府重视程度之高成为了当时中美间既有的制度化水平最高的双边经济沟通机制。按照美国财长亨利·保尔森(Henry Paulson)的说法,中美战略经济对话"在一个纵观全局的、高级别的、兼具综合性与战略性的平台上,致力于推动解决两国间所面临的迫在眉睫的问题,以实现共同目标、增进互信。"③ 该机制存续的三年以来,中美战略经济对话制度化水平不断升级,双方重视程度也不断提高,直至2009年与中美战略对话(Strategic Dialogue)一同合并升级为"中美战略与经济对话"机制。2009年4月20国集团领导人伦敦峰会上,胡锦涛主席与当时刚刚上任的美国总统奥巴马就中美战略经济对话机制达成新的协议,一致同意建立"中美战

---

① 《美国财政部官员称中美联委会未取得任何进展》,http://finance.sina.com.cn/money/forex/20070418/11181343947.shtml,最后访问时间:2016年6月9日。
② 引自中国国际贸易促进委员会官网,http://www.ccpit.org/,最后访问时间:2016年6月10日。
③ 《美国财政部长保尔森就美中经济关系发表讲话》,http://chinese.usembassy-china.org.cn/120707media.html,最后访问时间:2009年4月22日。

略与经济对话（Strategic and Economic Dialogue）"的新机制，以"相互尊重彼此核心利益，妥善处理分歧，使两国关系不断向前发展"。[1] 一字之差，中美战略经济对话就从单一的经济沟通机制变为战略对话与战略经济对话并行的双轨制，机制的层次和内涵大大增强。

不难发现，这种战略经济对话的制度形式无论对美国还是中国，都极大地满足了双方的制度偏好，以至于中美两国在既有若干经济沟通机制的情况下，仍然选择诉诸这种新的制度安排。那么，中美两国到底具有怎样的制度形式偏好，这样的偏好如何导致了对话机制的设计？本章将对已经终结的中美战略经济对话机制展开分析，特别结合与中美经济联委会和中美商贸联委会之间的比较来探讨中美间既存的三种双边经济沟通机制到底存在着怎样的差别，既有的制度安排为什么没能满足中美两国在经济沟通上的制度偏好，中美战略经济对话的制度形式为何能够更好地满足这些偏好。

第二节 既有的文献及其不足

有关于中美间的经济沟通机制，特别是中美战略经济对话的既有中文研究还基本停留在描述的层面，即仅仅对中美战略经济对话进行过程的回顾、功能的总结和未来的展望，而很少从理论的角度对这种制度安排产生的动力做出分析。仅有的试图说明制度产生原因的理论性的论述集中于以下三种路径：

第一，国际机制说。根据新自由制度主义的理论，国际制度的建立能够规范行为体行为，可以增强信息的透明性和承诺的可信性，降低交易成本，并最终促成合作。中美间存在着广泛深入且不断扩大的共同利益，伴随着中美相互依赖的日益增强，双方必然将在越来越多的领域内产生多层次、更密集的互动。在这种意义下，"中美间需要对话这种形式作为两国经济沟通领域的机制创新，并且由两国领导人亲自建立，提升到重大战略层面"[2]。一方面，"中美战略经济对话是中美两国经贸关系迅速发展、相互依赖日益加深的产物"[3]；另一方面，"中美战略经济对话是为解决中美经济所

---

[1]《国家主席胡锦涛会见美国总统奥巴马》，http://www.fmprc.gov.cn/chn/zxxx/t477232.htm，最后访问时间：2009年4月22日。
[2] 张幼文：《共同利益是中美战略经济对话的基础》，《国际经济评论》2007年第6期，第48页。
[3] 潘锐：《中美战略经济对话与中美关系》，《国际观察》2007年第5期，第1页。

面临的问题而设立的一种对话机制。"① 由此，国际机制理论从功能性的角度将共同利益的促进和纷争摩擦的规避作为中美战略经济对话产生的主要动力。同时，中美间既有对话机制发挥作用的效果也被关注，"中美双方在对话机制中体现出不均衡的控制力、双方利益诉求模式不同、现有机制缺乏灵活性与机动性"② 等问题得到学者反思，有学者还对此提出新机制的构想，认为美国次贷危机时代"中美两国需要在现有的基础上构建新型对话机制——中美峰会机制"。③

第二，国内政治说。持国内政治说观点的学者认为，中美战略经济对话的产生主要是由美国国内的政治结构决定的。在美国，"国会不是酝酿具体政策的地方，而是各种政治力量的角逐场。国内外各种力量都可以围绕国会，'购买'自己所需要的政策，国会实际上发挥着公开半公开'政策市场'的作用。"④ 而这其中，推动国会进行政策运作的主要力量就是利益集团，美国涉华利益集团在经贸领域主要包括美中贸易全国委员会、北美谷物出口商协会、全国成衣及纺织品协会等，任何一个利益集团的利益受损都可能从部门利益的角度对国会施加巨大的压力，从而给中美双边关系带来巨大的麻烦。因此对于美国来说，"中美建立定期对话机制首先就是美国国内的一种政治需求，这本身来说就是对美国舆论的一种交代，以告诉民众，'我们在对中国政府施加压力，在跟中国谈判'。美国政府力求证明'我们不是对中国坐视不管的，我们是在谈这些问题'"。⑤ 由上，持国内政治说观点的学者认为中国对美贸易的巨大顺差给美国国内的利益集团和国会带来了施压对华贸易政策的借口，美国政府需要借助高层次的对话机制进行沟通，唱"红白脸双簧"借以安抚国会和利益集团的不满情绪，以促进对华政策目标的实现和中美经济的良性互动。

第三，大国合作说。大国合作说的观点超越了中美双边关系框架，将中美合作上升到全球体系的层次。在这种意义下，"中美经济关系是全球化导致的全球分工和产业链转移的产物，因而不只是双边范畴。事实上，中

---

① 潘锐：《中美战略经济对话与中美关系》，《国际观察》2007 年第 5 期，第 2 页。
② 张汉林、袁佳：《后危机时代中美对话新机制战略研究》，《世界经济与政治》2010 年第 6 期，第 133 页。
③ 张汉林、袁佳：《后危机时代中美对话新机制战略研究》，《世界经济与政治》2010 年第 6 期，第 139 页。
④ 张燕生、张岸元：《从新的角度考虑中美经济战略对话》，《国际经济评论》2007 年第 6 期，第 25 页。
⑤ 丁一凡：《中美战略经济对话的回顾与展望》，《国际经济评论》2007 年第 6 期，第 51 页。

美关系具有双边、地区和全球三层面内涵,中美各种对话机制的建立,是中美关系超越双边内涵,具有地区和全球意义的表征。"① 因此,"中美战略经济对话创建了一种宏观经济政策国际协调的新框架,其主要特点是双边、发展中国家对发达国家,以及协调内容超越了传统经济协调范畴。"② 在中美两国的互动关系层次上,大国合作说也更多的体现了国家关系中战略性,而非经济性的内涵。中美两国的国际角色可以定义为当前国际体系转型进程中的新兴大国和守成大国,而中美战略经济对话机制的建立则是中美双方出于各自战略需要,为建立新型双边关系,正确处理当代守成大国与新兴大国关系而构建的新的战略平台。③ 总的说来,中美是新世纪最具有全球影响力的大国,特别是在经济领域,中美双方分别是世界的经济核心和潜在的最大的经济体,中美加强合作是最大的发展中国家和最大的发达国家之间的合作,既是双方增强自身实力,确保国际影响力的需要,也是维系稳定的国际经济环境的客观保障。

此外,有关中美间的经济沟通机制,特别是中美战略经济对话的外文文献更少立足于理论分析,多以机制的情况介绍和成果描述为主。作为对话的美方代表,亨利·保尔森在《外交》上发文对 2006 年发起的中美战略经济对话和美中的政治经济关系进行了历史的分析。他指出美国对正在崛起的世界大国中国十分警惕,如何处理中美问题是美国的重要议题。美国帮助中国进一步融入全球经济体系,以此来支持美国经济的发展,因此维持双边的良好关系对中美双方都是有利可图的。④ 也有报告从中美战略经济对话得出的成果和协议的落实出发,指出落实情况和协定之间存在差距。⑤

总体来看,既有研究从国际机制的功能性角度、美国的国内政治结构角度和全球政治背景下中美两国的权力互动角度对于中美战略经济对话机制的建立进行理论性的阐述。然而,这样的认知方式存在着很多明显的弊端。

---

① 王义桅:《中美关系步入机制化时代——对从经济战略对话到建立军事热线的理解》,《新闻前哨》2007 年第 7 期,第 6 页。
② 王国兴:《中美战略经济对话:国际经济协调新框架》,《世界经济研究》2007 年第 7 期,第 62 页。
③ 刘长敏:《中美战略对话机制的发展及其解析——守成大国与新兴大国关系的新探索》,《现代国际关系》2008 年第 7 期,第 1 页。
④ Henry M. Paulson, Jr. , "A Strategic Economic Engagement: Strengthening US-Chinese Ties," *Foreign Affairs*, 2008, Vol. 87, No. 5, pp. 59 – 77.
⑤ "Sino – US Dialogue Yields Limited Action," *Asia Monitor*: *China & North East Asia Monitor*, July 2007, Vol. 14, No. 7.

首先，既有研究对于制度产生的动力提供了解释，但是却没有深入并继而研究在这样的动力下会产生怎样的制度形式偏好，仅仅是认识到了中美间需要一定程度的制度安排，却未能够从制度设计的角度对于制度形式的需求进行分析。这样意义下的研究就泛化为中美间应该怎样加强经济沟通，而忽视了中美战略经济对话机制的特殊性。

其次，既有解释没有对于制度之间的层次关系做出说明。在中美间存在着多种既有的经济沟通机制的情况下，两国仍然选择设计新的制度形式，那么应该怎样把握新的制度形式和既有制度之间的层次关系？是上位制度和下位制度的关系，还是具有相似功能的平行关系？既有研究的研究视角都太过宏观，对于制度形式间的比较研究还非常欠缺，因此无法对中美间复杂的经济沟通机制形成清晰的说服力。

最后，既有解释对于研究客体在具体的制度安排中的角色和控制程度还着力不够。既有研究（除却国内政治说）习惯于将中美战略经济对话理解为中美双方共同制度需求的产物，中美间在制度中的地位作用也是完全平等的，而事实上中美双方对于任何一种制度安排都有着不同程度的认识和兴趣，在具体的机制架构中的角色和控制力也都是不同的。对于这一问题的深入研究能够增进中国对于中美关系的认知和把握，对于中国在其他双边关系上的制度设计也有积极的借鉴意义。

第三节　中美在经济沟通领域中的制度形式

中美之间的经济沟通主要集中在财经政策协调和商贸政策协调两个方面，相应的较高程度的制度安排就是中美经济联委会和中美商贸联委会。而无论是中美经济联委会还是中美商贸联委会，较之于2006年才启动的中美战略经济对话历史都更为悠久，也已经发挥着重要的作用。在既有这些制度安排的情况下，为什么还会出现中美战略经济对话的制度安排？在此我们引入国际制度理性设计模型，根据国际制度设计的因变量来考察上述三种制度安排的形式差异。[①]

一　议题范围

在国际制度理性设计模型下，议题范围这一因变量考察的是特定机制

[①] 中美经济联委会、中美商贸联委会和中美战略经济对话三种制度安排的成员范围都只有中国和美国，因此本章对这一变量不做进一步的考察。

所涵盖的不同方面的议题领域。从这一角度来看，中美战略经济对话、中美经济联委会和中美商贸联委会在会议期间所选择探讨的主题是不一样的。议题的选择一方面紧紧维系于特定的制度形式所集中发挥作用的功能领域，另外，会议同样会结合当时中美经济关系的互动状况设置一些有时效性的主题。图6-1描绘了中美战略经济对话终结之前，这三种制度安排在2006—2008年五次会议中的议题分布。

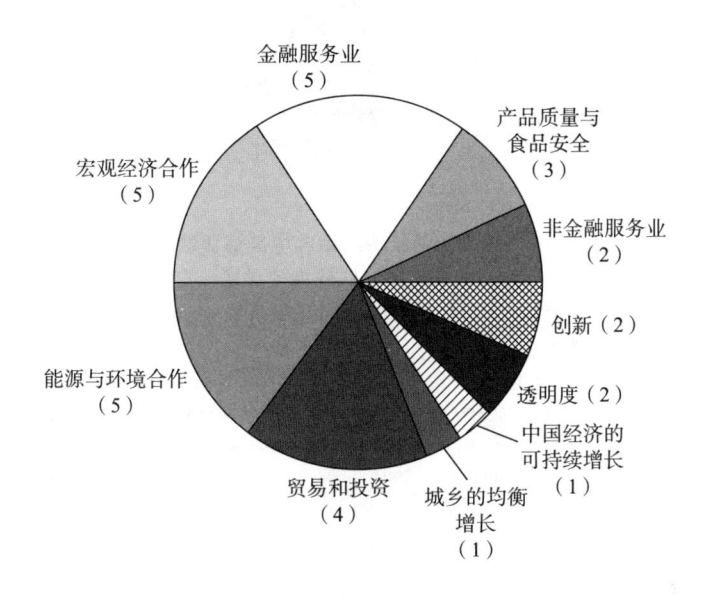

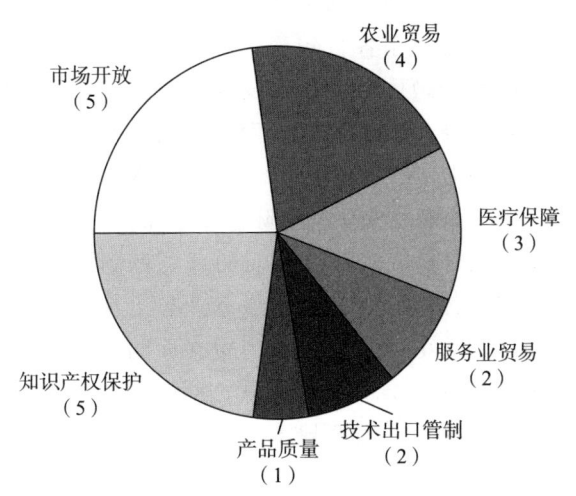

中国参与国际合作的制度设计

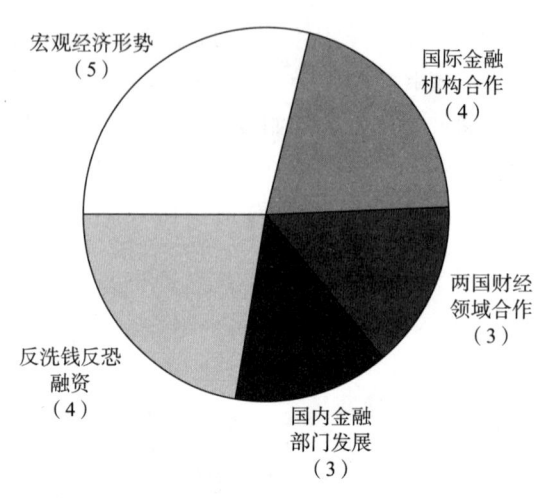

宏观经济形势（5）
国际金融机构合作（4）
两国财经领域合作（3）
国内金融部门发展（3）
反洗钱反恐融资（4）

图 6-1 中美战略经济对话、中美商贸联委会和中美经济联委会的议题分布*

注：*图形中半圆比例是根据不同议题在总议题中所占比例计算而得。

资料来源：朱光耀：《中国对外财经合作发展脉络》，经济科学出版社，2007，第53、54页；"Outcomes of the Strategic Economic Dialogue," http://www.uschina.org/public/documents/2008/12/sed_outcomes.pdf；《五次中美战略经济对话成果情况说明》，http://www.mof.gov.cn/preview/caijingban/pindaoliebiao/gongzuodongtai/200903/t20090319_124462.html；"China's JCCT Commitments, 2004-08," http://www.uschina.org/public/documents/2008/10/jcct_commitments.pdf，以及美国商务部网站相关资料：http://www.commerce.gov，最后访问时间：2009年4月22日。

从图 6-1 不难看出，三种机制所涵盖的议题范围上，中美经济联委会和中美商贸联委会都体现出了各自较为集中的功能定位：前者紧紧维系于宏观经济协调、中国的金融体制改革以及中美两国间和在国际金融机构中的合作等议题，议题选择的范围局限于两国的财政金融领域；而中美商贸联委会更侧重于商品贸易、市场准入、知识产权保护等方面的议题，机制的功能发挥集中于中美商贸往来中的实际操作层面。

相较之下，中美战略经济对话所涉及的议题范围则更为广泛，渗透的领域也更为多元。宏观经济合作、金融服务业、贸易与投资等部分议题的设置兼容了两国经济沟通中财经层面和商贸层面的因素，从而合并了中美经济联委会和中美商贸联委会的功能领域；同时，能源环境问题、创新与透明度、城乡发展等议题的设置超越了传统意义上的经济议题，而发散到一系列非传统范畴的经济领域；产品质量、食品安全等议题的出现体现出了较强的即时性，议题设置的范围大大超出了旧有机制。相应地，中美经济联委会和中美商贸联委会所集中的分别是两国财政部和商务部的相关司局,而首次中美战略经济对话中,中美双方参加对话的部门还涵盖了包括环保、质检等部门在内的共二十四个部委①,议题设置的广泛性由此可见一斑。这一点在升级后的"中美战略与经济对话"机制中将有更为明显的体现:在2009年2月希拉里访华之行中,这位新上任的美国国务卿就指责布什政府将中美战略经济对话过多地集中于经济领域,表示将进一步扩宽中美战略经济对话的议题范围。② 果然,2009年4月的20国领导人伦敦峰会上,胡锦涛主席与奥巴马总统在首次会晤中就达成了两国间关于"中美战略与经济对话"的协议。按照这一新的对话机制,原有的中美战略对话和中美战略经济对话将被整合为一个双轨制的制度安排,其中所涵盖的议题范围也将远远超过经济领域,而增添了很多安全领域的议题,议题范围再次大大得到扩展。

二 集中程度

根据国际制度理性设计模型,集中程度这个概念覆盖了广泛的集中性活动,包括散布信息、减少议价和交易的成本及促进规则实施等。③ 从这一角度进行考察,我们有必要把握清楚这三种机制之间的层次关系。首先,中美经济联委会是隶属于两国财政部的中美财经领域的制度安排。在中美经济联委会刚刚成立的阶段,由于不存在专门、稳定的运行会议的机制,这种机制的制度化水平还较低。在第十二届会议和十六届会议期间,中美双方又同意增设中美财经对话会议和金融部门监管会议作为联委会的副手会机制就两国的资本市场发展、金融部门改革问题进行交流。而中美商贸联委会由于中美两国间的商贸互动频率较高,摩擦也较多,相应的信息沟通和政策协调的任务也就较重,因此中美商贸联合会旗下设置了知识产权、产品质量与食品安全、农业等近20个工作小组。工作小组负责将宏观层面的原则纲领进一步落实,是中美间商贸沟通中的实体性部门。由于这种专

---

① 中美双方参加首次中美战略经济对话的二十四个部委为:中方有财政部、商务部、国家发展和改革委员会、科技部、劳动保障部、铁道部、交通部、信息产业部、卫生部、中国人民银行、质检总局、环保总局和外交部等,美方有财政部、联邦储备委员会、卫生与公众服务部、能源部、商务部、劳工部、贸易代表办公室、环境保护署、进出口银行、交通部、国务院和总统经济顾问委员会。

② "U. S. to Broaden Dialogue with China," http://washingtontimes.com/news/2009/jan/28/clinton-signals-china-policy-shift-beyond-treasury/,最后访问时间:2009年4月22日。

③ Barbara Koremenos, Charles Lipson and Duncan Snidal, "The Rational Design of International Institutions," *International Organization*, Vol. 55, No. 4, 2001, p. 771.

门、稳定的部门机制的存在，使得中美商贸联合会的制度化水平高于前者。

在中美战略经济对话成立之初，中美双方并未对其制度化的层次定位给予及时的说明，在会议的制度安排上只是由两国相关部门抽调一定的工作单位和工作人员临时组建团队就双方感兴趣的话题进行对话。在第三次对话期间两国政府终于明晰了中美战略经济对话的制度层次：双方坚持战略经济对话"全局性、战略性、长期性"的定位，战略经济对话机制为中美其他经济合作机制如中美商贸联委会、中美经济联委会等提供政策性指导和支持，其他经济合作机制要围绕战略经济对话机制所确定的原则和方向来开展工作，以促进中美之间多层次、全方位、跨领域的务实经贸合作。① 也就是说，中美战略经济对话成为中美经济联委会和中美商贸联委会的上位制度安排，对于这两种机制拥有指导和规划性的地位。例如在中国公民赴美旅游的问题上，中美双方就通过战略经济对话签署了共同声明，并下交给中美商贸联委会的旅游工作组通过继续的多轮谈判而达成最终协议。

此外，从机制的政治级别上看，无论中美经济联委会还是部长级会议，中美商贸联委会则在第15届会议召开时由正部级升级为副总理级会议，而中美战略经济对话一开始就是由中国国家主席特别代表和美国总统特别代表主持。正如卢晨阳所敏锐观察到的："中美经济联委会和科技联委会一直是部长级的磋商机制。商贸联委会虽然在2003年升格为副总理级，但与中国副总理对等的美方主席是商务部长和贸易代表。而中美战略经济对话的主导者是各自国家元首的特别代表。在中国是国务院副总理吴仪，所以，从中国来说，这个对话是副总理级的，超过了副外长级别的中美战略对话。在美国，该对话的统帅者是财政部长保尔森，并且在每次对话时，财政部长都带着豪华阵容参加。美国的财政部在其国内地位要高于商务部，居于政府经济部门之首，相当于中国的'财政部加上半个国家发展改革委'，美国的财政政策主要出自该部门。所以，中美战略经济对话从级别而言，是现今中美各种经济对话机制中级别最高的一个。"② 两国元首还在2009年4月20日达成协议的新的"中美战略与经济对话"机制中分别派两名特别代

---

① "SED III Innovation Outcomes 'Building an Innovative Society' Conference," December 10, 2007, http://www.commerce.gov/NewsRoom/PressReleases_FactSheets/PROD01_004936, 2009年4月22日访问。

② 卢晨阳、吕晓丽：《试析中美战略经济对话机制》，《世界经济与政治论坛》2008年第3期，第34页。

表主导会议,其中中方的特别代表是国务院副总理王岐山和国务委员戴秉国,美方是国务卿希拉里和财政部长盖特纳。从以上种种不难发现,不同的制度安排所获得的中央政府的授权度是不一样的,中美战略经济对话拥有最高的授权度,因此受到中美双方的重视程度也最高。

三 控制

根据国际制度理性设计模型,控制可能受限于一系列因素,如制度的投票规则和资金来源。[1] 主体在制度中的角色、地位和作用不同,对于制度的控制也就会出现变化。在中美经济沟通机制中,议题选择可以体现出主体较为关切的利益需求,通过研究不同制度安排的议题设置更契合于哪一方的偏好要求,就可以发现哪一方对于特定制度具有较大的控制力。

从上文三种机制议题范围的分布,我们不难发现,中美经济联委会的议题设置集中于财政金融领域,特别是金融部门制度的改革和国际化,美国一直向中国推销其金融部门的制度样板,因此在这一机制下美国占据了绝对的控制力。而中美商贸联委会议题设置虽然相对较广一点,但议题的指向性非常明显,全部针对中国的自由贸易政策而提出,因此中国同样不具有对于制度的控制权。对于中美两国而言,这样一边倒的制度安排主要是由于一方对另一方的说教,而没有利益博弈的过程,实际上是不利于产生两国合作成果的。这样一来,两国就有必要诉诸议题设置较为对称、平均的制度设计以寻求利益协调基础上的合作,中美战略经济对话便填补了这样的空白。中美战略经济对话不仅议题范围较广,而且中国在能源、创新、实体经济的脆弱性等问题上或多或少还拥有一定的发言权,这使得双方还能够在利益诉求较为对称的情况下进行有效的协调,并带来相应的合作。从谈判的结果来看,中美双方在不同的制度安排下所做承诺的数量对比是不一样的。表6-1清晰的反映了这一点。

表6-1 中美战略经济对话机制中各方所作承诺数量对比(2004—2008)

	五	四	三	二	一
能源与环境合作	9,0,1*	8,0,0	7,0,1	3,0,0	3,0,0
产品质量与食品安全	5,0,1	6,0,0	4,0,0	4,0,0	2,0,0

---

[1] Barbara Koremenos, Charles Lipson and Duncan Snidal, "The Rational Design of International Institutions," *International Organization*, Vol. 55, No. 4, 2001, p. 772.

续表

	五	四	三	二	一
金融服务业	2, 3, 1	0, 5, 2	2, 2, 1	0, 6, 0	1, 0, 0
贸易和竞争力	5, 0, 0	6, 0, 0	1, 0, 0	0, 0, 0	2, 0, 0
其他	4, 0, 0	2, 0, 0	0, 0, 0	1, 0, 0	2, 0, 0

注：*表中所列数字对应含义如下：第一个数字为中美双方的共同承诺或将要采取的行动；第二个数字为中国应美国要求所作承诺或将要采取的行动；第三个数字为美国应中国要求所作承诺或将要采取的行动。表 6-2、表 6-3 相同。

资料来源："Outcomes of the Strategic Economic Dialogue," http://www.uschina.org/public/documents/2008/12/sed_outcomes.pdf, 最后访问时间：2009 年 4 月 22 日。

表 6-2 中美商贸联委会机制中各方所作承诺数量对比（2004—2008）

	08	07	06	05	04
知识产权	0, 3, 0	0, 3, 0	0, 7, 0	0, 9, 0	0, 10, 0
市场准入	0, 2, 0	0, 1, 0	0, 3, 0	0, 3, 0	0, 3, 0
医疗保障	0, 4, 0	0, 1, 0	0, 3, 0		
农业	0, 3, 0	0, 3, 0	0, 2, 0	0, 1, 0	0, 3, 0
其他	0, 5, 0	0, 2, 0	0, 4, 0	0, 4, 0	0, 9, 0

资料来源："China's JCCT Commitments, 2004-08," http://www.uschina.org/public/documents/2008/10/jcct_commitments.pdf, 最后访问时间：2009 年 4 月 22 日。

表 6-3 中美经济联委会机制中各方所作承诺数量对比（2004—2008）

	17	16
宏观经济形势	0, 0, 0	1, 0, 0
全球不平衡	1, 3, 1	0, 1, 1
金融部门改革	1, 1, 0	1, 1, 0
国际事务合作	2, 2, 0	0, 3, 0

资料来源：《中美联合经济委员会第十七次会议联合声明》，http://news.xinhuanet.com/politics/2005-10/18/content_3636083.htm；《第 16 届中美联合经济委员会联合声明》，http://news.sina.com.cn/w/2004-10-01/16563821141s.shtml, 最后访问时间：2009 年 4 月 22 日。

不难发现，相对于中美经济联委会和中美商贸联委会中只有中国进行承诺的完全不对称的制度安排，中美战略经济对话所体现出的中美利益协调的制度功能更强一些，中国方面的力量有所增加。尽管如此，美国在中美经济沟通机制中做出承诺的数量依旧小于中国做出的承诺数量，因此美国仍然具有更大的控制力。

四 灵活性

制度的灵活性考察的是机制在外部环境或国内政治出现变化的情况下面对突然事件的冲击或新的制度需求自身进行微调的能力。[1] 机制的灵活性可以体现在机制的适应性和改进性两个方面，面对外界变量的适应性越强，制度的稳定性也就越高；应对突发事件的改进性越差，制度的稳定性也就越低。

2008 年，中美经济联委会和中美商贸联委会分别召开了历史上的第十七次和第十九次会议，然而按照两者一年召开一次会议的制度安排，2008 年会议的届数应该远非如此。例如，从中国 1989 年政治风波至 1991 年海湾战争前夕期间，商贸联委会就曾中断三年之久。从历史上看，越是两国关系紧张的时候，中美两国经济沟通机制的稳定性就越差。[2] 制度的稳定性不够，也就给制度的权威性和功能性带来极大的影响，难以超越战术层面，难以提供有效沟通机制以发挥战略性的作用。而中美战略经济对话自 2006 年成立以来，每年如期如地举办两次，保持着良好的稳定性。在每次对话的尾声，双方总会不约而同地强调对于下次会议的预期，并提出美好的愿景。美国政府换届之初，国际社会都在猜测中美两国在布什政府时期精心打造的中美战略经济对话机制是否还会延续，美国国务卿希拉里便利用第一次中国之行将这种疑虑彻底打破，提出今后的中美战略经济对话不仅会得以延续，甚至可能发展成为"战略对话"与"经济对话"两条高层定期对话的"双轨制"的远景规划[3]。

不难发现，中美战略经济对话对于两国政府有着特殊的意义，制度在设计之初就被定义为从战略的层面进行沟通，这也就超越了外界变量的扰动和具体问题的樊篱，越是外部环境不稳定的时候机制的功能发挥越是稳定，机制的适应性得到保障；另一方面，在外部环境或国内政治出现变化和新的制度需求的时候，两国都会竭力积极改进制度的模板，使其能够发挥更大的功能效用，从中美战略经济对话仅仅存在了三年就升级为"中美

---

[1] Barbara Koremenos, Charles Lipson and Duncan Snidal, "The Rational Design of International Institutions," *International Organization*, Vol. 55, No. 4, 2001, p. 773.

[2] 傅梦孜、袁鹏、牛新春、达巍、王文峰、郭拥军：《战略对话与中美关系》，《现代国际关系》2005 年第 8 期，第 95 页。

[3] 《海外媒体评希拉里访华：一字之差中美对话级别提升》，http://news.xinhuanet.com/world/2009-02/23/content_10875213.htm，最后访问时间：2009 年 4 月 22 日。

战略与经济对话"就可见一斑。

第四节 中美经济合作中的问题与双边对话机制的设计

根据国际制度理性设计模型,国家之所以偏好于不同形式的制度安排,乃是因为国家在合作中遇到的问题类型不一样,不同的问题类型决定了国家理性设计下的制度形式。上一节从因变量的角度考察了两国在经济沟通领域内几种制度安排之间的差异,从而揭示了中美双方的制度形式偏好。与既有中美经济联委会和中美商贸联委会相比,中美战略经济对话在议题范围上更广、集中程度更高、双方的控制更为对称且机制的灵活性较好,因此更加契合于中美两国在相应合作问题下的制度需求。下面我们将从自变量的角度考察中美两国间具有怎样的合作问题,并且进一步解释这种问题是怎样推衍出中美两国的上述制度形式偏好的。

一 分配问题

美中两国GDP总量在21世纪头十年中分居世界第一位和第三位,两国之间的经济竞争实质上是现今世界最大经济体和最具潜力的经济体之间的竞争。在这样的态势下,两国日渐复杂的经济纠纷说到底是两国间利益分配的问题。

一方面,如表6-4所示,中国对美商品贸易连续多年保持顺差,使得美国常常迫于利益集团和民众的压力诉诸反倾销、技术壁垒等贸易保护主义手段,在这种情况下,贸易保护主义就充当了美国调节两国利益分配的工具。另一方面,美国一直认为中国的人民币汇率过低乃是中国对美贸易拥有巨大竞争优势的根本原因,人民币币值的低估也成了中国调节两国利益分配的工具,因此美国国会议员不断提出各种各样的法案[1]催促人民币升值。仅2005年1—7月,在国会通过或提出的涉华18项议案中,直接关于人民币汇率的就有5项之多,与人民币汇率有关的所谓"贸易不平衡"议案也有6项[2],此外,国会还运用各种机制和沟通渠道不断给人民币施压。

---

[1] 美国国会两院提出的迫使人民币汇率升值的立法草案主要包括 H. R. 321、H. R. 782、H. R. 1002、H. R. 2942、S. 364、S. 796、S. 1607 与 S. 1677 等。

[2] 参见 www.thomas.loc.gov,最后访问时间:2016年6月10日。

表 6-4 美国对华商品贸易（1980—2008）

单位：十亿美元

年份	美国对华出口	美国对华进口	美国贸易平衡
1980	3.8	1.1	2.7
1985	3.9	3.9	0
1990	4.8	15.2	-10.4
1995	11.7	45.6	-33.8
2000	16.3	100.1	-83.8
2001	19.2	102.3	-83.1
2002	22.1	125.2	-103.1
2003	28.4	152.4	-124.0
2004	34.7	196.7	-162.0
2005	41.8	243.5	-201.6
2006	55.2	287.8	-232.5
2007	65.2	321.5	-256.3
2008	71.5	337.8	-266.3

资料来源：Wayne M. Morrison, "China – U.S. Trade Issues, Updated March 7, 2008," Congressional Research Service for Congress, p. 2; "US-China Trade Statistics and China's World Trade Statistics," http://www.uschina.org/statistics/tradetable.html, 最后访问时间：2009 年 4 月 22 日。

美国不断增长的总贸易逆差在 2004 年达到 6177 亿美元，其中包括对中国的 1620 亿美元，创历史新高。[1] 美国开始出现从人民币汇率方面为美国对中国贸易赤字的扩大找理由的声音。有人认为是中国政府在操纵货币，人为地将人民币与美元挂钩"低估"人民币的价值，导致了美国对华贸易赤字的扩大。2005 年 4 月 16 日纽约民主参议员查尔斯·舒默（Charles Schumer）和共和党参议员林赛·格雷厄姆（Lindsay Graham）一起以此为由，强调如果中国不同意升值人民币就建议对中国出口美国的产品征收 27.5% 的惩罚性关税。[2] 与此同时众议院也开始行动，众议员邓肯·亨特（Duncan Hunter）与蒂姆·瑞恩（Tim Ryan）共同提出了被称为《2005 年中国货币法案》（Chinese Currency Act of 2005），批评人民币紧紧盯住美元的做法违反了世贸组织和 IMF 的有关规定，是一种不公平的"操纵货币"的贸

---

[1] "China Upbeat on Economic Future," Financial Times, July 28, 2005.

[2] "Trade with China: More Pain than Gain for Americans," The Nation Global News Bites, February 26, 2006.

易手段，并允许美国制造商直接向人民币挑战。① 部分美国经济学家在国会作证和媒体发言环节时也都提出，中国的人民币至少被低估了15%至40%。②

从贸易逆差引发的人民币汇率问题和贸易保护主义中不难发现，调节中美间的利益分配是中美经济关系中极其重要的一环，尤其是当两国交往愈发密切，双方经济发展更为迅速的时期，如果分配问题处理不当更容易激发两国的误会和矛盾。因此，解决分配问题实质上是中美经济沟通机制发挥制度功能的重中之重，中美间利益分配问题的严重性使得中美在制度形式上存在着一定要求的选择偏好。根据国际制度理性设计模型中的假说S2，即"分配问题越严重，议题范围越大"，我们可以解释为什么中美战略经济对话更契合于中美两国的制度偏好。

根据国际制度理性设计模型，议题领域越广，越有利于博弈者从不同的议题方向选择自己的利益需求，双方在各有所求的情况下通过谈判、妥协调节利益分配，更有利于在沟通中促进合作的达成。中美经济联委会由于议题太过单一，全部集中在中国的宏观经济形势、金融部门改革、中国加入国际金融机构等财经议题上，且均为需要中国在利益权衡后进行回应的议题，美国并不对相关议题承担相应的利益回馈，这使得双方很难在不对称的制度框架下达成合作，制度的功能发挥陷入了僵局。中美商贸联委会则局限在商品贸易、知识产权和医疗保障上，多为实际操作层面上聚焦于中国贸易领域的议题，而非战略层面上的全方位对话，同样的，美方也不对议题作出承诺，不对称的制度下对中国贸易开放度的针对性太强也不利于双方平等合作。而中美战略经济对话的议题范围较广，除贸易和财经领域以外还包含创新、能源、实体经济等议题，并且包括对经济增长模式等宏观战略的讨论，这给中美双方寻找利益的博弈点提供了较多的选择。不同议题之间的谈判会构成一个"议题网络"，较以往不对称性过强的制度安排而言，彼此相互制约影响的关系更明显，双方在更全面的中美问题领域中不再割裂地讨论知识产权问题、贸易问题、能源问题等等。

在"议题网络"中，人民币汇率问题会与其他中美议题彼此影响。从两国谈判的成果上看，人民币相对于美元的汇率已经从2006年12月14

---

① https://www.govtrack.us/congress/bills/109/hr1498，最后访问时间：2016年6月10日。
② 参见 U. S. Senate Committee on Finance, *Hearing on U. S. – China Economic Relations Revisited*, testimony of C. Fred Bergsten, March 29, 2006。

日中美首轮战略经济对话开启时的 7.8197∶1 升至 2009 年 4 月 23 日的 6.8295∶1;作为回馈,白宫也顶住国会的压力拒绝将中国列为操纵汇率的国家①。因此可以说在这样的制度安排下两国的利益分配问题得到较好的协调。

二　实施问题

国际制度的实施问题是指行为体在某个协议或者一系列规则上具有欺诈和背叛动机。② 单边背叛行为带来的短期巨大收益可能使行为体无视合作行为所带来的长期收益。但随着时间范围的增大,特别是当"一报还一报"战略具有可行性时,单边背叛将由于"未来的影响"(shadow of the future)而变得不划算。③

从长期来看,中美在经济领域中的互动并不存在严重的实施问题,这主要是缘于双方长期以来密切的交易频率和紧密的相互依赖(如表 6 - 5 所示),美国是中国的第二大贸易伙伴,中国是美国的第三大贸易伙伴。学界有种说法将中美经贸关系相互依赖的现象称为"中美经济共生体"。④ 摩根斯坦利公司的研究报告表明,仅 2004 年一年,美国公司从中国制造的产品中获得的利润高达 600 亿美元,中美贸易发展带动的美国就业人数在 400 万—600 万人之间。⑤ 与此同时,美国商业圆桌会议的报告中也显示,"20 世纪末期至 21 世纪初期以来,贸易自由化与国外的投资使中国的 4 亿人口摆脱了贫困"。⑥ 因此,两国都能够充分认识到两国更长远平等的合作会为两国带来更深入广泛的利益,于国家本身的发展有利,而短期利益博弈中的投机在长期的巨大收益面前并不划算,也无法从根本上解决两国经贸关系中的问题。

---

① Kerry Dumbaugh, "China – U. S. Relations: Current Issues and Implications for U. S. Policy, Updated March 17, 2008," *Congressional Research Service for Congress*, p. 9.
② Barbara Koremenos, Charles Lipson and Duncan Snidal, "The Rational Design of International Institutions," *International Organization*, Vol. 55, No. 4, 2001, p. 776.
③ Robert Axelrod, *The Evolution of Cooperation*, New York: Basic Books, 1984; Kenneth. Oye, ed., *Cooperation under Anarchy*, Princeton: Princeton University Press, 1986.
④ Niall Ferguson, "Chimerica? Think Again," *Wall Street Journal*, February 5, 2007.
⑤ 王勇:《中美经贸关系》,中国市场出版社,2007,第 135 页。
⑥ Business Roundtable, "Understanding Trade: Key Facts and Terms," http//www.businessroundatable.org/publication,最后访问时间:2009 年 4 月 22 日。

表 6-5　中美贸易依存度状况（1995—2007）

年份	中美贸易/中国对外贸易	美中贸易/美国对外贸易	中国对美出口/中国对外出口	美国对华出口/美国对外出口
1998	16.9	5.3	20.7	2.1
1999	17.1	5.5	21.5	1.9
2000	15.7	5.8	20.9	2.1
2001	15.8	6.5	20.4	2.6
2002	15.7	7.9	21.5	3.2
2003	14.8	9.1	21.1	3.9
2004	14.7	10.1	21.1	4.3
2005	10.1	11.1	21.4	4.6
2006	14.9	7.2	21.0	5.3
2007	13.9	7.6	19.1	5.8

资料来源：http://www.mofcom.gov.cn，http://www.census.gov/，最后访问时间：2009 年 4 月 22 日。

但是这并不是说中美间就不存在背叛动机和实施问题。正像国内政治说中对于中美战略经济对话机制的解释所提到的那样，美国在经贸领域的对外决策常常会被各色各样的利益集团所左右，利益集团在美国已经形成了一种把持"朝政"的无形帝国，[1]影响着几乎美国政治生活中的每项决定。[2] 在中国对美贸易的巨大顺差给美国的相关产业带来大量企业破产、员工失业的状况下，美国的对华贸易决策常常会由于利益集团的影响体现出很强的不稳定性，2005 年美国政府突然提出的对华 27.5% 的惩罚性关税就是一例。

美国对其贸易伙伴实施贸易制裁的决策过程，往往要经过国会议员提案、美国国会表决通过、美国政府付诸实施制裁的"三部曲"。国会议员由于是由不同地区的选民选出，因此他们的立场有鲜明的地域性和特定利益集团的影子，利益集团正是通过游说国会议员进而对贸易政策产生影响，达到为自己牟取利益的目的。例如贸易保护立场的积极簇拥者舒默，便是来自金融中心和传统制造业聚集地——纽约州，时任参议院银行、住房和城市事务委员会中经济政策小组委员会的主席。舒默背后是金融资本家和

---

[1] 赵可金：《营造未来——美国国会游说的制度解读》，复旦大学出版社，2005，第 198 页。
[2] 〔美〕诺曼·杰·奥恩斯坦、〔美〕雪利·埃尔德：《利益集团、院外活动和政策制订》，潘同文译，世界知识出版社，1981，第 28 页。

大量的制造业集团例如"中国货币联盟"（China Currency Coalition）和全国制造商协会（The National Association of Manufacturers，简称 NAM），他们分别对打开中国金融市场大门和削弱中国对美国本土制造业的竞争力有所诉求，望借人民币升值维护自身的利益。而另一位议员格雷厄姆，则来自纺织业大州南卡罗莱纳。美国纺织业在中美贸易中属于进口竞争部门，面对大量"中国制造"的纺织品产品流入美国，该行业成为了贸易保护的偏好者，与之相对应的利益集团是美国纺织品制造商协会（ATMI）。格雷厄姆的立场正是体现了美国纺织业从业者的诉求。

全国制造商协会是在美国政府对人民币汇率这一问题上最强势也是最早参与的游说利益集团。作为美国最大的工业贸易协会，该协会代表着全国 50 个州每个工业部门的大小制造商，是公认的游说领袖。其成员包括生产全国 85% 的制造业商品的 12000 家公司，和 350 家全国性的行业协会以及州一级的制造业协会。[①] 其旗下有专业的机构和人员发布相关新闻、杂志、年度报告、经济数据和学术研究成果，通过"包装问题使它能够吸引媒体和行政部门的注意，并进入议事议程"[②]。2003 年开始，该协会便长期向美国国会施压，坚持人民币币值被低估的立场，并坚持要求财政部在对国会提交的报告中将中国列为"货币操纵国"[③]。2005 年 6 月 23 日，全国制造商协会向参议院财政委员会作证，认为"大于 40% 的制成品贸易赤字是在对华贸易中产生的"[④]，背后的原因正是人民币定价过低，协会还拿出一系列证据证明了这一陈述。如此一渲染，这个论调在国会产生更大的影响。"中国货币联盟"也是在国会制造人民币汇率问题的主力，它是一个由美国工业、服务业、农业和劳工等组织组成的松散利益集团组织，[⑤] 在 2005 年 2 月开始声明人民币至少要升值 40%，且对布什政府模糊不清的对华政策提出强烈质疑，不认可布什政府单纯的口头敦促。这些利益集团的声音由参议员舒默和格雷厄姆发出，如若人民币升值问题无法解决，便采取对华征收 27.5% 的惩罚性关税。该提案在国会的压倒性多数通过给布什政府强大

[①] 何兴强：《美国利益集团与人民币升值压力》，《当代亚太》2006 年第 3 期，第 51 页。

[②] John W. Dietrich, "Interest Groups and Foreign Policy: Clint on and the China MFN Debates," *Presidential Studies Quarterly*, Vol. 29, Issue. 2, 1999, pp. 280 - 297.

[③] 引自"The NAM Trade Agenda for China 2005," http://www.nam.org。

[④] John Engler, "China's Move on Currency: Potentially of Enormous Importance," 2005, http://www.nam.org/s-nam/docl. 最后访问时间：2009 年 4 月 22 日。

[⑤] 参见其官方网站：http://www.chinacurrencycoalition.com，最后访问时间：2016 年 6 月 10 日。

的压力，除此之外美国国会两院还有多个人民币问题的法案等待审批，这都促使布什政府不得不对国会的议案进行回应，加快对中国政府施压的步伐。[1]

与此同时，美国针对中国开展的反倾销、特保等案件接连不断（如表6-6所示），2004年以来美国对中国发起的反倾销案件无论是数量还是占比都不断增加，2006年以来，美国对中国发起的反倾销调查数量已经持续占到美国在全世界发起反倾销数量的三分之一左右。纺织品、彩电、聚乙烯包装袋等产品都是美国进行反倾销案裁定或者调查的对象。在纺织品领域，美国纺织品生产商协会（ATMI）是重要的发声利益集团，经常向美国政府提出对从中国进口的纺织品进行配额限制的调整。

表6-6 美国对中国发起反倾销的调查数量（2001—2009）

年份	美国在全世界发起反倾销的调查数量（次）	美国对中国发起反倾销的调查数量（次）	百分比
2001	76	8	10.5
2002	35	9	25.7
2003	37	9	24.3
2004	29	6	20.7
2005	15	4	26.7
2006	10	3	30
2007	40	12	30
2008	53	18	34
2009	76	26	34.2

资料来源：笔者根据 http://www.cacs.gov.cn/ 整理，最后访问时间：2016年6月9日。

在这样的状况下，双方认为对方都存在不可测的背叛动机。为了避免双方报复性贸易政策的出现带来不利的两国关系，中美战略经济对话这样的沟通交流平台就成为两国预测和实施经贸政策的一种亟须的制度需求。

根据国际制度理性设计模型中的假说S3，实施问题越严重，议题范围越大。中美战略经济对话这样议题更为广泛的制度安排充分考虑了中美两国多样的利益诉求，在议题的设置上既强调了美国重视的人民币汇率等问题，也增加了对中国有利的能源、美国贸易保护主义等议题，议题领域的

---

[1] 孙哲、李巍：《国会政治与美国对华经贸决策》，上海人民出版社，2008，第329页。

扩大使得双方都握有钳制对方背叛动机的手段。在某一领域内短视利益出现的情况下，一国不得不综合全局考虑其背叛成本，因此两国实施过程中的背叛问题也就更容易得以规避。

事实上，中美在经贸关系上紧密的相互依赖，也促使美国有的利益集团最终能清楚认识到中美贸易摩擦不能仅仅依靠美国单方面的施压来解决。商业圆桌会议是一个由美国多家大企业的首席执行官组成的联合组织，这些大企业加起来占据着美国证券市场总价值的 1/3。这个庞大的利益集团成员的知识含量高，企业的科技水平高，并在美国经济发展中有着中流砥柱的地位。该会议在充裕的资金支持下通过调查研究、游说国会、组织活动等形式促进政府和企业之间有效积极的合作，参与过著名的 2000 年 PNTR（Permanent Normal Trade Relations，永久性正常贸易关系）法案并游说成功。[①] 商业圆桌会议的存在，使得国会山上得以出现对华问题上不同的声音，不至于使美国对华政策一边倒向贸易保护。中美战略经济对话通过议题范围的扩大，使这部分集团的利益诉求被纳入到两国关系的制度化框架中，从而有利于避免美国贸易保护主义集团对两国经贸关系的"绑架"。

同理，在双方存在短视利益而选择背叛的时候，需要诉诸较高层次的制度安排以充分获取和分配信息。根据国际制度理性设计模型中的假说 C4，实施问题越严重，集中程度越高。制度化水平越高的机制越能够对协议的实施形成有效的监督，以增强协议的公信力，扩大协议在国际社会上的"声誉效应"。[②] 对美国政府而言，受迫于利益集团而实行的背叛常常有悖于美国的根本利益和外交政策，因而需要较高集中程度的制度加以限制，以增大协议的背叛成本。即使出现实施问题，也可以借助该制度及时进行沟通，尽量减少对双方利益不必要的损耗。

继续以上文提及的 2005 年美国对中国的关税战为例，美国政府迫于国会中各方利益集团的压力，不得不采取了对中国政府施压的举措，但该事件最终没有带来严重的后果，多年积累的对话沟通机制和双方高层积极推进外交方面的制度安排功不可没。

2005 年 7 月 21 日，中国人民银行宣布取消与美元挂钩的汇率制度，建立健全以市场供求为基础的，有管理的浮动汇率制，人民币一次性升值 2%。但是美国方面并未就此罢休，认为人民币升值幅度还是太小，远远低

---

① 余万里：《美国贸易决策机制与中美关系》，时事出版社，2013，第 275 页。
② Charles Lipson, "Why Are Some International Agreements Informal?", *International Organization*, Vol. 45, No. 4, 1991, pp. 508—509.

于美国的要求。2005年10月，美国财政部长约翰·斯诺（John Snow）率领美国的财经团队参加了首次在中国举办的G20财长和央行行长会议，并参加了2005年度的中美经济联委会。G20财长和央行行长会议及中美经济联委会机制的存在给中美两国提供了一个制度化的了解沟通的平台，斯诺一行一方面向中国更准确地传递了美国方面的信息，另一方面也拥有更多获取中国方面信息的机会。2006年5月，上任伊始的财政部长保尔森面对这一问题，既要扭转财政部在美国国会看来的软弱形象，又要把握好和中国的利益关系，他展开"双面外交"，一方面游说国会拖延时间，另一方面加大对华"金融外交"的力度。[①]他也同样意识到了两国在经济沟通领域还存在着一定的制度空缺，因此一直试图建立起更高层次的制度安排。在2006年9月19日保尔森以财长身份首次访华，官方高规格的中美经济战略对话机制应运而生，此后人民币汇率小幅攀升。然而这依旧离美国的需求较远，在美国国会酝酿新一轮对《舒默-格雷厄姆法案》表决的时候，中国政府主动邀请两位参议员进行来华访问。访问期间，两位参议员与中国外交部、商务部、中央银行多位领导人进行了会面。最后，在2006年12月14日至15日的首届中美战略经济对话中，两国对人民币汇率问题达成共识，以"双赢"的局面告终。

从人民币汇率事件的发展过程中可以窥见，中美既有的沟通机制虽不能从根本上扭转国会中敦促人民币升值的态势，但是成功推动了美国国会对《舒默-格雷厄姆法案》表决时间的推迟，有利于国会议员更加清楚地了解中国经济的问题和情况，也有利于两国政府站在更长久更全面的位置上评估采取行动的成本，从而制定更符合两国长期根本利益的政策。同时，制度化沟通机制的存在也给予美国国内不同声音的出现一个缓冲的契机，美国著名经济学家史蒂芬·罗奇（Stephen S. Roach）便提出：美国贸易逆差从根本上说是美国国内储蓄率过低和消费太多造成的，而"在美国前所未有地依赖海外资本的情况下，对不仅是主要商品供应国，还是主要资本借贷国的中国征收特别关税，这种做法近乎自杀"[②]。由此可见，在实施问题愈严重，短视利益对根本利益的影响愈大的时候，愈加需要制度化水平更高的机制来拨开云雾实现有效的沟通，并顺利地执行遵守达成的共识，中美战略经济对话的确立正是应此需求而生的。

[①] 孙哲、李巍：《国会政治与美国对华经贸决策》，第334—335页。
[②] 转引自http://www.cctv.com/stocks/20060322/100453.shtml，最后访问时间：2016年6月10日，原文见《华尔街日报》中文版。

三 不确定性

不确定性在国际制度理性设计模型中有三重含义：行为的不确定性、偏好的不确定性和对于外部世界其他行为体的不确定性。[1] 在中美经济沟通领域，我们认为中美对于对方行为和对外部世界其他行为体的不确定性都极大地影响了中美间获取和分享信息的能力以及两国的政策制定，进而对双方的制度选择构成较大影响。

首先看对方行为的不确定性。根据美中贸易全国委员会的统计数据，2008年美国企业对于中国最关心的十大问题见表6-7。

表6-7 2008年美国企业对于中国最关心的十大问题

1. 行政许可
2. 人力资源（招聘和留住人才）
3. 成本增加
4. 透明度
5. 中国法律的执行不公平
6. 知识产权的执法
7. 竞争和产能过剩
8. 拓展销售和分销渠道
9. 中国海关和贸易管理
10. 中国的贸易保护主义

资料来源：《美国公司的中国观：市场增长，前景不明朗》，http://www.uschina.org/public/documents/2008/12/uscbc_member_survey_chinese.pdf，最后访问时间：2009年4月22日。

由表6-7不难看出，具体的商贸层面的问题在美国企业最为关心的问题排名中并不靠前，反而是中国的经济体制和政策取向的不透明在美国企业看来具有较大的行为的不确定性，也正是这种不确定性从制度层面给中美经济合作制造了多重障碍。

根据国际制度理性设计模型中的假说C1，行为的不确定性越大，集中程度越高。博弈者之间对于对方行为的不确定性越大，越难达成对双方都有利的合作，因此需要诉诸较高层次的制度建设，通过集中度高的制度安

---

[1] Barbara Koremenos, Charles Lipson and Duncan Snidal, "The Rational Design of International Institutions," *International Organization*, Vol. 55, No. 4, 2001, pp. 778-779.

排分配和共享信息，才能够帮助双方提高对彼此行为模式的确定程度，并促进合作的达成。中美战略经济对话在第四、第五次对话期间所讨论的议题包含了全部上述问题，包括存在较大行为不确定性的法律、透明度问题。这也就较好地契合了中美经济沟通领域对于双方国内制度、政策取向等方面信息共享、分配的制度需求，因此极大地满足了中美双方的制度偏好。

中美两国之间的经济沟通能走向制度化的中美战略经济对话，从双边范畴看是中美关系发展中重要的制度安排，对美国和中国在双边问题中做出更明智的战略选择大有裨益。同时，正像中美战略经济对话中曾任中国代表团团长的吴仪所说的那样："这个对话机制将对全球经济发展和全球稳定安全产生积极的影响。显然，中美战略经济对话虽然是双边对话，但其影响却远远超越了双边范畴。"① 美国两大颇有影响力的智库——战略与国际研究中心和国际经济研究所联合撰写的评估中国崛起的报告中认为："美中关系发展方向决定全世界接下来几年的未来。不论好坏，解决我们这个时代长存的挑战，没有比美中关系更重要的：维持大国的稳定、维持全球经济成长、阻止危险性武器扩散、遏阻恐怖主义，以及面对传染病、环境恶化、国际犯罪、失败国家等新的跨国威胁。对美国尤其如此，崛起的中国对美国人的繁荣与安全影响日增，必须有洞烛先机的思维，并作出棘手的经济、政治与安全的选择。"②

根据国际制度理性设计模型中的假说 C2，世界状态的不确定性越大，集中程度越高。进入 21 世纪以来，国际经济环境出现了越来越多的不稳定变量，这些变量包括能源供应的不稳定、环境的急剧恶化、金融衍生工具带来的实体经济的脆弱性等，这些变量极大地影响到中美两国在复杂的国际经济环境中对于自身的把控能力，也提高了两国对于外部世界的敏感性。同时，从全球层面看，不稳定的状态下中美两国的大国地位逐渐凸显，在全球发展中肩负着更艰巨的任务，因此两国关系对解决全球问题也至关重要。

如图 6-2 所示，2008 年金融危机的到来使得中美间的经贸往来遭受到了极大的重创。美国对华出口连续四个季度增长变缓，据资料显示，仅 2009 年 1—8 月期间，美中贸易逆差就同比 2008 年下跌了 16%，美国和世界其他地区的贸易逆差则下跌了 43%。③ 两国经贸关系的相对脆弱性在外部

---

① "Paulson Gets Promise Only of Dialogue with China," *The Washington Post*, Sep. 22, 2006.
② 战略与国际研究中心、国际经济研究所：《重估中国崛起》，叶为良、黄裕美译，台北联经出版公司，2006，第 2 页。
③ US Trade Statistics, 2009; US Treasury, 2009.

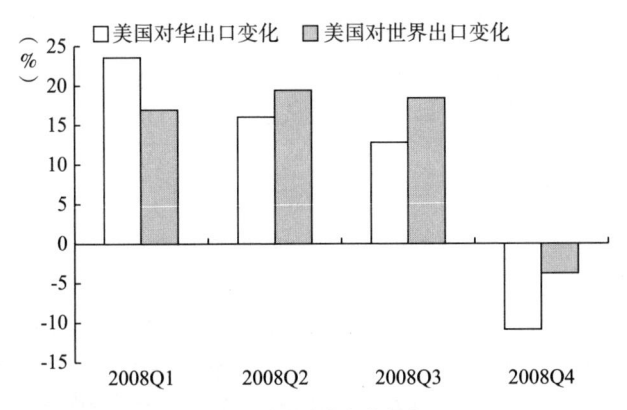

注：图中纵轴所标百分比为较去年同季度变化额度。

图6-2　2008年金融危机下美国对华出口和对世界出口变化对比图

不稳定因素的作用下彰显无遗，两国对于集中有效的沟通机制的诉求也显而易见。对于中国而言，需要一个较为稳定的外部环境来维系国家的经济发展，特别是维系中美经贸关系的良性互动。而美国同样为了确保自身的经济霸主地位，需要在全球性的问题上征求中国的意见。金融危机中美国金融政策的有效性紧紧地与外部世界的互动结合到一起，各国对美的金融政策直接决定了美国的金融霸权能否继续，这使得美国也越发重视对于外部世界的不稳定因素。

上述种种对于外部世界不确定性的担心都将中美两国紧紧绑在一起，在当今日益复杂的国际经济环境中深化沟通，确保信息的分配和共享，相应的制度安排也就体现出更强的集中性要求。集中程度更高的中美战略经济对话坚持"全局性、战略性、长期性"的定位，具有中美两国政府最高的授权度，能更直接地通过高授权度的制度体系加强两国对口部门之间的对话协调，沟通解决变化多端的世界状态下出现的棘手问题。这不仅符合中美在全球挑战和机遇并存背景下的偏好，也符合在不确定性增大的世界状态中，全球经济更加平稳健康发展的需求。

此外，根据国际制度理性设计模型中的假说F1，世界状态的不确定性越大，灵活性越高。外部不确定性越大，就越需要灵活的制度安排予以维系：一方面能够及时地捕捉变量的信息状况，使得其不确定性能够在主体有效的掌控之内；另一方面能够根据复杂多变的外部环境及时调整自己的制度形式，增强制度的适应性和改进性。正是在多个领域中世界状态不确定性增大的背景下，中美战略经济对话以其灵活的制度形式及时地填补了中美两国经济沟通领域的空白。

在能源领域中,在 2006—2009 年的三年里,国际油价经历了多个短期内的大起大跌,原油价格的波动带来成品油市场价格的不稳定。2006 年初国际原油价格近 50 美元每桶,2006 年夏"第三次石油危机"兴许出现的警报拉响,石油价格上扬屡创纪录,2008 年夏已经达到 147 美元每桶的价格,① 但到了 2008 年 12 月,国际原油价格急跌到了 34.08 美元每桶。作为一种现代工业高度依赖的战略资源,石油价格的不稳定与世界各国对石油需求的快速扩张密不可分。美国是世界上最大的油品消费国,占世界比重 20% 以上(见表 6-8),经济运转对石油的依赖度高,且"对进口石油的依赖今后几十年不会有太大改变"②,而经济飞速发展的新兴经济体中国则是对油品消费需求增长最快的国家,对石油的需求增速在 7% 左右,且对进口的依赖很大。因此,中美两国能敏感地感应到国际油价的不稳定性。中美战略经济对话自建立以来,就包含了能源问题的议题设置,加之该对话一年两次的日程设置灵活地保障了议题的讨论能随着能源形势变化而不断更新。2007 年底,时任中国国家发展和改革委员会主任的马凯在第三次中美战略经济对话之际表示,中美两国在提高煤炭利用率和发展清洁能源方面有巨大的发展前景和商机。③ 2008 年时任国务院副总理王岐山赴美参加第四次战略与经济对话前夕在《金融时报》中指出:"加强中美两国在能源领域的互利合作,有助于增强中国应对能源环境问题的能力,也可以为美国投资者带来巨大的商机和丰厚的回报。"6 月,第四次中美战略与经济对话就扩大双方在能源和环境领域的合作签署了《中美能源环境十年合作框架》文件,能源环境问题得以机制化处理。同时,两个能源消费大国就能源问题的双边合作也有望对全球能源利益格局的变革作出贡献。

表 6-8　2009 年世界石油消费量国家和地区前五位排名

排序	国家或地区	2009 年(百万吨)	2008 年(百万吨)	2009 年比 2008 年增长(%)	2009 年占全球份额
1	美国	842.9	884.5	-4.9	21.7
2	中国	404.6	375.7	6.7	10.4

---

① 王联合:《竞争与合作:中美关系中的能源因素》,《复旦学报(社会科学版)》2010 年第 2 期,第 17 页。
② Council on Foreign Relations, "National Security Consequences of U. S. Oil Dependency," *Independent Task Force Report*, No. 14, 2006.
③ 顾小存:《中美经贸关系面临的新挑战与应对》,载中国美国经济学会编《美国金融危机与中美经贸关系》,上海社会科学院出版社有限公司,2010,第 293 页。

续表

排序	国家或地区	2009年（百万吨）	2008年（百万吨）	2009年比2008年增长（%）	2009年占全球份额
3	日本	197.6	221.8	-10.7	5.1
4	印度	148.5	135.0	3.7	3.8
5	俄罗斯	124.9	130.4	-4.8	3.2

资料来源：《BP世界能源统计（2010）》。

从2007年开始，美国媒体当时大肆渲染中国食品安全问题，中国食品出口美国被限制。在食品安全危机凸显之时，2007年5月第二次中美战略经济对话及时将食品安全设置为讨论议题，2008年6月第四次中美战略经济对话后中美表示有望签署加强食品安全领域的合作协议，2008年12月第五次中美战略经济对话结束时中美进一步承诺加强食品安全合作共同应对突发事件。

金融危机的发生给全球经济带来巨大冲击，表6-9反映出2008年金融危机发生后IMF对全球经济形势的预测。根据其预测，2009年将出现自第二次世界大战以来全球经济产出的首次下降。美国首当其冲，跨国金融公司在灾难性的金融危机中遭遇重大挫折，金融机构市值大幅缩水，在全球的排名也大幅下滑，雷曼兄弟、华盛顿互惠银行与CIT集团三大金融界巨擘相继破产。美国金融市场陷入困难的负面影响传导到实体经济，导致美国实体经济也陷入衰退，GDP增长率逐步下降。中国在国际性的金融危机中也难以独善其身，面临进出口贸易大幅下跌，美国对华直接投资大幅度下降、贸易保护主义抬头、外汇储备风险增加等问题。中美是世界上最大的发展中国家和发达国家，面对世界经济中的巨大不确定性，进行建设性的对话能更好地实现互惠共赢。金融议题一直是中美战略经济对话的重要部分，同时机制升级为中美战略与经济对话后的首轮会议中，双方在国际经济形势尚不明朗的情况下达成重要共识：中美双方各自采取举措以确保从国际金融危机中复苏；双方加强宏观经济政策沟通，建立强有力的金融体系并完善金融监管；双方一同致力于构建更开放的贸易投资体系，同意在改革和加强国际金融机构方面进行合作。

表6-9 IMF全球经济预测（2009年10月）*

	2007	2008	2009预测	2007-2009减速	2010预测
印度	9.3	7.3	5.4	-3.9	6.4
中国	13	9	8.5	-4.5	9.0

续表

	2007	2008	2009 预测	2007 – 2009 减速	2010 预测
法国	2.1	0.7	-2.4	-4.5	0.9
美国	2	1.1	-2.7	-4.7	1.5
巴西	5.7	5.1	-0.7	-6.4	3.5
意大利	1.6	-1.0	-5.1	-6.7	0.2
英国	3	0.7	-4.4	-7.4	0.9
德国	2.5	1.3	-5.3	-7.8	0.3
日本	2.4	-0.6	-5.4	-7.8	1.7
俄罗斯	8.1	5.6	-7.5	-15.6	1.5

注：* 年变化率%。
资料来源：IMF, *World Economic Outlook*, October. 2009。

在这样的状况下，灵活性较差的中美经济联委会和中美商贸联委会两种机制都无法保障中美两国对于复杂多变的外部世界的信息进行及时的共享和分配，而中美战略经济对话却及时地将上述议题收入自己的制度安排之内。因此，中美战略经济对话以其较强的制度灵活性和一年两次的稳定频率确保了中美高层战略性的信息沟通，这种制度的灵活性对于中美两国及时地携手应对充溢着不确定性的外部世界具有重要意义。在金融危机加剧世界状态不稳定性、能源环境危机升温的背景下，中美两国通过战略与经济对话的机制为双方找到更多利益共同点，为全球复苏确立下了一种合作多于竞争的"后危机时代"大国关系。

四 行为体权力分配

在国际制度理性设计模型中，行为体数目是指某一议题领域中会受到影响并且也会对其他行为体造成影响的行为体个数。[①] 由于中美战略经济对话属于双边对话，我们没有必要分析行为体数目对制度形式的影响，但在此涉及行为体之间的权力对比。

根据假说 V2，行为体之间权力越不均衡，控制越不对称。正如上文所分析的那样，无论怎样的制度安排，美国在中美经济沟通机制中都占据着更大的主导地位。就中美实力的对比而言，很难找到一个明确的标准来衡量中美间的实力差，但是中国政治实力和经济实力增长速度快于美国将有

---

① Barbara Koremenos, Charles Lipson and Duncan Snidal, "The Rational Design of International Institutions," *International Organization*, Vol. 55, No. 4, 2001, p. 777.

效缩小中美综合实力的差距。① 这一点从近些年来美国对中国称谓的变化就可以看出，从最早的"建设性战略伙伴"到"利益攸关者"，再到国务卿希拉里访华期间提出的新名词"同舟共济"② ——美国不再把中国看成是一个被改造的对象，而是一个可以且必须以平等的身份进行沟通和利益协调的有实力的国家。因此中美两国在制度的控制力上也应该逐渐向中国方向倾斜，这也是两国选择中美战略经济对话作为最高层次的制度安排的原因所在，即较之于中美经济联委会和中美商贸联委会，中美战略经济对话中两方的议题分布相对更为平均且对称。伴随着中国综合实力的逐步增强和逐渐融入国际社会，这种制度安排将更加契合于中国的偏好。

20国集团领导人伦敦金融峰会上胡锦涛主席与奥巴马总统的首次会晤结束后，中美战略经济对话也就成为永恒的过去，继而承接的是新的"中美战略与经济对话"的制度安排。三年来，中美在五次战略经济对话中积极沟通，促进了两国经贸交流的顺利发展，也多次成功地瓦解了不必要的纷争冲突，极大地确保了两国间良好的经济互动和商贸环境，也给世界经济的良性稳定运行带来了福音。新的"中美战略与经济对话"于2009年启动。时任国家主席胡锦涛6月2日在会见美国总统特别代表、财政部长盖特纳时指出："中美战略与经济对话机制是两国加深了解、互信与合作的重要平台。……在今后的实践中，不断健全和完善这一机制，为新时期中美关系的发展作出应有的贡献。"③ 面对全球金融危机下日益复杂的国际形势，中美战略与经济对话为中美双边关系乃至全球的繁荣与稳定发挥出了更重要的作用。时任国务委员戴秉国在其回忆录中对这一承接战略经济对话的新机制给予了高度的评价："在中美这两个具有世界影响的大国之间建立这么高级别、宽领域的双边对话机制，而且取得了丰硕成果，这不仅在中美关系史上是没有先例的，即便在美国与其盟国之间，这种机制也是少见的。"④ 中共十八大中国领导人换届后，习近平主席提出了构建中美新型大国关系的目标。无论采用何种名称，中美战略经济对话所开创的双边制度模式都会在中美新型大国关系的塑造中留下浓重的一笔。

---

① 阎学通：《中国崛起的实力地位》，《国际政治科学》2005年第2期，第24页。
② "Dragon TV Interview: Developing a Comprehensive, Integrated Dialogue with China," http://www.state.gov/secretary/rm/2009a/02/119434.htm，最后访问时间：2009年4月22日。
③ 《胡锦涛会见美国财政部长盖特纳》，http://news.xinhuanet.com/politics/2009-06/02/content_11476045.htm，最后访问时间：2009年6月18日。
④ 戴秉国：《战略对话——戴秉国回忆录》，人民出版社、世界知识出版社，2016，第151页。

第七章　中国签订的双边投资协定中争端解决机制的设计

第一节　问题的提出

在全球化的背景下,对外直接投资(FDI)对一国经济发展的重要性不断增长,但投资者需要东道国政府有效保护其产权。正如查尔斯·利普森指出的:"政治情境直接影响了外商投资的价值。实际上,东道国能够事先或事后改变外商投资的产权。"[①] 正是这些投资的风险和不确定性使国际投资协调机制变得重要起来。20世纪70年代,发展中国家主导通过的建立国际经济新秩序的联合国相关决议中已然提出要保护和促进外商投资[②]。然而,与国际贸易领域不同的,国际投资领域中并不存在全球性协定。1995年,WTO成员国签署的《与贸易有关的投资措施协定》(TRIMs)成为乌拉圭回合谈判的最后成果之一,被视为WTO法律体系的有机组成部分。TRIMs旨在促进投资自由化,并禁止对待外商投资的歧视性政策,但其明确将此限制在与货物商品有关的投资措施上[③],故鼓励和保护效果较为局限。经济合作组织(OECD)在20世纪90年代曾经试图协商拟定《多边投资协定》(MAI),但终因各国分歧较大,未达一致而搁浅。[④] 全球性国际投资

[①] Charles Lipson, *Standing Guard: Protecting Foreign Capital in the Nineteenth and Twentieth Centuries*, Berkeley and Los Angeles: University of California Press, 1985, p. 7.

[②] UN General Assembly Resolution, "Declaration on the Establishment of a New International Economic Order," UN Doc. A/RES/S-6/3201, May 1, 1974.

[③] World Trade Organization, "Agreement on Trade-Related Investment Measures," WTO Legal Texts, 1995. http://www.wto.org/english/docs_e/legal_e/18-trims.pdf. 最后访问时间:2015年2月10日。

[④] 其原因普遍被认为是发展中国家由于经济水平较低、企业竞争能力较弱,在面对可能导致外资大量涌入的MAI时反应更为激烈,并常常上升到国家经济安全的高度。部分发达国家想把MAI的一些内容提交WTO进行讨论,但同样由于南北观点分歧,仍未达成多边意见。具体可参见EricNeumayer, "Multilateral Agreement on Investment: lessons for the WTO from the Failed OECD-Negotiations," *Wirtschafts Politische Blätter* Vol. 46, No. 6, 1999, pp. 618-628。

第七章 中国签订的双边投资协定中争端解决机制的设计

协调机制的构建落入低潮。

作为对多边机制的一种替代,双边投资协定(BITs)成为调节与规范 FDI 的主要手段。双边投资协定是两国之间签订的国际法意义上的书面协定,其目的在于促进和保护签约国彼此之间的投资活动。① 双边投资协定主要包括国民待遇、最惠国待遇、公平与公正待遇、争端解决机制等问题在内的一系列与投资双方密切相关的问题。自第一份双边投资协定于 1959 年在西德与巴基斯坦之间签订以来②,其扩散的势头与日俱增。20 世纪 90 年代,平均每年有超过 100 份新双边投资协定签订。该双边网络已覆盖 180 个国家,总计约 2857 份③,其中大约 55% 在资本缺乏的东道国与资本充裕的母国之间缔结。④ 中国作为缔结双边投资协定最多的国家之一,已与至少 123 个国家签订过相关的双边投资协定⑤,且正在积极寻求同美国、欧盟在投资领域取得相应进展。⑥

双边投资协定的雏形及其最初目的是为海外投资者提供保护,尽可能使其免受国家权力滥用的侵害。保护投资是双边投资协定的第一宗旨。大多数双边投资协定都对国民待遇、最惠国待遇、公平与公正待遇等做了同等承诺,规定东道国必须遵守双边投资协定的条约法义务。而作为表明这

---

① 卢进勇、余劲松、齐春生主编《国际投资条约与协定新论》,人民出版社,2007,第 99 页。
② 这被认为是第一份现代的双边投资协定(BIT),区别于较此之前的友好通商航海条约(FCN)。参见 Rudolf Dolzer, and Margrete Stevens, *Bilateral Investment Treaties*, The Hague: Martinus Nijhoff Publishers, 1995, pp. 1, 10–11。
③ UNCTAD, *World Investment Report: Global Value-Chains: Investment and Trade for Development*, p. 101;覆盖国家参见 UNCTAD International Investment Agreement Navigator。
④ Helen V. Milner, "Introduction: The Global Economy, FDI, and the Regime for Investment," *World Politics*, Vol. 66, No. 1, 2014, p. 4.
⑤ 从商务部条约法律司网站的《我国对外签订双边投资协定一览表》来看,中国仅与 103 个国家或集团签订了双边投资协定,但通过其他官方渠道,我们仍可获得其他相应文本。故据不完全统计,截至 2015 年 1 月,中国至少与 123 个国家签订过相关的双边投资协定。参见商务部条法司《我国对外签订双边投资协定一览表》;中国驻文莱达鲁萨兰国大使馆:《中华人民共和国政府和文莱达鲁萨兰国政府关于鼓励和相互保护投资协定》;UNTCAD, *Agreement Between the Government of the United Mexican States and the Government of the People's Republic of China on the Promotion and Reciprocal Protection of Investments*, 2008; UNCTAD International Policy Hub.
⑥ 2013 年 7 月,第五轮中美战略与经济对话取得重要成果,两国同意将尽快进入双边投资协定的实质性谈判阶段;2014 年 3 月,国家主席习近平在访问欧洲时强调要加速中欧投资协定谈判步伐。具体可参见蒋旭峰等《中美战略与经济对话经济成果丰硕》,新华网华盛顿 2013 年 7 月 12 日电,http://news.xinhuanet.com/world/2013-07/13/c_116520838.htm,最后访问时间:2015 年 1 月 10 日;习近平:《特殊的朋友共赢的伙伴——习近平在法国〈费加罗报〉发表署名文章》,《人民日报》2014 年 3 月 26 日第 2 版。

些承诺将如何被实现的程序性保障——争端解决机制（dispute settlement mechanism，DSM），被视为这一切得以落实的关键。[1] 双边投资协定一般提供了两种途径解决纠纷问题。其一，缔约国之间争端解决机制。若缔约国双方对双边投资协定的解释和适用发生争端，两方可首先通过协商解决分歧，若谈判不能解决，则提交国际仲裁法庭。其二，投资者与东道国之间争端解决机制。赋予投资者通过包括第三方仲裁在内的可选择的法律手段对主权国家提出上诉的权利，这种机制可以说是双边投资协定中最具革命性的方面。在国际贸易领域，即使私人之间发生商务纠纷，最终也需要国家出面解决。而双边投资协定中规定，一旦投资者与东道国发生争端，投资者在协商解决未果、用尽当地救济后，可绕过东道国直接提请国际法庭仲裁。这就赋予了投资者相当大的权利，也使东道国更加慎重对待与投资者纠纷问题。

对外投资中争端解决机制的不完善，将使母国投资者在他国面临更大的风险。这些风险具体体现在战争破坏、政权更迭、国有化等方面。在2011年利比亚骚乱中，中资企业便遭受了巨大损失。中国实际已于2010年8月4日与利比亚签订双边投资协定，但该条约尚未生效，文本也尚未公布。[2] 因此在投资问题上，中国政府与时任利比亚政府以及后续利比亚政府存在着法律救济手段的缺位。中国企业要向利比亚政府索赔因其内外战争而遭受的损失，到目前为止只能基于传统的外交保护原则进行磋商和斡旋，尚无法向国际投资争端解决中心（ICSID）提起索赔仲裁。[3]

鉴于争端解决在对外投资的重要性，争端解决机制成为双边投资协定中的核心条款。据统计，近30年来提交ICSID的案件增长率远大于提交给WTO的案件增长率。[4] 然而，在不同的双边投资协定中，关于争端解决机制形式的条款具有很大的差异性。即使两国间签署了双边投资协定，也并非对外投资中所有的案件都可提交ICSID。那么，哪些因素会影响中国双边投资协定中争端解决机制的形式设计？本章将在国际制度选择的交易成本模型下提出理论假说，并以对中国1982—2013年间签订且可得的134份双边

---

[1] 本章仅关注投资者与缔约国之间的争端解决，尽管绝大多数双边投资协定也包含解决缔约国之间争端的条款，但这类争端远远不如前者频繁与突出。

[2] UNCTAD International Investment Agreements Navigator, http://investmentpolicyhub.unctad.org/IIA/CountryBits/119. 最后访问时间：2015年2月10日。

[3] 江荣卿：《境外投资法规解读及双边投资保护协定应用》，法律出版社，2013，第162页。

[4] Beth A. Simmons, "Bargaining over BITs, Arbitrating Awards: The Regime for Protection and Promote of International Investment," *World Politics*, Vol. 66, No. 1, 2014, p. 19.

第七章 中国签订的双边投资协定中争端解决机制的设计

投资协定作为样本对相关影响因素进行定量分析。

第二节 既有的文献及其不足

国际资本的全球流动使学者们从一开始便关注其协调机制的必要性。贝思·西蒙斯等在理性选择的路径下基于政府所面临的"时间不一致性"问题分析了其必要性。在投资者进入一国之前，东道国政府有提供税收、土地等各方面的补贴优惠的动力；而一旦投资达成，由于投资者撤资面临较大的沉没成本，东道国政府在单次博弈理性下便有对其进行征收及国有化等侵害的动力。[1] 因而，母国或东道国需要通过设立维权治理机制或产生声誉效应来加大东道国政府的违约成本，从而做出可信的承诺以降低外资流入的风险[2]，尽管这种约束机制的建立既可能是被动的也可能是主动的。

目前，全球范围内集中化的多边国际投资协调机制仍未取得实质性进展，而双边投资协定则广受欢迎。这一方面是由于现实政治中差异较大的各国通过谈判而达成统一规范是一个漫长的讨价还价过程，另一方面也是因为通过双边投资协定提供投资者所需要的增信释疑更加容易。[3] 双边投资协定兴起后，对其研究主要集中在两个领域。其一，国家签订双边投资协定在经济上是否有利可图。学界对此的结论并不完全一致。一些实证研究的结果显示，双边投资协定对FDI有着十分显著的积极作用，但同时也意识到其实现需要依赖于特定环境。如彼得·艾格（Peter Egger）和迈克尔·法福迈耶（Michael Pfaffermayr）研究了1981—2001年OECD国家之间及OECD国家与转型经济体之间双边投资协定对FDI的影响效应，发现长期效应比短期效应更为积极；[4] 埃里克·诺伊迈尔（Eric Neumayer）和劳拉·施佩斯（Laura Spess）也实证检验了双边投资协定对发展中国家吸引外资的积

---

[1] Beth A. Simmons, "Bargaining over BITs, Arbitrating Awards: The Regime for Protection and Promotion of International Investment," *World Politics*, Vol. 66, No. 1, 2014, pp. 12 – 46.

[2] Todd Allee, and Clint Peinhardt, "Contingent Credibility: The Impact of Investment Treaty Violations on Foreign Direct Investment," *International Organization*, Vol. 65, No. 3, 2011, pp. 401 – 432.

[3] Jennifer L. Tobin, and Marc L. Busch, "A BIT Is Better than a Lot: Bilateral Investment Treaties and Preferential Trade Agreements," *World Politics*, Vol. 62, No. 1, 2010, pp. 1 – 42.

[4] Peter Egger, and Michael Pfaffermayr, "The Impact of Bilateral Investment Treaties on Foreign Direct Investment," *Journal of Comparative Economics*, Vol. 32, No. 4, 2004, pp. 788 – 804.

极作用。① 另一些实证研究则并未发现证据证明双边投资协定的签署能够有效促进并预测外商投资。如凯文·加拉格尔（Kevin P. Gallagher）和梅丽莎·伯奇（Melissa B. L. Birch）在对拉丁美洲及加勒比地区23年内FDI数据回归分析的基础上指出，与美国签署双边投资协定并未能增加其投资；② 扎克利·埃尔金斯（Zachary Elkins）等提到，其他宏观层面的决定因素，如成为东道国的潜力，对预测FDI更为有效。③ 其二，政府为何签订双边投资协定。这一领域的研究结果主要集中在两方面：母国为减少其投资者在国外投资所受风险，从而通过要求与东道国签署带有某些特定条款的双边投资协定来获得可信承诺；东道国面对国家间对FDI的竞争④，从而愿意采用"自缚手脚"（tying hands）的方式提高违约成本来做出可信承诺。⑤

除了上述两个领域外，双边投资协定中的争端解决机制也引起了学者的关注。国际法学者，如汤姆·金斯伯格（Tom Ginsburg）、苏珊·弗兰克（Susan D. Franck）等将双边投资协定中的争端解决机制作为一个重要方面单列出来，研究其影响或其设计。⑥ 国际关系学者，如西蒙斯、托德·阿利（Todd Allee）和克林特·佩恩哈特（Clint Peinhardt）等将允许投资者通过包括第三方仲裁在内的可选择的法律手段寻求由东道国所造成损失的赔偿作为双边投资协定中最具有革命性的方面，并将争端解决机制视为双边投

---

① Eric Neumayer, and Laura Spess, "Do Bilateral Investment Treaties Increase Foreign Direct Investment to Developing Countries?", *World Development*, Vol. 33, No. 10, 2005, pp. 1567 – 1585.

② Kevin P. Gallagher, and Melissa B. L. Birch, "Do Investment Agreements Attract Investment? Evidence from Latin America," *Journal of World Investment and Trade*, Vol. 7, No. 6, 2006, pp. 961 – 974.

③ Zachary Elkins, Andrew T. Guzman, and Beth A. Simmons, "Competing for Capital: The Diffusion of Bilateral Investment Treaties, 1960 – 2000," *International Organization*, Vol. 60, No. 4, 2006, pp. 811 – 846.

④ 埃尔金斯、史利维迪亚·詹德亚拉（Srividya Jandhyala）等学者在此竞争逻辑上将双边投资协定的签订分为三波加以分析。参见Zachary Elkins, Andrew T. Guzman and Beth A. Simmons, "Competing for Capital: The Diffusion of Bilateral Investment Treaties, 1960 – 2000," pp. 823 – 824; Srividya Jandhyala, Witold J. Henisz and Edward Mansfield, "Three Waves of BITs: The Global Diffusion of Foreign Investment Policy," *Journal of Conflict Resolution*, Vol. 55, No. 6, 2006, pp. 1050 – 1051。

⑤ Todd Allee, and Clint Peinhardt, "Evaluating Three Explanations for the Design of Bilateral Investment Treaties," *World Politics*, Vol. 66, No. 1, 2014, pp. 47 – 87.

⑥ Tom Ginsburg, "International Substitutes for Domestic Institutions: Bilateral Investment Treaties and Governance," *International Review of Law and Economics*, Vol. 25, 2005, pp. 111 – 113; Susan D. Franck, "Integrating Investment Treaty Conflict and Dispute Systems Design," *Minnesota Law Review*, Vol. 92, 2007, pp. 161 – 230.

第七章　中国签订的双边投资协定中争端解决机制的设计

资协定的中心议题。①

虽然大多数双边投资协定都对国民待遇、最惠国待遇、公平与公正待遇等做了同等承诺，但作为表明这些承诺将如何被实现的程序性保障，争端解决机制却存在显著差别。因此对争端解决机制的研究首先体现为对争端解决机制形式区别的研究。如阿利和佩恩哈特在对相应仲裁形式的国际机制进行分析的基础上，根据向国际组织授权的高低，将争端解决机制分为定类有序的三档。② 在另一篇分析经济形势对争端解决机制形式影响的论文中，西蒙斯将争端解决机制进一步区分为是否提供国内解决机制、是否要求用尽国内救济等6类。③ 这两者均与詹姆斯·麦克考尔·史密斯（James McCall Smith）在分析国际贸易领域相关问题时提出的争端解决机制的法律化界定谱系的一般化标准一致。④ 虽然将授权程度进一步量化为连续指标面临着技术上的难题，但仍有上述少数学者在定类有序的基础上进行了相关研究。

从争端解决机制将仲裁权让渡给国际制度的程度不同这一重要差异出发，在区分东道国与母国的前提下，阿利和佩恩哈特用其整篇论文对可能影响其形式选择的多方面因素，诸如经济增长率、GDP总量对比关系、两国的法治程度、执政者派系、是否存在殖民历史或同盟关系等，进行了理论分析与实证检验。⑤ 西蒙斯在其论文的一小节中则实证检验了一国经济增长率、发展阶段差异对争端解决机制形式选择的影响。⑥

上述实证分析得到了一些结论，但仍存在进一步研究与探讨的较大空

---

① Beth A. Simmons, "Bargaining over BITs, Arbitrating Awards: The Regime for Protection and Promotion of International Investment," *World Politics*, Vol. 66, No. 1, 2014, p. 17; Todd Allee and Clint Peinhardt, "Evaluating Three Explanations for the Design of Bilateral Investment Treaties," *International Studies Quarterly*, Vol. 54, No. 1, 2010, pp. 51 – 52, 63.

② Todd Allee, and Clint Peinhardt, "Delegating Differences: Bilateral Investment Treaties and Bargaining over Dispute Resolution Provisions," *International Studies Quarterly*, Vol. 54, No. 1, 2010, pp. 1 – 26.

③ Beth A. Simmons, "Bargaining over BITs, Arbitrating Awards: The Regime for Protection and Promotion of International Investment," *World Politics*, Vol. 66, No. 1, 2014, pp. 12 – 46.

④ James McCall Smith, "The Politics of Dispute Settlement Design: Explaining Legalism in Regional Trade Pacts," *International Organization*, Vol. 54, No. 1, 2000, pp. 139 – 143.

⑤ Todd Allee, and Clint Peinhardt, "Delegating Differences: Bilateral Investment Treaties and Bargaining over Dispute Resolution Provisions," *International Studies Quarterly*, Vol. 54, No. 1, 2010, pp. 1 – 26.

⑥ Beth A. Simmons, "Bargaining over BITs, Arbitrating Awards: The Regime for Protection and Promotion of International Investment," *World Politics*, Vol. 66, No. 1, 2014, pp. 12 – 46.

间。首先，关于国际投资协定及其争端解决机制的法学研究甚多；政治学或者国际关系视域下的理论成果相对而言十分缺乏，将其作为单独研究问题的文献更是屈指可数。其次，现有文献缺少争端解决机制的分国别研究，遑论对中国的针对性研究。由于忽视了国家间的异质性，既有的研究或对具体国家缺乏解释力。再次，尽管现有文献对相关政治经济因素进行了理论上的逻辑链条推导，但仍缺少统一的分析框架。最后，尽管对东道国与母国的不同偏好对争端解决机制的整体影响有所探讨，但未将某国仅放在东道国或母国立场上进行实证检验。

国内针对双边投资协定的学术研究几乎全部集中于法学领域，比如江荣卿的《境外投资法规解读及双边投资保护协定应用》从法学视角解读了我国对外投资政策法规，并从实用性的角度通过案例对各项条约作了适用说明。余劲松和詹晓宁的论文《论投资者与东道国间争端解决机制及其影响》主要论述了国际化的争端解决机制的两面性，在方法论上强调"应注意在国家主权的行使与投资者权利保护二者间达到平衡。[1] 卢进勇、余劲松和齐春生合著的《国际投资条约与协定新论》旨在把握国际投资规则的主要内容，了解国际投资条约与协定的最新发展动态、特点与趋势。这些文献均以案例为主，尚未对中国所签订双边投资协定中涉及投资者与缔约国间争端解决机制的有关文本进行过系统性的梳理，也没有对双边投资协定中争端解决机制背后的政治经济因素进行过系统化的研究。

第三节　双边投资协定中的争端解决机制

既有的双边投资协定文本中，关于争端解决的条款存在明显的差异性，这将直接影响到缔约方及相关投资者之间的互动。不同于部分学者关于双边投资协定统一性与固定性的假定[2]，越来越多法学及国际关系领域的学者

---

[1] 余劲松、詹晓宁：《论投资者与东道国间争端解决机制及其影响》，《中国法学》2005 年第 5 期，第 175—184 页。

[2] 如安德鲁·加兹曼（Andrew T. Guzman）注意到美国签订的双边投资协定之间具有实质上的一致性，并认为世界各地的双边投资协定也是十分类似的；肯尼斯·范德维德（Kenneth J. Vandevelde）也认为，不管具体是哪国签署的双边投资协定，其条款都具有非凡的统一性。参见 Andrew T. Guzman, "Why LDCs Sign Treaties That Hurt Them: Explaining the Popularity of Bilateral Investment Treaties," *Virginia Journal of International Law*, Vol. 38, 1998, p. 654; Kenneth J. Vandevelde, "The Economics of Bilateral Investment Treaties," *Harvard International Law Journal*, Vol. 41, No. 2, 2000, p. 469。

发现其中许多条款的表述往往建立在逐一具体的谈判之上①,因而存在差异且富于变化。

一 双边投资协定中争端解决机制的分类

几乎所有的双边投资协定都为投资争端的解决提供了仲裁方案与规则②,依其将仲裁权让渡给国际制度的多少,可将双边投资协定中的不同争端解决机制进行定序排列。

底端为通过协商或国内司法解决。多数双边投资协定在投资者与缔约国之间争端发生时,通常会先采取非司法的(non-judicial)争端解决程序,规定一定时限的冷静期用于阐明事实③,即友好协商。若在此期间内未能解决,则允许当事方将争议提交给包括缔约国法院在内的相关仲裁。这意味着非常低的法律授权,由于缺乏国际第三方仲裁,使争议方保持着对任何解决提议合法的灵活性,而这也正是外交手段的品质特征。④ 相应条款如:

第九条 缔约一方与缔约另一方投资者争议解决

一、缔约一方与缔约另一方投资者之间产生的与投资相关的任何争议,应尽可能通过协商友好解决。

二、如争议自争议任何一方提出之日起6个月内未能通过协商友好解决,则应将其提交给:

(一)作为争议一方的缔约方国内有管辖权的法院;或……⑤

---

① 例如,M. 索纳冉加(M. Sornarajah)在其对双边投资协定争端解决机制的法律分析中提到,每份条约都存在一个谈判各方所达成的内部平衡,而这需要进一步的仔细解释。参见 Muthucumaraswamy Sornarajah, *The Settlement of Foreign Investment Disputes*, The Hague: Kluwer Law International, 2000, pp. 15-16。

② Rudolf Dolzer and Margrete Stevens, *Bilateral Investment Treaties*, p. 129.

③ Norbert Horn, "Arbitration and the Protection of Foreign Investment: Concepts and Means," in Nobert Horn, ed., *Arbitrating Foreign Investment Disputes: Procedural and Substantive Legal Aspects*, The Hague: Kluwer Law International, 2004, pp. 21-22.

④ James McCallSmith, "The Politics of Dispute Settlement Design: Explaining Legalism in Regional Trade Pacts," *International Organization*, Vol. 54, No. 1, 2000, pp. 139-140; Kenneth W. Abbott, Robert O. Keohane, Andrew Moravcsik, Anne-Marie Slaughter and Duncan Snidal, "The Concept of Legalization," *International Organization*, Vol. 54, No. 3, 2000, pp. 401-404.

⑤ 2006年《中华人民共和国政府和俄罗斯联邦政府关于促进和相互保护投资协定》,商务部条法司网站:http://tfs.mofcom.gov.cn/aarticle/h/au/201002/20100206774629.html,最后访问时间:2015年1月20日。

中端为依照双边投资协定协商的具体程序，通过设立专设仲裁庭（ad hoc arbitration court）解决。这类专设仲裁庭采取逐案设立的方式，其程序自行制定，多数参考联合国国际贸易法委员会（UNCITRAL）仲裁规则或国际投资争端解决中心（ICSID）仲裁规则。仲裁庭在规定期限内未能最终组成时，常求助于中立的第三方，如 ICSID 秘书长、国际法院院长来指定首席仲裁员。[1] 仲裁庭的裁决以多数票作出，且是终局的，对双方均要求有约束力。仲裁庭在发布仲裁报告后解散。这类专设仲裁庭较之于协商或国内司法解决具有更多授权。相应条款如：

> 第九条
> …… ……
> 三、如涉及征收补偿款额的争议，在诉诸本条第一款的程序后六个月内仍未能解决，可应任何一方的要求，将争议提交专设仲裁庭。如有关的投资者诉诸了本条第二款所规定的程序，本款规定不应适用。
> 四、该仲裁庭应按下列方式逐案设立：争议双方应各任命一名仲裁员，该两名仲裁员推选一名与缔约双方均有外交关系的第三国的国民为首席仲裁员。头两名仲裁员应在争议任何一方书面通知另一方提出仲裁后的两个月内任命，首席仲裁员应在四个月内推选。如在上述规定的期限内，仲裁庭尚未组成，争议任何一方可提请国际法院院长作出必要的委任。
> 五、仲裁庭应自行制定其程序。但仲裁庭在制定程序时可以参照联合国国际贸易法委员会仲裁规则。
> 六、仲裁庭的裁决以多数票作出。裁决是终局的，对争议双方具有约束力。缔约双方根据各自的法律应对强制执行上述裁决承担义务。[2]

顶端为通过一个国际常设仲裁机构解决。这类机构最常见是指 ICSID。中心是 1965 年依据《解决国家与他国国民间投资争端公约》建立的世界上

---

[1] Rudolf Dolzer and Margrete Stevens, *Bilateral Investment Treaties*, p. 146.
[2] 1995 年《中华人民共和国政府和古巴共和国政府关于鼓励和相互保护投资协定》，商务部条法司网站：http://tfs.mofcom.gov.cn/aarticle/h/bk/201002/20100206785121.html，最后访问时间：2015 年 1 月 20 日。

第七章　中国签订的双边投资协定中争端解决机制的设计

第一个专门解决国际投资争议的仲裁机构[1]，具有很强的专业性，且为所有投资仲裁机构中唯一集中化的国际组织。争端一旦进入 ICSID 的仲裁程序，则仲裁庭的组成、裁决的解释、修改和撤销，诉讼费用等方面都具有一整套详尽的程序。[2] 这些程序不仅提高了该机制的法律授权程度，也降低了投资者与缔约国双方解决争端的司法成本。据统计，2013 年 55% 的投资者与缔约国间争端由 ICSID 受理[3]；投资者借助于 ICSID 的频率为其他各仲裁机构的 7 倍以上。[4] 此外，ICSID 隶属于世界银行集团，为其增添了附加的"制度庄严"（institutional gravitas）[5]，这增强了那些未来希望争取世界银行援助及通过其筹措资金的国家遵守判决的动力。因此，这类常设仲裁机构较之于专设仲裁庭具有更多授权。相应条款如：

第八条　投资争议的解决

一、缔约一方投资者和缔约另一方间产生法律争议，争议任何一方应书面通知争议另一方。

争议当事方应尽可能通过磋商、在必要的情况下通过寻求第三方的专业建议或通过缔约方间经由外交途径进行磋商解决争议。

二、如果争议在争议一方将争议通知争议另一方六个月内未能通过磋商解决，缔约各方同意根据投资者的选择将争议提交：

（一）作为争议一方的缔约方国内有管辖权的法院；

（二）依照一九六五年三月十八日在华盛顿开放签字的《关于解决国家与他国国民投资争端的公约》设立的"解决投资争端国际中心"。

一旦投资者将争议提交相关缔约方国内有管辖权的法院或"解决投资争端国际中心"，对上述两种程序之一的选择应是终局的。

三、仲裁裁决应是终局的并对争议双方具有拘束力。缔约各方承

---

[1] Julian D. Lew, "ICSID Arbitration: Special Features and Recent Developments," in Nobert Horn, ed., *Arbitrating Foreign Investment Disputes: Procedural and Substantive Legal Aspects*, pp. 267–269.

[2] ICSID, *ICSID Convention, Regulations and Rules*, Washington D. C. ICSID/15 April, 2006, pp. 22–28.

[3] UNCTAD, *Recent Developments in Investor-State Dispute Settlement (ISDS)*, No. 1, 2014, p. 4.

[4] Todd Allee and Clint Peinhardt, "Delegating Differences: Bilateral Investment Treaties and Bargaining over Dispute Resolution Provisions," *International Studies Quarterly*, Vol. 54, No. 1, 2010, p. 5.

[5] Susan D. Franck, "Foreign Direct Investment, Investment Treaty Arbitration, and the Rule of Law," *Global Business and Development Law Journal*, Vol. 19, 2007, p. 372.

诺根据其国内法规执行裁决。[①]

故根据各类争端解决机制对国际组织授权的大小，投资者与缔约国间争端解决机制可定序排列为协商或国内司法、专设仲裁庭、常设仲裁机构。[②]

二 中国双边投资协定中争端解决机制的形式设计

作为缔结双边投资协定最多的国家之一，中国在所签订的双边投资协定中需要确定投资争端的解决机制，为了比较全面地描绘中国已签订双边投资协定中争端解决机制的选择，我们选取了三方面变量。[③]

第一，事先同意（consent）国际仲裁。这要求缔约双方在协定中明确同意将争端提交至某个特定的解决争端的国际仲裁机构。这种事先的同意有助于加速争端解决的进程并限制缔约国的拖延。事先同意国际仲裁则取1，否则为0。

第二，争端解决机制的可选途径。由于国内法院这一渠道在每份双边投资协定中都有列出，故此处不再计入。此处的可选渠道既包括根据UNCITRAL等规则设立的专设仲裁庭，也包括ICSID、国际法院常设仲裁庭（PCA）这类常设仲裁机构，或者是其他设在开罗、斯德哥尔摩、新加坡等的地区性仲裁中心，如斯德哥尔摩商会仲裁院（SCC）。其他条件不变，可

[①] 2005年《中华人民共和国政府和比利时－卢森堡经济联盟关于相互促进和保护投资的协定》，商务部条法司网站：http://tfs.mofcom.gov.cn/aarticle/h/au/201001/20100106724218.html，最后访问时间：2015年1月20日。

[②] 这里采取的定序分段标准与现有相关研究一致。参见 James McCall Smith, "The Politics of Dispute Settlement Design: Explaining Legalism in Regional Trade Pacts," *International Organization*, Vol. 54, No. 1, 2000, pp. 139–143; Todd Allee and Clint Peinhardt, "Delegating Differences: Bilateral Investment Treaties and Bargaining over Dispute Resolution Provisions," *International Studies Quarterly*, Vol. 54, No. 1, 2010, p. 4; Todd Allee and Clint Peinhardt, "Evaluating Three Explanations for the Design of Bilateral Investment Treaties," *International Organization*, Vol. 65, No. 3, 2011, pp. 52–58; Beth A. Simmons, "Bargaining over BITs, Arbitrating Awards: The Regime for Protection and Promote of International Investment," *World Politics*, Vol. 66, No. 1, 2014, pp. 20–37。

[③] 三方面变量中，事先同意国际仲裁、争端解决机制的可选渠道借鉴了阿利和佩恩哈特2014年的文章，争端解决机制的授权程度借鉴了阿利和佩恩哈特2010年的文章。参见 Todd Allee and Clint Peinhardt, "Evaluating Three Explanations for the Design of Bilateral Investment Treaties," *World Politics*, Vol. 66, No. 1, 2014, pp. 52–53, 55; Todd Allee and Clint Peinhardt, "Delegating Differences: Bilateral Investment Treaties and Bargaining over Dispute Resolution Provisions," *International Studies Quarterly*, Vol. 54, No. 1, 2010, p. 15。

第七章 中国签订的双边投资协定中争端解决机制的设计

选途径越多,则投资者有效地提出要求的选择范围也越大。根据可选渠道数的多少取值。

第三,争端解决机制的授权程度。在前文基础上,本章以协定中是否包括且如何包括 ICSID 为标准将争端解决机制的授权程度进行定序,分为 0-2 定类有序的三种取值。0 代表相应条款中不包含任何可使用 ICSID 解决的争端;1 代表 ICSID 作为至少两种国际仲裁途径之一被使用;2 代表 ICSID 作为唯一一种国际仲裁途径被使用。[①]

通过对中国签订过的 134 份双边投资协定的争端解决机制进行系统梳理(表7-1),我们发现在中国签订的双边投资协定中,明确声明缔约各方同意将争端提交国际仲裁的仅限于荷兰(2001年)、比利时-卢森堡经济联盟(2005年)、墨西哥(2008年)、瑞士(2009年)。但值得注意的是,多数争端解决机制在提交国际仲裁时更加强调投资者的意愿。在争端解决机制的可选渠道中,多数双边投资协定为 1—2 个,其中多为只包含专设仲裁庭、只包含常设仲裁机构、既包括专设仲裁庭又包括常设仲裁机构三种情况。在争端解决机制授权程度中,平均值为 0.66,这与阿利和佩恩哈特数据库中的统计结果类似,即中国属于最少授权给 ICSID 的国家之列,分值为0.51。[②] 但较之于其截至 2006 年的不完全数据库,可以看出近年来中国对 ICSID 的授权有了明显增加。

表7-1 中国双边投资协定中争端解决机制的描述

事先同意国际仲裁	双边投资协定的数量
0	130
1	4
总计	134
争端解决机制的可选途径	双边投资协定的数量
0	6
1	70

[①] 我们确信,参照以上标准的取值是有序的。参见 Todd Allee and Clint Peinhardt, "Delegating Differences: Bilateral Investment Treaties and Bargaining over Dispute Resolution Provisions," *International Studies Quarterly*, Vol. 54, No. 1, 2010, pp. 15-17, 21-22。

[②] Todd Allee and Clint Peinhardt, "Delegating Differences: Bilateral Investment Treaties and Bargaining over Dispute Resolution Provisions," *International Studies Quarterly*, Vol. 54, No. 1, 2010, p. 16.

续表

2	49
3	7
4	2
总计	134
争端解决机制的授权程度	双边投资协定的数量
0	64
1	51
2	19
总计	134

第四节　交易成本分析框架下的预期行为模式

在双边投资协定中，缔约双方通常为资本相对缺乏的东道国与资本相对充裕的母国。然而，东道国与母国的身份界定并不是绝对的。在同一时间点，针对不同国家，某国可以既为东道国又为母国；在不同时间点，针对同一国家，某国可以既为东道国又为母国；在同一时间点，针对同一国家，尽管某国可能既接受投资又输出投资，然而通常这种情况下资本的流入或输出将呈现某种主导状态，因而可假定其仅为东道国或母国中的一方。[1] 签订双边投资协定时，尽管具体缔约方不同，但东道国与母国之间往往存在着彼此不同但各自稳定的偏好。根据国际制度选择的交易成本模型，国家间交易成本可分为国家间缔约成本和国家间治理成本。[2] 基于东道国或母国的不同位置，缔约国对国家间交易成本的不同部分形成了不同的偏好。

从东道国的理性出发，其面临着对母国 FDI 接受最大化和对母国主权让渡最小化之间的权衡。要想尽可能多的吸收母国投资者的资本，需要东道

---

[1] 为方便操作，根据托德·阿利和克林特·佩恩哈特提出了相应的界定方式。一般情况下，我们将人均 GDP 较大的国家视为母国，且应注意以下三种例外情况：（1）OECD 国家与非 OECD 国家签订双边投资协定时，前者为母国；（2）大型经济体，即 GDP 总量为对方 5 倍，且人均 GDP 不低于对方 1/3 的，为母国；（3）两者人均 GDP 差距不超过 1/3，且 GDP 总量至少为另一方 2 倍的，则 GDP 总量较大一方为母国。参见 Todd Allee and Clint Peinhardt, "Delegating Differences: Bilateral Investment Treaties and Bargaining over Dispute Resolution Provisions," *International Studies Quarterly*, Vol. 54, No. 1, 2010, p. 8.

[2] 田野：《国际关系中的制度选择：一种交易成本的视角》，第 77 页。

第七章 中国签订的双边投资协定中争端解决机制的设计

国更多的约束自己,并做出可信的承诺,这通常意味着对国家主权的让渡增加;而反过来对国家主权的坚守很可能会增加母国投资者的不确定性,从而影响对外资的吸引力。由于一般作为东道国的发展中国家对主权让渡的敏感性,东道国在与母国进行双边投资协定中有关争端解决机制的谈判中往往更强调协定签订时东道国对母国主权让渡的最小化,即偏好国家间缔约成本最小化。

从母国的理性出发,其面临在东道国投资预期利润最大化和在东道国投资风险最小化之间的权衡。投资预期利润最大化通常意味着加大对东道国的投资数额,而这将使母国的投资者面临更大的投资风险;但对东道国投资风险的过于敏感有时也将阻碍母国从东道国获取投资收益。前景理论中的保守理性认为,大多数人在面临获利的时候是风险规避的[①],因而母国在与东道国进行双边投资协定中有关争端解决机制的谈判中往往更强调协定签订后母国在东道国投资风险的最小化,即偏好国家间治理成本最小化。

一般来说,东道国基于国家间缔约成本最小化的偏好,在争端解决机制的形式选择上通常对国际仲裁,尤其是将争端提交 ICSID[②],持排斥态度;而母国基于国家间治理成本最小化的偏好,在争端解决机制的形式选择上通常对国际仲裁,尤其是将争端提交 ICSID,持支持态度。

然而不得不注意的是,双方偏好的稳定性并不是一成不变的。因双方面临着权衡选择,即东道国在某种程度上会为吸引更多的母国投资而愿意提高接受 ICSID 的倾向性;而母国在某种程度上也会为在东道国获取更多可预期的利润而降低使用 ICSID 的倾向性。这使得在双边框架内逐份签订的投资协定面临着关于争端解决机制形式选择的讨价还价,特别是面临着是否且如何同意将投资争端提交 ICSID 的讨价还价。

基于上述分析框架,东道国为使国家间缔约成本最小化,在争端解决机制的设计上可预期的行为模式如下。

假说1:东道国独立时间越短,越不倾向于使用 ICSID。

不同国家对同一问题领域的敏感程度的不同。由于某种特殊的群体性历史记忆,一个国家在某个问题领域可能具有其他国家所没有的高度敏感

[①] Daniel Kahneman, and Amos Tversky, "Prospect Theory: An Analysis of Decision under Risk," *Econometrica*, Vol. 47, No. 2, 1979, pp. 263 – 292.

[②] 正如前文所提到的,是否包含 ICSID 选择往往被用于衡量争端解决机制授权的程度高低。其正式的组织化结构及程序化规则代表着解决投资者与缔约国间争端的最高授权形式。

性。① 有过西方国家殖民经历或刚完成独立的国家,通常会经历一段时间的"后殖民地综合征"。② 这些国家更加珍惜新获得的自主权,往往对涉及国家主权的议题具有更高的敏感度。在双边投资协定的谈判中,这些国家更不愿意给予争端解决机制更多的授权。

假说2:东道国面对越不利的经济形势,越不倾向于接受ICSID。

尽管既有研究认为,当经济形势越不利时,东道国政府越将采取高制度化水平的争端解决机制,因为这样做可以通过释放信号以吸引外资并改善经济条件。③ 而现实情况可能是,当经济形势不利时,东道国政府即使愿意也难以能够如此行事。因为此时东道国政府往往面临着来自国内社会更为严重的掣肘,需要投入更大精力用于国内事务并维持合法性与执政地位,相对而言国家自主性较弱,在这种情况下更难以在国际谈判中做出妥协。因此,东道国政府在不利的经济形势下难以授权于国际投资协调机制。

假说3:东道国对国外贸易的依赖程度越高,越倾向于接受ICSID。

出口导向的东道国对世界经济的融入程度相对更高,对世界经济的依赖程度也相对更高,会倾向于与外部世界保持较为密切的交往。这一互动过程中的规范内化或者社会化降低了东道国对主权让渡的敏感性。④ 因而,融入国际贸易体系的程度越高,东道国越有可能在条款中纳入ICSID。

假说4:东道国对国外援助的依赖程度越高,越倾向于接受ICSID。

ICSID为隶属于世界银行的一个独立组织,且与世界银行具有直接联系。⑤ 这为其增添了附加的"制度庄严"以及针对那些未来希望争取世界银行援助及通过其筹措资金的国家的影响力。⑥ 东道国若对世界银行提供的资本援助依赖度较高,在和世界银行的长期互动中,东道国政府更有可能降

---

① 田野:《国际关系中的制度选择:一种交易成本的视角》,第92页。
② Miles Kahler, "Legalization as Strategy: The Asia-Pacific Case," *International Organization*, Vol. 54, No. 3, 2000, pp. 549 – 571.
③ Beth A. Simmons, "Bargaining over BITs, Arbitrating Awards: The Regime for Protection and Promote of International Investment," *World Politics*, Vol. 66, No. 1, 2014, pp. 25 – 26; Todd Allee and Clint Peinhardt, "Delegating Differences: Bilateral Investment Treaties and Bargaining over Dispute Resolution Provisions," *International Organization*, Vol. 65, No. 3, 2011, p. 12.
④ Alastair Iain Johnston, "Treating International Institutions as Social Environments," *International Studies Quarterly*, Vol. 45, No. 4, 2001, pp. 487 – 515.
⑤ James C. Baker, *Foreign Direct Investment in Less Developed Countries: The Role of ICSID and MIGA*, Westport, CT: Quorum Books, 1999.
⑥ Susan D. Franck, "Foreign Direct Investment, Investment Treaty Arbitration, and the Rule of Law," *Minnesota Law Review*, Vol. 92, 2007, p. 372.

低对相关领域主权让渡的敏感性。

假说 5：东道国实力与母国相比劣势越大，东道国越倾向于接受 ICSID。

东道国为了使其缔约成本最小化，在面对母国的压力时会尽可能少做让步。但让步的多少将在很大程度上取决于母国与东道国之间的实力对比。如果母国的经济实力、自然资源禀赋或军事实力远远优于东道国，母国相对于东道国就拥有更强的讨价还价能力，因而谈判结果也越可能与母国的倾向保持一致，从而使东道国在争端解决机制的设计上不得不接受更高程度的授权。

与东道国基于国家间缔约成本最小化的偏好而做出的选择相类似，母国为使国家间治理成本最小化，在争端解决机制的设计上可预期的行为模式如下：

假说 6：母国国内推动对外投资或国际关系法律化的利益集团势力越强，越倾向于使用 ICSID。

推动对外投资或者提倡国际关系法律化的国内利益集团，如跨国公司（MNCs）与国内认同国际关系法律化的智库或官员，出于自身利益及观念的原因会促使母国政府采用更加积极的举措将 ICSID 纳入争端解决机制，以尽可能减少跨国投资中的事后治理成本。当这些集团力量较强时，他们的偏好更有可能转化为母国政府在双边投资谈判上的偏好，从而使争端解决机制更可能使用 ICSID。

假说 7：母国在面对承诺可信性程度越高的东道国时，越会降低使用 ICSID 的倾向性。

当东道国国内承诺可信性较低时，母国将面临更大的不确定性。为了降低这种不确定性，母国需要授权程度更高的争端解决机制。我们采用东道国法治程度、东道国政权持续时间、东道国行政人员约束程度等指标来衡量东道国国内承诺的可信性。如果东道国国内法治程度越低、政权持续时间越短或其行政人员受到的约束较少，其国内承诺就越不可信，母国在东道国的投资就将面临更大的风险。基于治理成本最小化的偏好，母国在这种情况下对争端解决机制就会产生更高的授权要求。反之亦然。

第五节　基于中国 1982 年至 2013 年双边投资协定的经验检验

我们将主要以中国 1982—2013 年签订且可得的 134 份双边投资协定为

样本对上一节提出的理论假说进行实证检验。我们以这些双边投资协定中争端解决机制的授权程度为被解释变量，进一步在原模型的基础上区分东道国和母国，由此建立了三个计量模型并分析中国在不同身份界定下的行为方式。

在进行回归分析之前，我们需要先对变量进行操作化。一是被解释变量。我们根据前文对中国双边投资协定中争端解决机制授权程度的描述将因变量定序地分为 0—2（表 7-2），这与阿利和佩恩哈特在其文中的定序方法相一致[①]，且我们确信，参照此标准的 DV 取值是有序的，因而适用于后文的有序 probit（ordered probit）模型。

表 7-2　因变量取值情况说明

DV 取值	情况说明
0	相应条款中不包含任何可使用 ICSID 解决的争端
1	ICSID 作为至少两种国际仲裁途径之一被使用
2	ICSID 作为唯一一种国际仲裁途径被使用

二是解释变量。为对上文的理论假说操作化，我们对相关解释变量进行了测量（表 7-3）。其中，东道国签订 BIT 时为新近独立、东道国签订 BIT 前两年人均 GDP 平均增长率、东道国签订 BIT 时外贸占 GDP 的百分比、向国际开发协会（IDA）与国际复兴开发银行（IBRD）贷款之和占 GDP 的百分比、签订 BIT 时母国与东道国总 GDP 的比值依次对应假说 1—5，用来考察影响东道国政府偏好的因素。母国签订 BIT 时跨国公司占世界 500 强的比例和母国签订 BIT 时法治程度、东道国签订 BIT 时法治程度和政权持续时间和行政人员约束程度依次对应假说 6 和 7，用来考察影响母国政府偏好的因素。

表 7-3　解释变量名称、数据说明及来源

自变量名称	数据说明	数据来源
东道国为新近独立	哑变量，若东道国签订 BIT 时独立时长不足 10 年取 1，否则取 0	ICOW 殖民历史数据库
东道国人均 GDP 增长率	东道国签订 BIT 前两年人均 GDP 平均增长率	世界发展指标

[①] Todd Allee and Clint Peinhardt, "Delegating Differences: Bilateral Investment Treaties and Bargaining over Dispute Resolution Provisions," *International Organization*, Vol. 65, No. 3, 2011, p. 15.

续表

自变量名称	数据说明	数据来源
东道国外贸依赖度	东道国签订 BIT 时外贸占 GDP 的百分比	世界发展指标
东道国外援依赖度	东道国签订 BIT 时向 IBRD 和 IDA 贷款之和占 GDP 的百分比	世界发展指标
母国与东道国 GDP 总量比值	母国与东道国签订 BIT 时 GDP 总量的比值	世界发展指标
母国跨国公司实力	母国签订 BIT 时财富全球 500 强中总部设在该国的公司个数占比	多期财富 500 强统计
母国法治程度	母国签订 BIT 时法治程度，取值 1－6，取值越大，法治程度越高	ICRG 数据库
东道国法治程度	东道国签订 BIT 时法治程度，取值 1－6，取值越大，法治程度越高	ICRG 数据库
东道国政权持续时间	东道国签订 BIT 时政权持续时长	Polity IV
东道国行政人员约束程度	东道国签订 BIT 时行政人员所受约束，取值越大，约束程度越高	POLCONIII

在选定了因变量与自变量后，我们运用有序 probit 模型对其进行了回归分析（表 7－4）。

表 7－4 有序 probit 模型回归结果

	（1）缔约国	（2）东道国	（3）母国
东道国为新近独立	1.463** (0.609)	. .	1.413** (0.615)
东道国人均 GDP 增长率	0.0874*** (0.0244)	0.176** (0.0748)	0.0863*** (0.0273)
东道国外贸依赖度	0.0356*** (0.00811)	0.0367 (0.0322)	0.0253*** (0.00941)
东道国外援依赖度	6.046*** (2.298)	29.34 (34.68)	5.271** (2.347)
母国与东道国 GDP 总量比值	－0.000378 (0.000409)	0.454 (0.355)	－0.000375 (0.000371)
母国跨国公司实力	0.00509 (0.00521)	－0.0361 (0.0222)	0.0195** (0.00822)

续表

	(1) 缔约国	(2) 东道国	(3) 母国
母国 法治程度	-0.0981 (0.122)	-0.164 (0.143)	0.309 (0.271)
东道国 法治程度	0.0543 (0.126)	-0.563 (0.394)	-0.0119 (0.179)
东道国 政权持续时间	0.0158 (0.00999)	0.0892** (0.0392)	0.0108 (0.0104)
东道国 行政人员约束程度	0.553 (0.812)	. .	0.355 (0.784)
cut1 _cons	1.940*** (0.746)	3.476** (1.604)	3.213** (1.290)
cut2 _cons	3.337*** (0.769)	5.183*** (1.610)	4.438*** (1.304)
N	134	75	59
P	0.0000	0.0000	0.0004
Wald chi^2	40.66	47.41	31.70
Pseudo R^2	0.1625	0.2007	0.2045

注：括号内是稳健标准误（Robust SE）。* $p<0.1$，** $p<0.05$，*** $p<0.01$。

一 模型1：中国作为双边投资协定的缔约国

在既有数据库基础上，我们收集建立了由1982—2013年中国签订的134份双边投资协定及相关变量组成的新数据库。首先，模型1对中国签订的双边投资协定进行了整体分析。从整体模型来看，东道国在经济形势越好时，其在争端解决机制中授权程度将显著提升，即更倾向于在条约中纳入ICSID机制。这与既有文献的理论预期和实证检验结果[1]截然不同。统计

---

[1] Todd Allee and Clint Peinhardt, "Delegating Differences: Bilateral Investment Treaties and Bargaining over Dispute Resolution Provisions," *International Organization*, Vol. 65, No. 3, 2011, p. 12; Beth A. Simmons, "Bargaining over BITs, Arbitrating Awards: The Regime for Protection and Promote of International Investment," *World Politics*, Vol. 66, No. 1, 2014, pp. 25-26.

第七章 中国签订的双边投资协定中争端解决机制的设计

发现，当东道国人均 GDP 增长率小于 -10% 时，85.7% 的样本取值为 0，而当东道国人均 GDP 增长率大于 10% 时，此取值仅为 40.5%（图 7-1）。

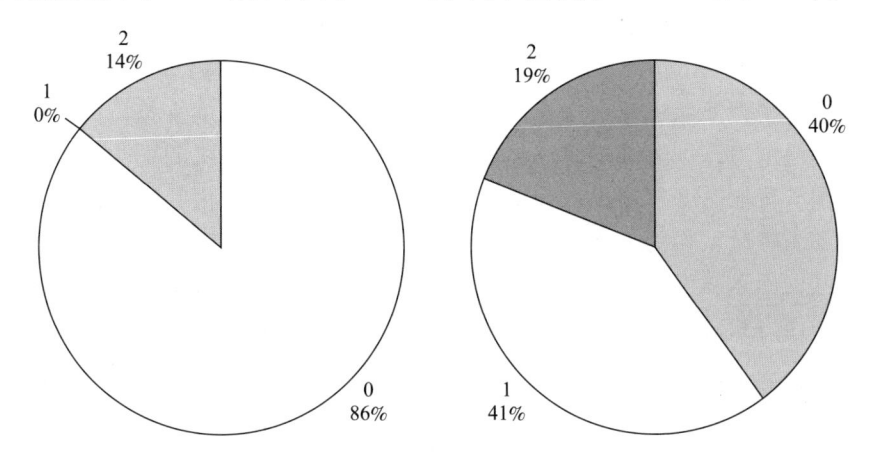

图 7-1 东道国不同人均 GDP 增长率对因变量取值的影响

注：左图、右图分别为东道国人均 GDP 增长率小于 -10% 时、大于 10% 时因变量的取值比例。

模型中东道国的外贸依赖度和外援依赖度与使用 ICSID 条款的可能性呈正相关关系，东道国外贸占 GDP 的比重越大、东道国对世界银行提供资本的依赖程度越高，如更依赖于 IBRD 和 IDA 援助贷款，则越倾向于接受使用 ICSID。不过需要注意的是，中国作为市场规模较大的东道国，这种整体性的结果对于理解中国作为东道国的情况仍可能是误导性的。

此数据库东道国新近独立的 10 个样本中，中国均为母国。而从结果看来，新近独立的东道国反而越愿意与中国形成制度化水平较高的争端解决机制，与既有研究对比可以说明新近独立的东道国面临中国时敏感度较低。

二 模型 2：中国作为双边投资协定的缔约国，且为东道国

模型 2 进一步将整体模型中中国作为东道国的 75 个样本提取出来，以此分析中国作为东道国时的特点。

与整体模型相一致，模型 2 发现中国（东道国）在经济形势越好时，越易于接受高制度化水平的争端解决机制。与整体模型不同，模型 2 发现随着中国共产党执政时间越长，越有可能追求高制度化水平的争端解决机制。这或许是因为其他条件不变，随着执政时间增加，国家授权给国际制度的

缔约成本减少，自主地授权于国际组织的可能性相应提高。就中国而言，这种授权一方面可以通过"自缚手脚"来增强对外资的吸引，另一方面还可以获得遵守国际规则的声誉收益。

对中国这一市场规模较大的东道国而言，母国的跨国公司、法治程度、相对经济实力都无法使中国接受更高授权水平的国际制度安排，由于中国市场的吸引力，母国对不使用高制度化水平的争端解决机制更为宽容。而且中国外贸依赖度和外援依赖度的增加也并没有显著弱化其讨价还价的地位，如果将模型作为一个整体来考虑将会带来误解。作为东道国的中国，推动其向国际制度授权的重要因素为政权持续时间与经济增长，而非来自母国的压力和对外贸外援的依赖。

三 模型3：中国作为双边投资协定的缔约国，且为母国

模型3将整体模型中中国作为母国的59个样本提取出来，以此分析中国作为母国时的特点。

结果又一次显示，中国作为母国时，经济形势越好的东道国越易于接受争端解决机制中的授权。不同于拥有广大市场的中国，与中国缔约的其他东道国总体上随着外贸依赖度和外援依赖度的增加会使其更愿意接受ICSID这种制度化约束。值得注意的是，随着中国跨国公司实力的增强，中国在走出去的过程中开始注重保护投资利益，期望能与东道国采取更高制度化水平的安排，但不同于既有研究中对经济权力的强调，模型结果并未支持中国运用自己的经济权力来使得他国接受高制度化水平争端解决机制安排这一逻辑。同时，新独立国家这一变量与争端解决机制制度化水平呈正相关。其中可能的解释是，由于中国致力于融入并遵守国际秩序以及负责任大国形象的塑造，加之与部分第三世界国家共同的历史经历与价值观念，中国作为母国时更容易获得东道国的信任。

四 敏感性检验

我们对上述的研究结果进行多方面的敏感性检验。第一项敏感性检验是考虑其他估计方法。在阿利与佩恩哈特的研究中，他们采用了有序probit模型（ordered probit），并且认为该模型是合适且最有效的估计函数。[①] 尽管

---

① Todd Allee and Clint Peinhardt, "Delegating Differences: Bilateral Investment Treaties and Bargaining over Dispute Resolution Provisions," *International Organization*, Vol. 65, No. 3, 2011, pp. 21–22.

如此，我们依然尝试了多项 probit 模型与二分类 probit 模型（binary probit）。① 多项 probit 模型中，东道国为新近独立、东道国人均 GDP 增长率、东道国外贸依赖度、东道国政权持续时间等变量仍然在统计上具有显著性且影响方向不变。二分类 probit 模型中，东道国为新近独立、东道国人均 GDP 增长率、东道国外贸依赖度、东道国外援依存度、东道国政权持续时间、母国跨国公司实力等变量仍然在统计上具有显著性且影响方向不变。第二项敏感性检验为分样本检验。我们以 2001 年为界区分了加入 WTO 之前与加入 WTO 之后的情况，入世前的 94 份样本中东道国为新近独立、东道国人均 GDP 增长率、东道国外贸依赖度；以及入世后的 40 份样本中东道国为新近独立、东道国外贸依赖度、东道国外援依存度等变量仍然在统计上具有显著性且影响方向不变。在第三项敏感性检验中，我们区分了样本中重复签订的情况，将重复签订对象国后一次签订的样本删除。结果显示，东道国为新近独立、东道国人均 GDP 增长率、东道国外贸依赖度、东道国外援依存度、母国跨国公司实力等变量仍然在统计上具有显著性且影响方向不变。②

五 小结

根据我们对这 134 份双边投资协定及其影响因素的定量研究，我们对中国在签订双边投资协定时对争端解决机制的设计有了更进一步的了解。基于其经验结果的启示意义，中国在未来的国际投资谈判中应该注意以下几个方面以便使外国投资和对外投资更好地服务于中国的经济发展与国家安全。

第一，发挥自身优势，保持对外经济政策的自主性。中国拥有规模巨大且日益充满活力的国内市场，构成了中国在国际投资市场中的特殊吸引力。这使母国之间可能存在着进行投资的竞争，而非既有研究中强调的东道国之间吸引外国投资的竞争。因此，作为东道国，中国能在一定程度上缓解母国的授权压力。中国应发挥自身优势，在今后中欧、中美等投资协

---

① 多项 probit 分析中，将因变量取值 0、1、2 作为名义上相互独立的取值；二分类 probit 即将因变量的取值 1 和 2 合并，也就是将是否包含 ICSID 条款作为新因变量。
② 在此敏感性检验中，东道国政权持续时间未能显著，这可能与去掉的 10 份重新签订样本有关。重新签订双边投资协定与上一份平均时隔 18 年，多为过期后重新谈判后签订。其中与 7 国在第二次签订时提升了争端解决机制的国际授权程度，即因变量取值由低到高发生了变化。

定的制度设计中更好地抓住机遇阐明中国立场、维护中国利益，更加审慎全面地作出政策评估与战略选择，在对外经济政策中保持较大的自主性。

第二，适应角色变化，加强针对海外投资的保护力度。东道国与母国的身份界定并不是绝对的。2013年中国已成为世界第三大对外投资国。随着以开放促改革，加快构建开放型经济新体制等新思路、新举措的提出，中国企业"走出去"的内生动力不断增强。切实维护海外利益，不断提高保障能力和水平，加强保护力度需要放至更加重要的位置，加快研究出台具体措施。中国正处于全面深化改革的深刻实践之中，且已成为资本净输出国。因此，在双边投资协定谈判中，从适应角色转变、保护海外利益、促进国内改革等角度应对制度化水平较高的投资争端解决机制（主要指ICSID）持更加开放的态度。

第三，注重制度倡议，掌握构建多边框架的主动权。与国际贸易领域不同，投资领域尚未形成一套行之有效的多边协调机制。双边投资协定的扩散、国际投资规模的增长、跨国公司影响力的扩大使既有协调机制的局限性日益显现，全球性、综合性、集中化的多边协调机制日益必要。此前相关尝试多因发展中国家和发达国家之间的观点分歧而搁浅。中国应以构建包容性国际投资关系为目标，以区域性投资制度倡议为重点，以发展中国家间投资协调为基础，在这一轮的制度构建中把握主动权。正是在中国的积极倡议下，2016年二十国集团杭州峰会核准了《二十国集团全球投资指导原则》。尽管这些原则属于非约束性原则，仍为各国未来制订国内投资政策和签订对外投资协定提供了总体框架，为在全球范围内建立多边投资协调机制迈出了第一步。

第八章 结论

国际合作是国家间互动的一种基本形式。通过国际合作，国家可以实现其利益、目标或偏好。但没有一定的国际制度，国家间将难以实现本来可以相互获益的合作。国际制度的首先功能就是促进国际合作的实现。为了实现这一功能，国际制度在形式上需要适应国际合作中所面临的具体问题。也就是说，国家需要针对国际合作中所面临的问题来设计国际制度的形式。近些年来，政治学家已经基于理性选择的方法论建立了若干理论模型来解释国际合作中的制度设计，其中比较系统化的解释包括国际制度的理性设计模型和国际制度选择的交易成本模型。本书依据这两个模型对中国参与国际合作的制度设计问题进行了分析和解释。

随着中国对外开放水平的不断提高，中国和世界其他部分之间的合作无论在广度还是深度上都有了显著的增长。正是在不断扩展和深化的国际合作中，中国参与了全球的、区域的以及双边的国际制度建设。由于国际制度的形式设计直接关乎国家利益的增减，制度设计问题在中国外交中的重要性日益显现。尽管国际制度的变迁具有很强的路径依赖特征，全球和地区权力结构所发生的变化仍为中国推动本国制度设计方案的实现提供了"机会窗口"。20世纪90年代苏联的解体和亚洲金融危机的发生使中国开始在中亚和东亚两个方向上积极推进多边主义外交。2008年以来的国际金融危机更是为中国重塑既有的国际制度和创设新的国际制度提供了百年不遇的历史契机。正如王逸舟在探讨中国外交转型时指出的："中国不仅早已撕掉了'东亚病夫'的标签，而且彻底摆脱了国际制度缺席者或可有可无的角色，甚至被广泛认定为从'主要受援国'的位置转向'重大资助方'或'决策者'的方位。客观地分析，虽然多数中国人并未承认这种所谓'全球定价人'、'主要责任方'或'供货商'的新定位，外部世界特别是主要国际制度决策圈内对此却有相当广泛的共识与议事安排。"[1]

相对于全球层次，中国在区域层次的国际制度设计上具有更高的积极

---

[1] 王逸舟：《创造性介入：中国外交的转型》，北京大学出版社，2015，第9页。

性和更大的影响力。在中国看来，多边主义尤其是经济多边主义可能是减轻其亚洲邻国的疑虑、维持睦邻友好关系以及增强其地区影响力的最有效手段。① 由于亚太地区既有的多边制度远不如欧洲等地区发达，中国也可以在建立区域性多边制度的博弈中扮演更重要的角色。从20世纪90年代以来，中国与本区域的国家之间发展了一系列的制度安排，从而形成了"区域治理中的中国路径"。② 上海合作组织的建立、中国－东盟自由贸易区（CAFTA）的启动以及"10+3"机制下金融合作的发展就显著地反映了中国关于区域合作形式的政策偏好。即使是美国具有更大影响力的APEC中，中国致力于维护的"APEC方式"也使APEC一直保持了符合中国偏好的制度形式。

当然，在多边合作中，中国未必总能把自己的制度设计方案付诸实施。比如东亚峰会未能成为"10+3"机制的升级版，就反映了大国之间以及大国与小国之间的复杂互动。作为对多边制度的替代，双边层次上的制度建设也可以有效地促进国际合作，近年来双边自由贸易协定、双边投资协定在全球范围的扩散就反映了这一点。中国已经成为签署双边投资协定最多的国家之一，如何通过争端解决机制的设计来保护中国的对外直接投资和吸引外国直接投资无疑是中国签署双边投资协定时需要认真对待的问题。除了双边投资协定这样的正式国际协议，中国和一些主要国家还建立了政策协调的非正式机制，其中中美战略经济对话以其独特的制度形式得到了广泛的关注。

本书基于既有的制度设计模型，采用定性和定量的方法对中国在上述领域中的制度设计问题进行了探讨。由于制度设计模型在本质上属于比较制度分析，本书对中国参与国际合作中的制度设计问题也都是在比较框架下展开分析的。第三章比较了"上海五国"机制和上海合作组织之间在制度化水平上的差异并运用国际制度选择的交易成本模型分析了导致"上海五国"机制到上海合作组织制度变化的原因。第四章比较了APEC和CAFTA之间在制度化水平上的差异并运用同一模型解释了中国在区域经济合作机制上的不同偏好。第五章则运用国际制度的理性设计模型说明了"10+3"机制与东亚峰会之间在制度设计上的差异以及导致这种差异形成的原因。第六章运用同一模型说明了中美经济联委会、中美商贸联委会和中美战略经济对话之间在制度设计上的差异以及后者更受到青睐的原因。第七章则基于国际制度选择的交易成本模型提出了中国在什么情况下更有可能

---

① 王建伟：《中国多边外交理论与实践的演变》，第229页。
② 苏长和：《周边制度与周边主义——东亚区域治理中的中国途径》，《世界经济与政治》2006年第1期。

在双边投资协定中选择 ICSID 的假说并运用有序 probit 模型对其进行了回归分析。作为一部将理论模型应用于经验问题研究的著作,本书无论在理论研究还是经验研究上都有一定的价值。

在理论研究上,本书为既有的国际制度设计模型增添了"中国故事"。国际制度的理性设计模型和国际制度选择的交易成本模型在既有的经验研究中几乎都没有涉及中国参与国际合作的制度设计。与国际制度的理性设计模型相关的经验研究主要针对全球性国际制度以及北约、欧洲多边贸易支付体系等区域性国际制度,这些国际制度都是在西方国家的主导下设计的。戴维·莱克基于交易成本的关系性缔约理论也主要用于解释美国在 20 世纪的对外政策选择。笔者在《国际关系中的制度选择》一书中也只是将交易成本模型运用于北约的缔造和从关贸总协定到世界贸易组织的演进。不过,这些模型的提出者也都对其理论与中国的经验相关性表示乐观。比如国际制度理性设计模型的提出者之一查尔斯·利普森期待国际合作理论"将为汉语世界中的学者探究国际制度、全球合作和中国日益上升的地位提供重要的支持"。[1] 作为开放经济政治学(OEP)的倡导者,戴维·莱克认为,"事实上,中国大多数政治和对外经济政策及其对他国的影响都可以用 OEP 来解释"。[2]《国际关系中的制度选择》一书更明确地提出了将该书的理论模型应用于中国对外关系的前景:"本书所提出的理论模型至少从'国际体制的复杂性'角度为分析中国与国际制度的关系提供了一种研究工具,我们可以在此基础上推进具有明确'中国问题意识'的经验研究。"[3] 随着中国在国际制度的转变和构建中发挥越来越大的作用,这些理论模型究竟是否可以以及如何用来解释中国参与国际合作的制度设计无疑成为检验其理论效力的重要试验场。因此,尽管本书的定位并非提供新的国际制度设计模型,但其关于中国的经验研究仍对检验既有理论的有效性具有相当的价值。

在经验研究上,关于中国参与国际制度的研究已经积累了相当丰富的文献,但仍缺少对制度设计问题的聚焦。关于中国与国际制度的一般性研究,尽管其理论化程度较高,大多仍致力于解释中国参与国际制度的动机,很少将参与的动机和参与的制度形式联系起来加以考察。关于中国参与某个具体国际制度的研究,尽管往往会涉及该国际制度的具体形式,大多仍

---

[1] 〔美〕肯尼思·奥耶编《无政府状态下的合作》,封底。
[2] 〔美〕戴维·A. 莱克:《开放经济的政治学:一个新兴的交叉学科》,《世界经济与政治》2009 年第 8 期,第 56 页。
[3] 田野:《国际关系中的制度选择:一种交易成本的视角》,第 317 页。

为描述性的研究，也缺乏适当的理论机制来说明其制度形式得以采纳的原因。此外，关于中国与国际制度的关系这一主题比较系统化的研究主要集中在中国加入既有国际制度的方面，较少汇聚于中国重塑既有制度和创设新制度的方面。进入21世纪以来，特别是2008年以来，中国对国际制度的重塑或创设成为中国与国际制度的关系中日益具有显要性的特点。随着由规则接受者向规则制定者的转变，中国在国际制度的设计上比以往具有了更大的主动性和选择空间。鉴于既有研究与中国对外关系的实践发展之间的"裂缝"，开展和加强制度设计问题的研究可谓适逢其时。本书采用了国际关系理论中有关国际制度设计的模型，可以使中国参与国际制度的有关经验资料按照被解释变量（因变量）和解释变量（自变量）分别组织起来，通过一定的理论机制比较清晰地解释了中国在国际合作中的制度选择。因此，本书在制度设计的"聚光灯"下可以推进对中国参与国际制度这一传统主题更为细致和深入的研究。

当然，作为将国际制度设计模型运用于中国对外关系研究的一项尝试，本书的研究仍存在着这样或那样的不足之处或者有待于进一步研究的问题。

第一，国际制度的理性设计模型和国际制度选择的交易成本模型在国际关系研究中可以为国际制度的设计问题提供比较系统的解释，但这并不意味着这两种模型垄断了对国际制度设计的解释。比如，关于制度设计的经济学理论至少包括一般均衡理论、博弈论、机制设计理论、委托代理理论、交易成本理论和产权理论等。实际上，国际制度的理性设计模型主要是在基于博弈论的国际合作理论的基础上发展起来的，而国际制度选择的交易成本模型则直接依赖于交易成本经济学理论而成型。除了博弈论和交易成本理论之外，委托代理理论也已经初步运用于国际制度研究中。在委托代理理论的基础上，丹尼尔·尼尔森（Daniel Nielson）和迈克尔·蒂额尼（Michael Tierney）、达伦·霍金斯（Darren Hawkins）和戴维·莱克等人主编的《国际组织中的授权与代理》一书就对国际组织为何获得授权的问题进行了系统的回答。他们认为，成员国可以获得如下授权收益：专业化、政策外部性、争端解决、可信性、锁定。[①] 由于案例选择的限制，本书并没

---

① Darren G. Hawkins, David A. Lake, Daniel Nielson, and Michael Tierney, "Delegation under Anarchy: States, International Organizations, and Principle-agent Theory," in Darren G. Hawkins, David A. Lake, Daniel Nielson, and Michael Tierney, eds., *Delegation and Agency in International Organizations*, Cambridge: Cambridge University Press, 2006, pp. 3–38.

第八章 结论

有运用委托代理理论来分析中国参与国际合作的制度设计问题。

第二,基于国际政治与国内政治的互动,对国际制度设计的考量不可能不将研究视野深入到国内政治中,但是本书所采用的制度设计模型仍然没有将国内政治变量比较系统地纳入分析框架。就国际制度的理性设计模型而言,查尔斯·利普森等三位提出者在另一篇文章里承认他们的模型并没有明确包含国内政治,尽管相关的经验研究有时会涉及国内政治问题。[1] 笔者关于国际制度如何影响国内政治的著作也没有将国际制度的形式设计与国际制度的国内影响联系起来加以探讨,仅仅提出了一种相当简略的猜想:"国际制度并非一种类型,参与不同类型的国际制度可能会形成不同的国内政治均衡。反过来说,国家行为体可能会根据其国内政治的不同需要来设计不同形式的国际制度。"[2] 由于缺乏相对成熟的框架将国内政治因素纳入国际制度设计的模型,本书的相关经验研究也没有充分地考虑中国或者其他国家的国内政治因素对国际制度设计的影响,只是在国家同质性、透明度等个别变量中有所涉及。

第三,在制度形式的选择上,身份与观念的因素也很重要。作为建构主义国际关系理论的代表人物,亚历山大·温特(Alexander Wendt)在对国际制度理性设计模型的批评中指出,设计者所设计的制度会改变设计者的身份和观念,从而使设计者不可能独立于制度。[3] 虽然这种批评对理性选择的方法论提出了有力的挑战,但这并不意味着社会学的或者建构主义的制度分析可以作为替代性的分析路径来讨论制度设计问题。社会学制度主义主要以合法性机制解释组织趋同性,[4] 因而难以有效分析各种制度形式之间的差别。正是基于这个原因,本书没有将社会学制度主义作为一种工具来分析中国参与国际合作的制度设计。尽管如此,在国际制度设计的具体案例中考察中国国家身份和战略文化的变化仍有助于把握各种国际制度所处的社会环境,从而为各种制度形式的生成与演化提供一种宏观的背景。

第四,本书基于制度设计的理论模型为有关的经验问题提供了比较简

---

[1] Barbara Koremenos, Charles Lipson, Duncan Snidal, "Rational Design: Looking Back to Move Forward," *International Organization*, Vol. 55, No. 4, 2001, pp. 1051 – 1082.

[2] 田野:《国家的选择——国际制度、国内政治与国家自主性》,上海人民出版社,2014,第259页。

[3] Alexander Wendt, "Driving with the Rearview Mirror: On the Rational Science of Institutional Design," *International Organization*, Vol. 55, No. 4, 2001, pp. 1019 – 1049.

[4] 参见周雪光《组织社会学十讲》,社会科学文献出版社,2003;张永宏主编《组织社会学的新制度主义学派》,上海人民出版社,2007。

约的解释，但难以同样基于这些模型对中国未来的制度设计提供可靠的预测。作为《制度设计》一书的主编，戴维·韦默（David Weimer）坦诚："社会是由许多相互间关系复杂的制度构成的。通过将注意力限制在单个制度或某个特定的制度特征上，制度研究的比较静态方法已经能够运用自如。这种方法的狭隘性使得分析者能够明确表述和检验逻辑上一致的假设。然而，它对于政策目的可能无法产生有用的预测，因为'其他情况都一样'的假定在变化了世界中是难以成立的。"① 相对于国内的政治经济体系，国际政治经济体系更为复杂多变，因此本书的研究致力于解释而非预测中国参与国际合作的制度设计。

第五，本书的案例研究没有涉及亚洲基础设施投资银行、金砖国家开发银行等中国在最近几年新创设的国际制度。本书所分析的上海合作组织、中国－东盟自由贸易区、"10＋3"机制、中美战略经济对话以及中国所签订的双边投资协定等案例集中反映了中国在区域和双边层次上所从事的制度设计，亚洲基础设施投资银行和金砖国家开发银行的成立则表明中国已经开始了在全球政治舞台上对国际制度的设计。特别是亚洲基础设施投资银行是"1944年美国与英国联手召开布雷顿森林会议建构战后国际金融秩序以来，第一个由中国主导的全球性多边金融机构"。② 这些新机构的制度设计对于理解中国与国际制度的关系具有不言而喻的重要价值。但由于成立时间太近，相关的经验资料不够系统和细致，笔者来不及对这些新制度的设计进行学理上的探讨，只能有待日后再行研究。

---

① 〔美〕戴维·韦默主编《制度设计》，第15页。
② 朱云汉：《高思在云：中国兴起与全球秩序重组》，中国人民大学出版社，2015，第184页。

参考文献

中文部分

《马克思恩格斯选集》第 1 卷，人民出版社，2012。

蔡鹏鸿：《亚太自由贸易区对 APEC 机制化进程的影响》，《世界经济研究》2005 年第 2 期。

陈峰君、祁建华主编《新地区主义与东亚合作》，中国经济出版社，2007。

陈寒溪：《中国如何在国际制度中谋求声誉——与王学东商榷》，《当代亚太》2008 年第 4 期。

陈万灵、吴喜龄：《中国与东盟经贸合作战略与治理》，社会科学文献出版社，2014。

戴秉国：《战略对话——戴秉国回忆录》，人民出版社、世界知识出版社，2016。

戴念龄：《经济一体化与制度变迁——兼论 APEC 的制度创新》，《学术月刊》2000 年第 11 期。

邓小平：《邓小平论侨务》，中央文献出版社，2001。

丁韶彬：《社会化视角下世界银行与中国的关系》，《教学与研究》2008 年第 9 期。

丁一凡：《中美战略经济对话的回顾与展望》，《国际经济评论》2007 年第 6 期。

冯绍雷：《制度变迁与对外关系——1992 年以来的俄罗斯》，上海人民出版社，1997。

冯绍雷、相蓝欣主编《转型中的俄罗斯对外战略》，上海人民出版社，2005。

付文佚、邓翠颖：《论中国-东盟自由贸易区海外投资保险制度》，《昆明理工大学学报（社会科学版）》2011 年第 3 期。

傅梦孜、袁鹏、牛新春、达巍、王文峰、郭拥军：《战略对话与中美关系》,《现代国际关系》2005年第8期。

宫占奎:《APEC贸易投资自由化和经济技术合作研究——兼论APEC制度创新》,南开大学出版社,1999。

宫占奎:《亚太经合组织制度创新研究》,《南开学报》1999年第5期。

宫占奎:《APEC贸易投资制度框架与政策比较》,中国对外经济贸易出版社,2001。

宫占奎等:《APEC运作机制研究》,南开大学出版社,2005。

顾小存:《中美经贸关系面临的新挑战与应对》,载中国美国经济学会编《美国金融危机与中美经贸关系》,上海社会科学院出版社有限公司,2010。

郭定平主编《东亚共同体建设的理论与实践》,复旦大学出版社,2008。

国家发展改革委经济体制与管理研究所:《改革开放三十年:从历史走向未来:中国经济体制改革若干历史经验研究》,人民出版社,2008。

韩念龙主编《当代中国外交》,中国社会科学出版社,1990。

何兴强:《美国利益集团与人民币升值压力》,《当代亚太》2006年第3期。

江荣卿:《境外投资法规解读及双边投资保护协定应用》,法律出版社,2013。

江时学:《中国与欧盟在二十国集团内的合作》,《世界经济与政治论坛》2014年第4期。

焦世新:《利益的权衡——美国在中国加入国际机制中的作用》,世界知识出版社,2009。

金熙德:《东亚合作的进展、问题与展望》,《世界经济与政治》2009年第1期。

蓝建学:《东亚峰会:东亚合作的新起点》,《半月谈》2005年第23期。

李承红:《中俄军事技术合作:回顾与展望》,《俄罗斯研究》2004年第4期。

李东燕:《中国与安理会改革》,《世界经济与政治》2002年第4期。

李巍:《中美金融外交中的国际制度竞争》,《世界经济与政治》2016年第4期。

李巍、朱艺泓:《货币盟友与人民币的国际化——解释央行的货币互换外交》,《世界经济与政治》2014年第2期。

李玉娟:《中国-东盟自由贸易区法律制度框架存在的问题研究——基于与WTO法律制度比较分析》,《上海立信会计学院学报》2010年第24期。

林利民：《美国与东亚一体化的关系析论》，《现代国际关系》2007年第11期。

林珉璟、刘江永：《上海合作组织的形成及其动因》，《国际政治科学》2009年第1期。

林民旺、朱立群：《国际规范的国内化：国内结构的影响及传播机制》，《当代亚太》2011年第1期。

刘昌黎：《东亚共同体问题初探》，《国际问题研究》2007年第2期。

刘晨阳主编《中国参与的区域经济合作组织研究》，中国商务出版社，2007。

刘均胜：《APEC模式的制度分析》，《当代亚太》2002年第1期。

刘长敏：《中美战略对话机制的发展及其解析——守成大国与新兴大国关系的新探索》，《现代国际关系》2008年第7期。

刘贞晔：《"东亚共同体"不可能是"开放的地区主义"》，《世界经济与政治》2008年第10期。

刘贞晔：《中国参与联合国禁止酷刑规范的制度分析》，《教学与研究》2008年第9期。

刘宗义：《"二十国集团"转型与中国的作用》，《现代国际关系》2015年第7期。

卢晨阳、吕晓丽：《试析中美战略经济对话机制》，《世界经济与政治论坛》2008年第3期。

卢进勇、余劲松、齐春生主编《国际投资条约与协定新论》，人民出版社，2007。

鲁传颖：《后金融危机时期中国参与国际金融体系改革的目标和路径——以中国参与IMF改革为例》，《东南亚纵横》2011年第8期。

罗刚：《自由贸易区法律制度比较研究——以中国–东盟自贸区为视角》，《云南大学学报》2007年第20期。

罗小军：《制度信仰与价值：APEC困境及前景——对APEC的一个新制度经济学浅析》，《世界经济研究》2001年第4期。

门洪华：《构建中国大战略的框架：国家实力、战略观念与国际制度》，北京大学出版社，2005。

门洪华：《压力、认知与国际形象——关于中国参与国际制度战略的历史解释》，《世界经济与政治》2005年第4期。

孟夏：《中国参与APEC合作问题研究》，南开大学出版社，2010。

牛军主编《后冷战时代的中国外交》，北京大学出版社，2009。

潘德礼：《浅析俄罗斯的政治发展及其前景》，《俄罗斯中亚东欧研究》2006年第1期。

潘光：《从"上海五国"到上海合作组织》，《俄罗斯研究》2002年第2期。

潘光、胡键：《21世纪的第一个新型区域合作组织——对上海合作组织的综合研究》，中共中央党校出版社，2006。

潘锐：《中美战略经济对话与中美关系》，《国际观察》2007年第5期。

潘志平：《中亚国家政治体制的选择：世俗、民主、威权、无政府》，《俄罗斯中亚东欧研究》2011年第1期。

庞珣：《新金融开发机构展望》，《中国投资》2015年第3期。

齐敏、杜宇琛：《APEC与中国－东盟自由贸易区的相互影响》，《辽宁工程技术大学学报（社会科学版）》2004年第6期。

乔林生：《"东亚共同体"的构建与中国的作用》，《外交评论》2006年第6期。

秦建荣、周长青：《论中国－东盟自由贸易区报复制度的缺陷及其完善——兼论CAFTA对WTO报复制度的借鉴》，《学术论坛》2007年第3期。

秦亚青：《国家身份、战略文化和安全利益——关于中国与国际社会关系的三个假设》，《世界经济与政治》2003年第1期。

秦治来：《准确理解地区主义的"开放性"——以东亚地区合作为例》，《世界经济与政治》2008年第12期。

曲博：《因果机制与过程追踪法》，《世界经济与政治》2010年第4期。

任伟、郑智峰：《论CAFTA成员国汇率协调机制的构建》，《经济问题探索》2007年第3期。

任晓：《论东亚峰会及与美国的关系》，《国际问题研究》2007年第5期。

阮宗泽：《中国崛起与东亚国际秩序的转型：共有利益的拓展与塑造》，北京大学出版社，2007。

邵峰：《东亚共同体的可行性分析与中国的战略》，《世界经济与政治》2008年第10期。

盛斌：《中国对外贸易政策的政治经济分析》，上海人民出版社，2002。

盛斌、殷晓红：《APEC发展的政治经济分析》，南开大学出版社，2005。

石广生主编《中国加入世界贸易组织谈判历程》，人民出版社，2011。

史祺：《中国－东盟自由贸易区与 APEC 方式》，《国际经济合作》2003年第 8 期。

宋均营、虞少华：《对"东亚共同体"建设的再思考》，《国际问题研究》2014 年第 2 期。

宋新宁、田野：《国际政治经济学概论》，中国人民大学出版社，2015。

苏浩：《胡桃模型："10 ＋3"与东亚峰会双层区域合作结构分析》，《世界经济与政治》2008 年第 10 期。

苏长和：《全球公共问题与国际合作：一种制度分析》，上海人民出版社，2000。

苏长和：《解读〈霸权之后〉——基欧汉与国际关系理论中的新自由制度主义》，《美国研究》2001 年第 1 期。

苏长和：《发现中国新外交——多边国际制度与中国外交新思维》，《世界经济与政治》2005 年第 4 期。

苏长和：《周边制度与周边主义——东亚区域治理中的中国途径》，《世界经济与政治》2006 年第 1 期。

苏长和：《中国的软权力——以国际制度与中国的关系为例》，《国际观察》2007 年第 2 期。

苏长和：《全球治理体系转型中的国际制度》，《当代世界》2015 年第 11 期。

孙哲、李巍：《国会政治与美国对华经贸决策》，上海人民出版社，2008。

孙志煜：《区域经贸争端解决的制度与实践》，《法学评论》2011 年第 1 期。

孙志煜：《国际制度的表达与实践——以中国－东盟自由贸易区争端解决机制为样本的分析》，《暨南学报》2012 年第 34 期。

孙壮志：《中亚五国对外关系》，当代世界出版社，1999。

孙壮志：《中亚新格局与地区安全》，中国社会科学出版社，2001。

田野：《国际协议自我实施的机理分析》，《世界经济与政治》2004 年第 12 期。

田野：《作为治理结构的正式国际组织》，《教学与研究》2005 年第 1 期。

田野：《国际制度的形式选择：一个基于国家间交易成本的模型》，《经济研究》2005 年第 7 期。

田野：《国际关系中的制度选择：一种交易成本的视角》，上海人民出版社，2006。

田野：《国际制度、预算软约束与承诺可信性——中国加入 WTO 与国有企业改革的政治逻辑》，《教学与研究》2011 年第 11 期。

田野：《国家的选择——国际制度、国内政治与国家自主性》，上海人民出版社，2014。

外交部欧亚司编《上海合作组织文件汇编》，世界知识出版社，2006。

万光：《美国的新中亚战略》，《现代国际关系》1997 年第 11 期。

王栋：《超越国家利益——探寻对 20 世纪 90 年代中美关系的知觉性解释》，《美国研究》2001 年第 3 期。

王根礼、周天珍：《外国首脑论中国》，红旗出版社，1998。

王光厚：《美国与东亚峰会》，《国际论坛》2011 年第 6 期。

王国兴：《中美战略经济对话：国际经济协调新框架》，《世界经济研究》2007 年第 7 期。

王建伟：《中国多边外交理论与实践的演变》，《复旦国际关系评论》（第 6 辑），上海人民出版社，2006。

王联合：《竞争与合作：中美关系中的能源因素》，《复旦学报（社会科学版）》，2010 年第 2 期。

王望波：《中国-东盟自由贸易区中的东南亚华商》，《南洋问题研究》2007 年第 3 期。

王伟：《中俄战略协作伙伴关系下的军技合作》，《俄罗斯中亚东欧研究》2006 年第 4 期。

王学东：《外交战略中的声誉因素研究——冷战后中国参与国际制度的解释》，天津人民出版社，2007。

王学东：《中国参与国际制度的声誉考量——对陈寒溪之学术批评的回应》，《当代亚太》2009 年第 2 期。

王义桅：《中美关系步入机制化时代——对从经济战略对话到建立军事热线的理解》，《新闻前哨》2007 年第 7 期。

王逸舟：《中国与国际组织关系研究的若干问题》，《社会科学论坛》2002 年第 8 期。

王逸舟：《创造性介入：中国外交的转型》，北京大学出版社，2015。

王逸舟主编《磨合中建构：中国与国际组织关系的多视角透视》，中国发展出版社，2003。

王嵎生：《亲历 APEC——一个中国高官的体察》，世界知识出版社，2000。

王正毅：《国际政治经济学通论》，北京大学出版社，2010。

王子昌：《博弈类型与国际机制——APEC方式的博弈论分析》，《东南亚研究》2002年第4期。

吴敬琏：《当代中国经济改革》，上海远东出版社，1999。

吴心伯：《美国与东亚一体化》，《国际问题研究》2007年第5期。

邢广程主编《上海合作组织发展报告2009》，社会科学文献出版社，2009。

邢广程、孙壮志主编《上海合作组织研究》，长春出版社，2007。

熊芳、刘德学：《中国自由贸易区建设的战略——基于面板数据的实证分析》，《国际经贸探索》2012年第1期。

许敏：《试论CAFTA争端解决机制》，《云南大学学报》2007年第20期。

许通美：《美国与东亚：冲突与合作》，中央编译出版社，1999。

阎学通：《中国崛起的实力地位》，《国际政治科学》2005年第2期。

杨光斌、乔哲青：《论作为"中国模式"的民主集中制政体》，《政治学研究》2015年第6期。

杨虹：《新地区主义：中国与东亚共同发展》，中国社会科学出版社，2011。

杨建学：《中国-东盟自由贸易区国际投资保护制度分析》，《财经科学》2008年第7期。

尤安山：《中国-东盟自由贸易区建设》，上海社会科学院出版社，2008。

于宏源、王健：《气候变化国际制度议价和中国》，《教学与研究》2008年第9期。

于宏源：《中国和气候变化国际制度：认知和塑造》，《国际论坛》2009年第4期。

余建华：《上海合作组织非传统安全研究》，上海社会科学院出版社，2009。

余劲松、詹晓宁：《论投资者与东道国间争端解决机制及其影响》，《中国法学》2005年第5期。

余万里：《美国贸易决策机制与中美关系》，时事出版社，2013。

俞可平：《俄罗斯民主：中国学者的视角》，《国际政治研究》2016年第2期。

战略与国际研究中心、国际经济研究所：《重估中国崛起》，叶为良、黄裕美译，台北联经出版公司，2006。

张汉林、袁佳：《后危机时代中美对话新机制战略研究》，《世界经济与政治》2010年第6期。

张历历：《中国与国际组织关系的发展》，载渠梁、韩德主编《国际组织与集团研究》，中国社会科学出版社，1989。

张铁根：《东亚峰会吸收美俄参加及其影响》，《亚非纵横》2010年第5期。

张五常：《制度的选择》（经济解释卷四），中信出版社，2014。

张献：《APEC的国际经济组织模式研究》，法律出版社，2001。

张小明：《美国是东亚区域合作的推动者还是阻碍者？》，《世界经济与政治》2010年第7期。

张鑫炜：《东盟国家在华投资的现状及前景展望》，《国际经济合作》2003年第12期。

张燕生、张岸元：《从新的角度考虑中美经济战略对话》，《国际经济评论》2007年第6期。

张永宏主编《组织社会学的新制度主义学派》，上海人民出版社，2007。

张幼文：《共同利益是中美战略经济对话的基础》，《国际经济评论》2007年第6期。

张蕴岭：《对东亚合作发展的再认识》，《当代亚太》2008年第1期。

张蕴岭：《东亚合作和共同体建设：路径及方式》，《东南亚纵横》2008年第11期。

张蕴岭：《东亚合作之路该如何走？》，《外交评论》2009年第2期。

张蕴岭：《中国对外关系：回顾与思考（1949－2009）》，社会科学文献出版社，2009。

赵华胜：《中亚形势变化与上海合作组织》，《东欧中亚研究》2002年第6期。

赵华胜：《中国的中亚外交》，时事出版社，2008。

赵可金：《营造未来——美国国会游说的制度解读》，复旦大学出版社，2005。

中共中央文献研究室：《十五大以来重要文献选编（上）》，人民出版社，2000。

中国现代国际关系研究所民族与宗教研究中心：《上海合作组织——新安全观与新机制》，时事出版社，2002。

周雪光：《组织社会学十讲》，社会科学文献出版社，2003。

朱杰进：《国际制度设计：理论模式与案例分析》，上海人民出版社，2011。

朱立群：《中国参与国际体系的实践解释模式》，《外交评论》2011年第1期。

朱立群：《中国与国际体系：双向社会化的实践逻辑》，《外交评论》2012年第1期。

朱立群、聂文娟：《从结构－施动者角度看实践施动》，《世界经济与政治》2013年第2期。

朱云汉：《高思在云：中国兴起与全球秩序重组》，中国人民大学出版社，2015。

庄国土：《东亚华人社会的形成和发展》，厦门大学出版社，2009。

〔俄〕鲍里斯·叶利钦：《午夜日记：叶利钦自传》，曹缦西、张俊翔译，译林出版社，2001。

〔俄〕普京：《普京文集：文章和讲话选集》，中国社会科学出版社，2002。

〔俄〕伊·伊万诺夫：《俄罗斯新外交：对外政策十年》，陈凤翔等译，当代世界出版社，2002。

〔菲〕鲁道夫·C.塞维里诺：《东南亚共同体建设探源——来自东盟前任秘书长的洞见》，王玉主等译，社会科学文献出版社，2012。

〔哈〕努·纳扎尔巴耶夫：《前进中的哈萨克斯坦》，哈依霞译，民族出版社，2000。

〔美〕奥兰·扬：《世界事务中的治理》，陈玉刚、薄燕译，上海世纪出版集团，2007。

〔美〕奥利弗·威廉姆森：《资本主义经济制度》，段毅才、王伟译，商务印书馆，2002。

〔美〕彼得·卡赞斯坦：《地区构成的世界》，秦亚青、魏玲译，北京大学出版社，2007。

〔美〕布赖恩·斯科姆斯：《猎鹿与社会结构的进化》，薛峰译，上海人民出版社，2011。

〔美〕戴维·A.莱克：《开放经济的政治学：一个新兴的交叉学科》，《世界经济与政治》2009年第8期。

〔美〕戴维·韦默主编《制度设计》，费方域、朱宝钦译，上海财经大学出版社，2004。

〔美〕海伦·米尔纳：《利益、制度与信息：国内政治与国际关系》，曲博译，上海人民出版社，2010。

〔美〕江忆恩：《中国参与国际体制的若干思考》，《世界经济与政治》1999年第7期。

〔美〕江忆恩：《美国学者关于中国与国际组织关系研究概述》，《世界经济与政治》2001年第8期。

〔美〕江忆恩：《中国对国际秩序的态度》，《国际政治科学》2005年第2期。

〔美〕肯尼思·奥耶编《无政府状态下的合作》，田野、辛平译，上海人民出版社，2010。

〔美〕罗伯特·古丁，汉斯-迪特尔·克林格曼主编《政治科学新手册》（上册），钟开斌等译，生活·读书·新知三联书店，2006。

〔美〕罗伯特·基欧汉：《霸权之后：世界政治经济中的合作与纷争》，苏长和、信强、何曜译，上海人民出版社，2012。

〔美〕罗伯特·基欧汉：《竞争的多边主义与中国崛起》，《外交评论》2015年第6期。

〔美〕罗伯特·基欧汉和约瑟夫·奈：《权力与相互依赖》（第三版），门洪华译，北京大学出版社，2002。

〔美〕罗伯特·吉尔平：《全球政治经济学》，杨宇光、杨炯译，上海世纪出版集团，2003。

〔美〕诺曼·杰·奥恩斯坦，雪利·埃尔德：《利益集团、院外活动和政策制订》，潘同文译，世界知识出版社，1981。

〔美〕萨缪尔·亨廷顿：《文明的冲突与世界秩序的重建》，周琪、刘绯等译，新华出版社，1999。

〔美〕斯蒂芬·范埃弗拉：《政治学研究方法指南》，陈琪译，北京大学出版社，2006。

〔美〕约瑟夫·奈、约翰·唐纳胡主编《全球化世界的治理》，王勇等译，世界知识出版社，2003。

〔日〕青木昌彦：《比较制度分析》，周黎安译，上海远东出版社，2001。

〔意〕乔万尼·阿里吉：《亚当·斯密在北京——21世纪的谱系》，路爱国、黄平、许安结译，社会科学文献出版社，2009。

〔英〕杰弗里·帕克：《二十世纪的西方地理政治思想》，李亦鸣、徐小杰、张荣忠译，解放军出版社，1992。

英文部分

Abbott, Kenneth and Duncan Snidal, "Why States Act through Formal International Organizations," *Journal of Conflict Resolution*, Vol. 42, No. 1, 1998.

Abbott, Kenneth W., Robert O. Keohane, Andrew Moravcsik, Anne-Marie Slaughter and Duncan Snidal, "The Concept of Legalization," *International Organization*, Vol. 54, No. 3, 2000.

Aggarwal, Vinod, "Withering APEC? The Search for An Institutional Role," in Joern Dosch and Manfred Molseds, *International Relations in The Asia-Pacific: New Patterns of Power, Interest and Cooperation*, New York: St. Martin's Press, 2000.

Allee, Todd and Clint Peinhardt, "Delegating Differences: Bilateral Investment Treaties and Bargaining over Dispute Resolution Provisions," *International Studies Quarterly*, Vol. 54, No. 1, 2010.

Allee, Todd and Clint Peinhardt, "Contingent Credibility: The Impact of Investment Treaty Violations on Foreign Direct Investment," *International Organization*, Vol. 65, No. 3, 2011.

Allee, Todd and Clint Peinhardt, "Evaluating Three Explanations for the Design of Bilateral Investment Treaties," *World Politics*, Vol. 66, No. 1, 2014.

Amsden, Alice, *Asia's Next Giant: South Korea and Late Industrialization*, Oxford: Oxford University Press, 1989.

Axelrod, Robert, *The Evolution of Cooperation*, New York: Basic Books, 1984.

Ba, Alice D., "China and ASEAN: Renavigating Relations for a 21st-Century Asia," *Asian Survey*, Vol. 43, No. 4, 2003.

Baker, James C., *Foreign Direct Investment in Less Developed Countries: The Role of ICSID and MIGA*, Westport, CT: Quorum Books, 1999.

Blank, Stephen, "Democratic Prospects in Central Asia," *World Affairs*, Vol. 166, No. 3, 2004.

Bowles, Paul, "ASEAN, AFTA and the 'New Regionalism'," *Pacific Affairs*, Vol. 70, No. 2, 1997.

Bratersky, Maxim, "Transformation of Russia's Foreign Policy," *Russia in Global Affairs*, Vol. 12, No. 2, 2014.

Camroux, David, "Regionalism in Asia as Disguised Multilateralism: A Critical Analysis of the East Asia Summit and the Trans-Pacific Partnership," *The International Spectator*, Vol. 47, No. 1, 2012.

Christensen, Thomas J., "Chinese Realpolitik," *Foreign Affairs*, Vol. 75, No. 5, 1996.

Cohen, Benjamin J., *International Political Economy: An Intellectual History*, Princeton: Princeton University Press, 2008.

Cook, Malcolm, "The United States and the East Asia Summit: Finding the Proper Home," *Contemporary Southeast Asia: A Journal of International and Strategic Affairs*, Vol. 30, No. 2, 2008.

Dai, Xinyuan and Duu Renn, "China and International Order: The Limits of Integration," *Journal of Chinese Political Science*, Vol. 21, No. 2, 2016, .

Dietrich, John W., "Interest Groups and Foreign Policy: Clint on and the China MFN Debates," *Presidential Studies Quarterly*, Vol. 29, Issue 2, 1999.

Dolzer, Rudolf, and Margrete Stevens, *Bilateral Investment Treaties*, The Hague: Martinus Nijhoff Publishers, 1995.

Donaldson, Robert H. and John A. Donaldson, "The Arms Trade in Russian-Chinese: Identity, Domestic Politics, and Geopolitical Positioning," *International Studies Quarterly*, Vol. 47, No. 4, 2003, pp. 709 – 732.

Draguhn, Werner, Eva Manske, and Jürgen RüLand, eds., *Asia-Pacific Economic Cooperation (APEC): The First Decade*, New York: Routledge, 2002.

Duffield, John S., "The Limits of Rational Design," *International Organization*, Vol. 57, No. 2, 2003.

Dumbaugh, Kerry, "China – U. S. Relations: Current Issues and Implications for U. S. Policy, Updated March 17, 2008," *Congressional Research Service for Congress*, 2009.

Egger, Peter and Michael Pfaffermayr, "The Impact of Bilateral Investment Treaties on Foreign Direct Investment," *Journal of Comparative Economics*, Vol. 32, No. 4, 2004.

Elkins, Zachary, Andrew T. Guzman, and Beth A. Simmons, "Competing for Capital: The Diffusion of Bilateral Investment Treaties, 1960 – 2000," *International Organization*, Vol. 60, No. 4, 2006.

Finel, Bernard and Kristin Lord, "The Surprising Logic of Transparency,"

International Studies Quarterly, Vol. 43, No. 2, 1999.

Franck, Susan D., "Foreign Direct Investment, Investment Treaty Arbitration, and the Rule of Law," *Global Business and Development Law Journal*, Vol. 19, 2007.

Franck, Susan D., "Integrating Investment Treaty Conflict and Dispute Systems Design," *Minnesota Law Review*, Vol. 92, 2007.

Gallagher, Kevin P. and Melissa B. L. Birch, "Do Investment Agreements Attract Investment? Evidence from Latin America," *Journal of World Investment and Trade*, Vol. 7, No. 6, 2006.

Gallant, Nicole and Richard Stubbs, "APEC's Dilemmas: Institution-building around the Pacific Rim," *Pacific Affairs*, Vol. 70, No. 2, 1997.

Gill, Bates, "China's New Security Multilateralism and Its Implications for the Asia-Pacific Region," in *SIPRI Yearbook* 2004, OUP Oxford revised ed., 2004.

Gilligan, Michael J., "The Transactions Costs Approach to International Institutions," in Helen V. Milner and Andrew Moravcsik, *Power, Interdependence and Non-State Actors in World Politics: Research Frontiers*, Princeton: Princeton University Press, 2009.

Ginsburg, Tom, "International Substitutes for Domestic Institutions: Bilateral Investment Treaties and Governance," *International Review of Law and Economics*, Vol. 25, 2005.

Glaser, Charles, *Rational Theory of International Politics*, Princeton: Princeton University Press, 2010.

Goldstein, Judith, et al., *Legalization and World Politics*, Cambridge: MIT Press, 2001.

Goodrich, Leland, "From League of Nations to United Nations," *International Organization* Vol. 1, No. 1, 1947, pp. 3–21.

Grieco, Joseph, "Anarchy and the Limits of Cooperation: A Realist Critique of the Newest Liberal Institutionalism," *International Organization*, Vol. 42, No. 3, 1988.

Guzman, Andrew T., "Why LDCs Sign Treaties That Hurt Them: Explaining the Popularity of Bilateral Investment Treaties," *Virginia Journal of International Law*, Vol. 38, 1998.

Haggard, Stephan and Beth Simmons, "Theories of International Regimes," *International Organization*, Vol. 41, No. 3, 1987.

Hahn, Gordon M., "The Impact of Putin's Federative Reforms on Democratization in Russia," *Post-Soviet Affairs*, Vol. 9, No. 2, 2003.

Hall, Peter A. and David Soskice, *Varieties of Capitalism: The Institutional Foundations of Comparative Advantage*, Oxford: Oxford University Press, 2001.

Hawkins, Darren G., David A. Lake, Daniel Nielson, and Michael Tierney, "Delegation under Anarchy: States, International Organizations, and Principle-agent Theory," in Darren G. Hawkins, David A. Lake, Daniel Nielson, and Michael Tierney, eds., *Delegation and Agency in International Organizations*, Cambridge: Cambridge University Press, 2006.

Hemmer, Christopher and Peter J. Katzenstein, "Why Is There No NATO in Asia? Collective Identity, Regionalism, and the Origins of Multilateralism," *International Organization*, Vol. 56, No. 3, 2002.

Horn, Norbert, "Arbitration and the Protection of Foreign Investment: Concepts and Means," in Nobert Horn, ed., *Arbitrating Foreign Investment Disputes: Procedural and Substantive Legal Aspects*, The Hague: Kluwer Law International, 2004.

Jacobson, Harold K. and Michel Oksenberg, *China's Participation in the IMF, the World Bank, and GATT: Toward a Global Economic Order*, Ann Arbor, MI: The University of Michigan Press, 1990.

Jandhyala, Srividya, Witold J. Henisz and Edward Mansfield, "Three Waves of BITs: The Global Diffusion of Foreign Investment Policy," *Journal of Conflict Resolution*, Vol. 55, No. 6, 2006.

Johnston, Alastair Iain, "Treating International Institutions as Social Environments," *International Studies Quarterly*, Vol. 45, No. 4, 2001.

Johnston, Alastair Iain, "Is China a Status Quo Power?" *International Security*, Vol. 27, No. 4, 2003.

Johnston, Alastair Iain, *Social States: China in International Institutions, 1980–2000*, Princeton: Princeton University Press, 2007.

Johnston, Alastair Iain and Robert S. Ross eds., *Engaging China: The Management of an Emerging Power*, London and New York: Routledge, 1999.

Kahler, Miles, "Legalization as Strategy: The Asia-Pacific Case," *Interna-

tional Organization, Vol. 54, No. 3, 2000.

Kahler, Miles, "Weak Ties Don't Bind: Asia Needs Stronger Structures to Build Lasting Peace," *Global Asia*, Vol. 6, No. 2, 2011.

Kahneman, Daniel and Amos Tversky, "Prospect Theory: An Analysis of Decision under Risk," *Econometrica*, Vol. 47, No. 2, 1979.

Kent, Ann, "China's International Socialization: The Role of International Organizations," *Global Governance*, Vol. 8, No. 3, 2002.

Kent, Ann, *Beyond Compliance: China, International Organizations, and Global Security*, Stanford: Stanford University Press, 2007.

Keohane, Robert, *After Hegemony: Cooperation and Discord in the World Political Economy*, Princeton: Princeton University Press, 1984.

Keohane, Robert, *International Institutions and State Power: Essays in International Relations Theory*, Boulder: Westview Press, 1989.

Keohane, Robert and Elinor Ostrom, eds., *From Local Commons to Global Interdependence*, London: Sage, 1994.

Kim, Jae Cheol, "Politics of Regionalism in East Asia: The Case of the East Asia Summit," *Asian Perspective*, Vol. 34, No. 3, 2010.

Kim, Samuel S., "China and the United Nations," in Elizabeth Economy and Michel Oksenberg, eds, *China Joins the World*, New York: Council on Foreign Relations, 1999.

Kong, Qingjiang, "China's Uncharted FTA Strategy," *Journal of World Trade*, Vol. 46, No. 5, 2012.

Koremenos, Barbara, Charles Lipson and Duncan Snidal, "The Rational Design of International Institutions," *International Organization*, Vol. 55, No. 4, 2001.

Koremenos, Barbara, Charles Lipson and Duncan Snidal, "Rational Design: Looking Back to Move Forward," *International Organization*, Vol. 55, No. 4, 2001.

Koremenos, Barbara, Charles Lipson, and Duncan Snidal, *The Rational Design of International Institutions*, Cambridge: Cambridge University Press, 2004.

Krasner, Stephen, "Structural Causes and Regime Consequences: Regimes as Intervening Variables," in Stephen Krasner, ed., *International Regimes*, Ithaca and London: Cornell University Press, 1983.

Lake, David, "Anarchy, Hierarchy, and the Variety of International Relations," *International Organization*, Vol. 50, No. 1, 1996.

Lake, David, *Entangling Relations: American Foreign Policy in Its Century*, Princeton: Princeton University Press, 1999.

Lake, David and Robert Powell, eds. , *Strategic Choice and International Relations*, Princeton: Princeton University Press, 1999.

Lew, Julian D. , "ICSID Arbitration: Special Features and Recent Developments," in Nobert Horn, ed. , *Arbitrating Foreign Investment Disputes: Procedural and Substantive Legal Aspects*, The Hague: Kluwer Law International, 2004.

Lipson, Charles, *Standing Guard: Protecting Foreign Capital in the Nineteenth and Twentieth Centuries*, Berkeley and Los Angeles: University of California Press, 1985.

Lipson, Charles, "Why Are Some International Agreements Informal?", *International Organization*, Vol. 45, No. 4, 1991.

Lynch, Allen C. , "The Realism of Russia's Foreign Policy," *Europe-Asia Studies*, Vol. 53, No. 1, 2001.

March, James G. and Johan P. Olsen, "The Institutional Dynamics of International Orders," *International Organization*, Vol. 52, No. 4, 1998.

Martin, Lisa, "The Rational State Choice of Multilateralism," in John Ruggie ed. , *Multilateralism Matters: The Theory and Praxis of an Institutional Form*, New York: Columbia University Press, 1993.

Martin, Lisa and Beth Simmons, "Theories and Empirical Studies of International Institutions," *International Organization*, Vol. 52, No. 4, 1998.

Medeiros, Evans S. and Taylor M. Fravel, "China's New Diplomacy," *Foreign Affairs*, Vol. 82, No. 6, 2003.

Milner, Helen V. , "Introduction: The Global Economy, FDI, and the Regime for Investment," *World Politics*, Vol. 66, No. 1, 2014.

Morrow, James, "Modeling the Forms of International Cooperation: Distribution versus Information," *International Organization*, Vol. 48, No. 3, 1994.

Neumayer, Eric, "Multilateral Agreement on Investment: Lessons for the WTO from the Failed OECD-Negotiations," *Wirtschafts Politische Blätter*, Vol. 46, No. 6, 1999.

Neumayer, Eric and Laura Spess, "Do Bilateral Investment Treaties Increase

Foreign Direct Investment to Developing Countries?", *World Development*, Vol. 33, No. 10, 2005.

Olcott, Martha Brill, "Taking Stock of Central Asia," *Journal of International Affairs*, Vol. 56, No. 2, 2003.

Oye, Kenneth ed. , *Cooperation under Anarchy*, Princeton: Princeton University Press, 1986.

Palmer, Norman D. , *The New Regionalism in Asia and Pacific*, Mass: Lexington Books, 1991.

Paulson Jr. , Henry M. , "A Strategic Economic Engagement: Strengthening US-Chinese Ties," *Foreign Affairs*, 2008, Vol. 87, No. 5.

Peters, B. Guy, *Institutional Theory in Political Science*, London and New York: Wellington House, 1999.

Robinson, Thomas W. and David Shambaugh eds. , *Chinese Foreign Policy: Theory and Practice*, Oxford: Clarendon Press, 1994.

Ruggie, John, "International Responses to Technology: Concepts and Trends," *International Organization*, Vol. 29, No. 3, 1975.

Shirk, Susan, *China: Fragile Superpower*, Oxford: Oxford University Press, 2007.

Simmons, Beth A. , "Bargaining over BITs, Arbitrating Awards: The Regime for Protection and Promote of International Investment," *World Politics*, Vol. 66, No. 1, 2014.

Simmons, Beth A. and Lisa L. Martin, "International Organizations and Institutions," in Walter Carlsnaes, Thomas Risse, and Beth Simmons, eds. , *Handbook of International Relations*, London: Sage, 2002.

Smith, James McCall, "The Politics of Dispute Settlement Design: Explaining Legalism in Regional Trade Pacts," *International Organization*, Vol. 54, No. 1, 2000.

Snidal, Duncan, "Coordination versus Prisoners' Dilemma: Implications for International Cooperation and Regimes," *American Political Science Review*, Vol. 79, No. 4, 1985.

Sornarajah, Muthucumaraswamy, *The Settlement of Foreign Investment Disputes*, The Hague: Kluwer Law International, 2000.

Stein, Arthur, *Why Nations Cooperate: Circumstance and Choice in Interna-*

tional Relations, Ithaca and London: Cornell University Press, 1990.

Swaine, Michael D. and Alastair Iain Johnston, "China and Arms Control Institutions," in Elizabeth Economy and Michel Oksenberg, eds, *China Joins the World*, New York: Council on Foreign Relations, 1999.

Swausiom, Niklas, "The Prospects for Multilateral Conflict Prevention and Regional Cooperation in Central Asia," *Central Asian Survey*, Vol. 23, No. 1, 2004.

Terada, Takeshi, "Constructing an 'East Asian' Concept and Growing Regional Identity: From EAEC to ASEAN + 3," *Pacific Review*, Vol. 16, No. 2, 2003.

Tobin, Jennifer L. and Marc L. Busch, "A BIT Is Better than a Lot: Bilateral Investment Treaties and Preferential Trade Agreements," *World Politics*, Vol. 62, No. 1, 2010.

Vandevelde, Kenneth J., "The Economics of Bilateral Investment Treaties," *Harvard International Law Journal*, Vol. 41, No. 2, 2000.

Wade, Robert, *Governing the Market: Economic Theory and the Role of Government in East Asian Industrialization*, Princeton: Princeton University Press, 1990.

Wang, Ming, "The Great Recession and China's Policy toward Asian Regionalism," *Asian Survey*, Vol. 50, No. 3, 2010.

Weber, Katja, "Hierarchy Amidst Anarchy: A Transaction Costs Approach to International Security Cooperation," *International Studies Quarterly*, Vol. 41, No. 2, 1997.

Weber, Katja, *Hierarchy Amidst Anarchy: Transaction Costs and Institutional Choice*, Albany: State University of New York, 2000.

Wendt, Alexander, "Driving with the Rearview Mirror: On the Rational Science of Institutional Design," *International Organization*, Vol. 55, No. 4, 2001.

Williamson, Oliver, "Hierarchies, Markets and Power in the Economy: An Economic Perspective," in Claude Menard, eds., *Transaction Cost Economics: Recent Developments*, Cheltenham: Edward Elgar Publishing Limited, 1997.

Wishnick, Elizabeth, "Russia and China: Brothers Again?", *Asian Survey*, Vol. 41, No. 5, 2001.

Yarbrough, Beth and Robert Yarbrough, "Cooperation in Liberation of International Trade: After Hegemony, What?", *International Organization*, Vol. 41, No. 1, 1987,

Yarbrough, Beth and Robert Yarbrough, *Cooperation and Governance in International Trade: The Strategic Organizational Approach*, Princeton: Princeton University Press, 1992.

Zeng, Ka, "Multilateral versus Bilateral and Regional Trade Liberalization: Explaining China's Pursuit of Free Trade Agreements (FTAs)," *Journal of Contemporary China*, Vol. 19, No. 66, 2010.

Zeng, Ka, "Understanding the Institutional Variation in China's Bilateral Investment Treaties (BITs): The Complex Interplay of Domestic and International Influences," *Journal of Contemporary China*, Vol. 25, No. 97, 2016.

后　记

近十几年来，中国与国际制度的关系成为中国国际关系研究中日益重要的研究领域。随着中国在世界政治经济中实力的增强和利益的拓展，中国与国际制度关系的研究主题已悄然从中国加入国际制度转变为中国塑造国际制度。无论是就重塑既有国际制度而言还是就建立新的国际制度而言，制度形式的设计都成为中国决策者所面对的基本课题，也成为外部观察者所关注的重要维面。本书通过国际制度设计的有关理论模型来解释中国参与国际合作的制度设计，同时通过中国对外关系的案例和数据来检验这些理论模型与中国的经验相关性。

本书写作的缘起是我于 2005 年获得立项的教育部人文社科项目《中国参与国际合作的制度形式研究》。为完成这个课题，我独立或联合发表了三篇论文，并于 2008 年如期结项。结项后萌生了就此主题写成一部著作的想法，但由于种种原因，拖延了将近八年才形成了这部书稿，其结构与最初的想法也有了很大的距离。原来计划运用中国的案例来检验本人提出的国际制度选择的交易成本模型，后来发现这一模型在一些案例分析中具有较强的解释力，但是在另一些案例中并非最好的理论工具，倒是芭芭拉·凯里迈诺斯、查尔斯·利普森和邓肯·斯奈德尔联合提出的国际制度的理性设计模型可以提供很好的解释。2009 年 9 月至 2010 年 9 月，我在芝加哥大学参加了利普森和斯奈德尔担任双主任的"国际政治经济与安全项目"，并且当凯里迈诺斯赴芝大讲演时和这三位理性设计模型的提出者就其模型的应用进行了交流。尽管这一年访学期间以及其后的若干年中我的主要学术精力投向了国际制度影响国内政治的研究，国际制度设计问题仍然排列在我的研究议程上并且发表了几篇相关的论文或研究报告。2013 年入选教育部"新世纪优秀人才支持计划"后，我按照申报书正式启动了书稿的写作。

本书的某些内容曾经以论文或研究报告的形式发表。第三章的部分内容曾以《上海合作组织的制度选择：一种交易成本分析》为题发表于《国际政治研究》2007 年第 2 期。第四章的部分内容曾以《中国参与区域经济合作的制度形式选择——基于 APEC 和 CAFTA 的比较分析》为题发表于

《教学与研究》2008 年第 9 期。第五章的部分内容曾以《东亚峰会扩容与区域合作机制的演化》为题发表于《国际观察》2012 年第 2 期。第六章的部分内容曾以《中美战略经济对话的制度选择》为题发表于《国际政治科学》2009 年第 3 期。第七章的部分内容曾以《中国需要什么样的国际投资争端解决机制?》为题作为专题研究报告提交给中国人民大学国家发展与战略研究院（中国改革系列报告 NPE201506）。感谢相关论文或研究报告的合作者尹继武、王一鸣和陈兆源，他们的贡献对于本书的形成功不可没。在书稿写作中，我按照全书的逻辑结构和篇幅容量对已发表论文或研究报告做了大幅度的扩写和补写，有的甚至进行了重写。感谢我的学生熊谦、陈星雨、王晓玥、刘小雨、云谱萱和孙思洋，他们或协助搜集整理资料，或帮忙初步排版校对，为本书的完稿做了大量细致的工作。最后感谢社会科学文献出版社的宋浩敏女士。作为本书的责任编辑，宋女士在本书排版、审稿、校对等出版各环节中都付出了大量心血。

田野

2016 年 9 月 20 日

图书在版编目(CIP)数据

中国参与国际合作的制度设计:一种比较制度分析/田野著.－－北京:社会科学文献出版社,2017.1
（当代世界与中国国际战略）
ISBN 978-7-5097-9951-2

Ⅰ.①中… Ⅱ.①田… Ⅲ.①国际合作-研究 Ⅳ.①D812

中国版本图书馆 CIP 数据核字（2016）第 268648 号

·当代世界与中国国际战略·

中国参与国际合作的制度设计
——一种比较制度分析

著　　者	/ 田　野
出 版 人	/ 谢寿光
项目统筹	/ 宋浩敏
责任编辑	/ 宋浩敏
出　　版	/ 社会科学文献出版社·当代世界出版分社（010）59367004 地址：北京市北三环中路甲29号院华龙大厦　邮编：100029 网址：www.ssap.com.cn
发　　行	/ 市场营销中心（010）59367081　59367018
印　　装	/ 三河市尚艺印装有限公司
规　　格	/ 开　本：787mm×1092mm　1/16 印　张：13.25　字　数：231千字
版　　次	/ 2017年1月第1版　2017年1月第1次印刷
书　　号	/ ISBN 978-7-5097-9951-2
定　　价	/ 58.00元

本书如有印装质量问题，请与读者服务中心（010-59367028）联系

版权所有 翻印必究